A INVESTIDURA NO TRIBUNAL DE CONTAS

GERALDO COSTA DA CAMINO

Judith Martins-Costa
Prefácio

A INVESTIDURA NO TRIBUNAL DE CONTAS

Belo Horizonte

FÓRUM

CONHECIMENTO JURÍDICO

2021

© 2021 Editora Fórum Ltda.

É proibida a reprodução total ou parcial desta obra, por qualquer meio eletrônico, inclusive por processos xerográficos, sem autorização expressa do Editor.

Conselho Editorial

Adilson Abreu Dallari
Alécia Paolucci Nogueira Bicalho
Alexandre Coutinho Pagliarini
André Ramos Tavares
Carlos Ayres Britto
Carlos Mário da Silva Velloso
Cármen Lúcia Antunes Rocha
Cesar Augusto Guimarães Pereira
Clovis Beznos
Cristiana Fortini
Dinorá Adelaide Musetti Grotti
Diogo de Figueiredo Moreira Neto (*in memoriam*)
Egon Bockmann Moreira
Emerson Gabardo
Fabrício Motta
Fernando Rossi
Flávio Henrique Unes Pereira

Floriano de Azevedo Marques Neto
Gustavo Justino de Oliveira
Inês Virgínia Prado Soares
Jorge Ulisses Jacoby Fernandes
Juarez Freitas
Luciano Ferraz
Lúcio Delfino
Marcia Carla Pereira Ribeiro
Márcio Cammarosano
Marcos Ehrhardt Jr.
Maria Sylvia Zanella Di Pietro
Ney José de Freitas
Oswaldo Othon de Pontes Saraiva Filho
Paulo Modesto
Romeu Felipe Bacellar Filho
Sérgio Guerra
Walber de Moura Agra

Luís Cláudio Rodrigues Ferreira
Presidente e Editor

Coordenação editorial: Leonardo Eustáquio Siqueira Araújo
Aline Sobreira de Oliveira

Av. Afonso Pena, 2770 – 15º andar – Savassi – CEP 30130-012
Belo Horizonte – Minas Gerais – Tel.: (31) 2121.4900 / 2121.4949
www.editoraforum.com.br – editoraforum@editoraforum.com.br

Técnica. Empenho. Zelo. Esses foram alguns dos cuidados aplicados na edição desta obra. No entanto, podem ocorrer erros de impressão, digitação ou mesmo restar alguma dúvida conceitual. Caso se constate algo assim, solicitamos a gentileza de nos comunicar através do *e-mail* editorial@editoraforum.com.br para que possamos esclarecer, no que couber. A sua contribuição é muito importante para mantermos a excelência editorial. A Editora Fórum agradece a sua contribuição.

Dados Internacionais de Catalogação na Publicação (CIP) de acordo com a AACR2

C183i	Da Camino, Geraldo Costa
	A investidura no Tribunal de Contas / Geraldo Costa da Camino.– Belo Horizonte : Fórum, 2021.
	189p.; 14,5x21,5cm
	ISBN: 978-85-450-0757-9
	1. Direito Financeiro. 2. Direito Constitucional. 3. Direito Administrativo. I. Título.
	CDD 341.38
	CDU 347.73

Elaborado por Daniela Lopes Duarte - CRB-6/3500

Informação bibliográfica deste livro, conforme a NBR 6023:2018 da Associação Brasileira de Normas Técnicas (ABNT):

DA CAMINO, Geraldo Costa. *A investidura no Tribunal de Contas*. Belo Horizonte: Fórum, 2021. 189p. ISBN 978-85-450-0757-9.

Dedico este livro à minha esposa, Carla, aos meus filhos, Giordano e Caterina, e à memória dos meus pais, Elaine e Guido.

AGRADECIMENTOS

A Deus, pelo dom da vida e pela graça das famílias que me foram destinadas.

À minha mulher, Carla Lísia Pias Arnholdt da Camino, "amor da minha vida, musa, bálsamo e refúgio", pela inspiração em tudo e pelo estímulo permanente.

Aos meus filhos, sentido da vida e alegria, também no gabinete "do papai", Giordano Arnholdt da Camino e Caterina Arnholdt da Camino, por serem quem são e por terem me tornado quem sou.

À minha querida tia Anita da Camino Karam, pelo incentivo à leitura e pelo amor que sempre me dedicou.

À Universidade Federal do Rio Grande do Sul (UFRGS) – mais que uma autarquia, um sentimento –, parte da minha vida desde sempre,[1] pelo ensino público, gratuito e de qualidade.

Ao Professor Doutor José Alcebíades de Oliveira Júnior, sereno orientador da dissertação de mestrado na UFRGS que originou este livro, pelos ensinamentos e pelos rumos – com suas correções – ao trabalho.

Aos demais professores do Programa de Pós-Graduação em Direito da UFRGS (PPGDir/UFRGS), pela excelência das lições ministradas.

À secretária do PPGDir/UFRGS, Rosmari de Azevedo, e aos demais servidores da Faculdade e do Programa, pela dedicação incessante e pelo interesse genuíno.

Aos amigos e ex-colegas da Faculdade de Direito da UFRGS, pelas enriquecedoras e instigantes conversas, inclusive jurídicas, ontem e hoje, nos nomes de Heitor Paim Viterbo de Oliveira e Fabiano Moreira Palma.

Aos amigos de outras áreas profissionais que tantas conversas sobre o Direito pacientemente suportaram, nos nomes de Newton Luiz Echevarría Bastos, José Carlos Volpatto (*in memoriam*), João Emerson Benjamin Cordeiro (*in memoriam*), Fernando de Abreu Porto e Alexandre Rizzo.

---

[1] Da velha Filosofia, com meu pai (dela Secretário), Guido Navarro da Camino, à Reitoria, com meu tio (nela Procurador), Alberto da Camino, e no meu percurso (da Engenharia ao Direito, passando pela Computação), ora em bancos, ora em bancadas.

Ao amigo e colega no Tribunal de Contas do Estado do Rio Grande do Sul, Conselheiro Cezar Miola, pelas sempre proveitosas – ao menos para mim – trocas de ideias, especialmente, mas não apenas, sobre a função estatal de controle.

*Ben puoi veder che la mala condotta è la
cagion che 'l mondo ha fatto reo,e non
natura che 'n voi sia corrotta.*[2]
(Dante Alighieri)

---

[2] Em tradução livre do italiano: "Bem podeis ver que é a má conduta / causa do mundo ter-se feito réu, / não criação qu'em vós seja corrupta" La Divina Commedia (Purgatorio, Canto XVI, 103-105).

LISTA DE ABREVIATURAS E SIGLAS

AC – Apelação Cível
ACP – Ação Civil Pública
ADC – Ação Declaratória de Constitucionalidade
ADCT – Ato das Disposições Constitucionais Transitórias
ADI – Ação Direta de Inconstitucionalidade
ADO – Ação Direta de Inconstitucionalidade por Omissão
ADPF – Arguição de Descumprimento de Preceito Fundamental
AI – Agravo de instrumento
AMPCON – Associação Nacional do Ministério Público de Contas
ANPR – Associação Nacional dos Procuradores da República
AP – Ação Popular
AR – Ação Rescisória
ATRICON – Associação dos Membros dos Tribunais de Contas do Brasil
AUDICON – Associação Nacional dos Ministros e Conselheiros-
-Substitutos dos Tribunais de Contas
CAGE – Contadoria e Auditoria-Geral do Estado do Rio Grande do Sul
CC – Código Civil
CE – Constituição Estadual
CF – Constituição Federal
CGU – Controladoria-Geral da União
CLT – Consolidação das Leis do Trabalho
CNJ – Conselho Nacional de Justiça
CNMP – Conselho Nacional do Ministério Público
CONAMP – Associação Nacional dos Membros do Ministério Público
Cons. – Conselheiro
CP – Código Penal
CPC – Código de Processo Civil
CPP – Código de Processo Penal
Des. – Desembargador
ECI – Estado de Coisas Inconstitucional
INTOSAI – International Organization of Supreme Audit Institutions
LAC – Lei Anticorrupção
LAI – Lei de Acesso à Informação
LCR – Lei dos Crimes de Responsabilidade
LIA – Lei de Improbidade Administrativa

LDO – Lei de Diretrizes Orçamentárias
LOA – Lei Orçamentária Anual
LOM – Lei Orgânica do Município
LOTCU – Lei Orgânica do Tribunal de Contas da União
LOTCE – Lei Orgânica do Tribunal de Contas do Estado
LRF – Lei de Responsabilidade Fiscal
OLACEFS – Organização Latino-americana e do Caribe de Entidades Fiscalizadoras Superiores
MC – Medida cautelar
MI – Mandado de injunção
Min. – Ministro
MPC – Ministério Público de Contas
MPE – Ministério Público do Estado
MPF – Ministério Público Federal
MPT – Ministério Público do Trabalho
MS – Mandado de segurança
OAB – Ordem dos Advogados do Brasil
p. – página
PC – Polícia Civil
PF – Polícia Federal
PGR – Procurador(ia) Geral da República
PPA – Plano Plurianual
Rcl – Reclamação
RDA – Revista de Direito Administrativo
RE – Recurso Extraordinário
Rel. – Relator
REsp – Recurso Especial
STF – Supremo Tribunal Federal
STJ – Superior Tribunal de Justiça
TCDF – Tribunal de Contas do Distrito Federal
TCE – Tribunal de Contas do Estado
TCM – Tribunal de Contas do(s) Município(s)
TCU – Tribunal de Contas da União
TJE – Tribunal de Justiça do Estado
TFR – Tribunal Federal de Recursos
TRF – Tribunal Regional Federal
TRT – Tribunal Regional do Trabalho
TST – Tribunal Superior do Trabalho
UFRGS – Universidade Federal do Rio Grande do Sul
UFSM – Universidade Federal de Santa Maria
v. – volume
v.g. – *verbi gratia*

SUMÁRIO

PREFÁCIO 17

CAPÍTULO 1
Introdução 23

CAPÍTULO 2
Tribunal de Contas 27
2.1   Natureza jurídica 27
2.1.1   Função de controle 32
2.1.2   Conceito e classificações do controle 36
2.1.3   Posição do Tribunal de Contas frente aos poderes 41
2.2   Competências constitucionais 44
2.2.1   Modalidades da fiscalização 44
2.2.1.1 Fiscalização contábil 47
2.2.1.2 Fiscalização financeira 48
2.2.1.3 Fiscalização orçamentária 49
2.2.1.4 Fiscalização operacional 50
2.2.1.5 Fiscalização patrimonial 50
2.2.2   Aspectos da fiscalização 51
2.2.2.1 Legalidade 51
2.2.2.2 Legitimidade 52
2.2.2.3 Economicidade 54
2.3   Conteúdo e eficácia das decisões 54
2.3.1   Julgamento das contas 55
2.3.2   Aplicação de multa 57
2.3.3   Imputação de débito 57
2.3.4   Eficácia dos julgados 58
2.3.5   Medidas cautelares e negativa de executoriedade de norma 59
2.3.5.1 Poder geral de cautela 59
2.3.5.2 Apreciação de constitucionalidade de normas e atos 62
2.3.6   Revisibilidade judicial 64

CAPÍTULO 3

Paradigmas da investidura 71

3.1   No direito comparado..71

3.1.1   Portugal...71

3.1.2   Espanha..73

3.1.3   França...74

3.1.4   Itália..74

3.1.5   Bélgica..76

3.2   Nos antigos ordenamentos constitucionais brasileiros.........77

3.2.1   A Carta da República Velha (1891)...77

3.2.2   A breve Constituição de 1934..78

3.2.3   A Constituição "polaca" do Estado Novo (1937)....................78

3.2.4   A Carta liberal do pós-guerra (1946).......................................79

3.2.5   O Diploma Fundamental do regime militar (1967)...............79

3.2.6   A Constituição de 1967 reescrita pela Emenda nº 1/69.......80

3.3   Na Assembleia Nacional Constituinte de 1987/88................80

3.3.1   Anteprojeto constitucional..80

3.3.2   Substitutivos..81

3.4   Na atual Constituição (1988)..82

3.4.1   Idoneidade moral e reputação ilibada....................................82

3.4.2   Notórios conhecimentos jurídicos, contábeis, econômicos e
        financeiros ou de administração pública.................................87

3.4.2.1 Notoriedade e notabilidade..87

3.4.2.2 Cumulatividade e alternatividade...90

3.4.3   Mais de dez anos de exercício de função ou de efetiva atividade
        profissional que exija os conhecimentos mencionados.........100

3.5   Critérios de escolha..101

3.5.1   Pelo chefe do Poder Executivo..101

3.5.1.1 Livre escolha...101

3.5.1.2 Escolha vinculada..101

3.5.1.2.1 Auditores 102

3.5.1.2.2 Membros do MPC 102

3.5.2   Pelo Poder Legislativo...106

CAPÍTULO 4

Controles da investidura..109

4.1   Controle preventivo 118

4.1.1 Editais de vacância e chamamento 118

4.1.1.1 Piauí 119

4.1.1.2 Alagoas 120

4.1.2 Regulamentos 120

4.1.2.1 Tribunal de Contas do Estado do Rio Grande do Sul 121

4.1.2.2 Rio de Janeiro – Regimento Interno da Assembleia Legislativa 121

4.1.2.3 Câmara dos Deputados. PEC nº 329/2013 122

4.1.2.4 Senado Federal. Projeto de Resolução nº 44, de 2007 123

4.1.2.5 Câmara dos Deputados. Proposta de Decreto Legislativo
nº 1580, de 2014 124

4.1.2.6 Rio Grande do Sul. Assembleia Legislativa. Projeto de
Resolução nº 22, de 2009 125

4.1.2.7 Mato Grosso. Assembleia Legislativa. Projeto de Resolução
nº 120/2015 127

4.2 Controle repressivo 128

4.2.1 Intraprocedimental 128

4.2.1.1 Impugnações 128

4.2.1.2 Manifestações do MPC 128

4.2.1.2.1 Rio Grande do Sul. Representação contra posse de conselheiro 129

4.2.1.2.2 Espírito Santo. Parecer em processo de admissão de conselheiro ...129

4.2.2 Extraprocedimental 131

4.2.2.1 Ação Civil Pública (ACP) 131

4.2.2.1.1 Amapá 131

4.2.2.1.2 Rio Grande do Norte 132

4.2.2.1.3 Rio de Janeiro 133

4.2.2.2 Ação Popular (AP) 133

4.2.2.2.1 TCU 134

4.2.2.2.2 Distrito Federal 135

4.2.2.2.3 Santa Catarina 136

4.2.2.2.4 Espírito Santo 137

4.2.2.2.5 Alagoas 138

4.2.2.3 Reclamação 139

4.3 Preventivo-repressivo 140

4.3.1 Inefetividade do controle 140

4.3.1.1 Princípio da impessoalidade 143

4.3.1.2 Princípio da eficiência 144

4.3.2 Princípio sensível e inconstitucionalidade 147

4.3.2.1	Dever de prestar contas	147
4.3.2.2	Estado de coisas inconstitucional	148
4.3.3	Descumprimento de preceito fundamental	151

CAPÍTULO 5

Considerações finais 165

Referências 171

PREFÁCIO

No ano de 2001, deixei o Tribunal de Contas do Estado do Rio Grande do Sul onde, por onze anos, titulei o cargo de Auditor Substituto de Conselheiro. Na época, lecionava Direito Civil na Faculdade de Direito da Universidade Federal do Rio Grande do Sul. Foi lá, nos anos 90 do século XX, que conheci como aluno Geraldo da Camino, que agora, como Procurador-Geral de Contas e mestre em Direito Público, me faz reviver – e melhor compreender – as relevantes, e tantas vezes descuradas, funções dos Tribunais de Contas.[3]

Resultado de sua dissertação de mestrado defendida no Programa de Pós-Graduação da Universidade Federal do Rio Grande do Sul, em 2017,[4] o livro que tenho a alegria de prefaciar não apenas entrelaça essas trajetórias – a da professora e a do aluno, a da Auditora e a do Procurador – antes constituindo minucioso e percuciente estudo acerca dos deveres e responsabilidades decorrentes da investidura no Tribunal de Contas.

Essa palavra – *investidura* – tem raízes que remetem a vestir alguém com uma *dignitas*,[5] atribuindo-lhe, literalmente, uma peça de vestuário ou, mais largamente, um *poder*. Geraldo da Camino se ocupa precisamente desse sentido largo que chegou ao Direito Constitucional e Administrativo (a investidura em cargo público) e

---

[3] Investido no cargo de Procurador do Ministério Público junto ao Tribunal de Contas do Rio Grande do Sul em 2000 e, desde 2008, Procurador-Geral, Geraldo da Camino tem se notabilizado pela firmeza, acurácia e coragem no desempenho do cargo. Assim atestam os numerosos prêmios que tem recebido ao longo de sua carreira, como, exemplificativamente, Prêmio Líderes e Vencedores – Mérito Político, FEDERASUL e Assembleia Legislativa do Rio Grande do Sul; Ordem do Mérito Ministério Público do Rio Grande do Sul – Grau Grã-Cruz, Ministério Público do Estado Rio Grande do Sul; Medalha Tiradentes – Polícia Civil do Estado do Rio Grande do Sul; Medalha Hercílio Domingues – Tribunal de Contas do Estado do Rio Grande do Sul; Troféu Destaque em Saúde – Categoria Direito à Saúde, Conselho Estadual de Saúde do Rio Grande do Sul.

[4] Orientador: Professor José Alcebíades de Oliveira Júnior.

[5] O sentido da palavra *dignitas* não é o mesmo do nosso, moderno. Historicamente, vem associado à honra pública, ao mérito, ao prestígio ou ao cargo. Assim está, por exemplo, em Cícero (Da República, XIII), sentido que permanece na Idade Média, esclarecendo Kantorowicz ser um atributo de natureza pública e não meramente privada. (KANTOROWICZ, Ernst. H. *Os dois corpos do rei: um estudo sobre teologia política medieval.* (Trad. Cid K. Moreira). São Paulo: Companhia das Letras, 1998. p. 233-234).

ao Direito da Arbitragem Comercial (no qual, pela via da investidura gerada por contrato, as partes de um litígio conferem ao árbitro um poder jurisdicional que se esgota com a prolação da sentença final no caso).[6] Investir é atribuir poder e competência a determinado sujeito. Mais que perquirir acerca do sujeito investido, porém, o Autor volta a sua atenção ao poder que é objeto da investidura, vale dizer, ao *poder de controle*. Como à noção de poder são ínsitas às de responsabilidade e de dever, o estudo trata, em rigor, das responsabilidades e dos deveres dos investidos no poder de julgar contas públicas, é dizer: dos Conselheiros do Tribunal de Contas. Quem tem o poder de controle não está isento, todavia, do *controle do poder*. Por isso, aponta Da Camino as sanções aos que infringem o poder justificador da sua própria investidura.

De fato, como assentara Fábio Comparato no melhor livro acerca do poder – e do controle – já escrito no Brasil, "todo poder comporta sanções" porque assentado no Direito (o que o distingue da força) e tem coerção (ao contrário da mera influência).[7] No Estado contemporâneo, a justificativa do poder burocrático assenta-se em três características fundamentais: a racionalidade, a objetividade e a legitimidade ideológica.[8] Embora sem as mencionar explicitamente, é delas que se ocupa Da Camino ao versar sobre o *poder de controle* gerado pela investidura nos Tribunais de Contas.

Tal qual a palavra *poder*, cuja história engloba *potestas* e *auctoritas*, o neologismo *controle* guarda ainda ressonâncias dos seus primitivos sentidos, quais sejam: os de registro ou marca, ou, no figurado, exame ou censura.[9] É objeto de exame e censura não apenas o exame das contas públicas, atividade precípua dos Conselheiros do Tribunal de Contas,[10] mas, por igual, a adstrição aos requisitos constitucionais para a sua investidura nesses órgãos de controle. Como bem aponta

---

[6] O contrato de investidura, ou *receptum arbitrii*, forma-se pela aceitação, pelo árbitro, da missão de julgar litígio decorrente de direito patrimonial disponível, como sublinha LEMES, Selma. *Árbitro – Princípios da Independência e da imparcialidade*. São Paulo: LTr, 2001. p. 48-49.

[7] COMPARATO, Fábio Konder. *O poder de controle da sociedade anônima*. 6. ed. Rio de Janeiro: Forense, 2014. Prólogo, p. XI.

[8] COMPARATO, Fábio Konder. *O poder de controle da sociedade anônima*. 6. ed. Rio de Janeiro: Forense, 2014. Prólogo, p. XII.

[9] Para essas notas, v. COMPARATO, Fábio Konder. *O poder de controle da sociedade anônima*. 6. ed. Rio de Janeiro: Forense, 2014. p. 24.

[10] Constituição Federal, art. 70: "Prestará contas qualquer pessoa física ou jurídica, pública ou privada, que utilize, arrecade, guarde, gerencie ou administre dinheiros, bens e valores públicos ou pelos quais a União responda, ou que, em nome desta, assuma obrigações de natureza pecuniária".

PREFÁCIO | 19

Geraldo da Camino, "as reiteradas desconsiderações dos requisitos constitucionais para a investidura nos tribunais de contas, por vezes em face de injunções políticas nos procedimentos de indicação, aprovação, nomeação e posse dos postulantes aos respectivos cargos, outras por personalismos na escolha, são capazes de produzir – e, em boa medida, produzem – inefetividade no controle".

Dentre as causas da inefetividade do controle das contas públicas, o Autor destaca a não observância do princípio da impessoalidade quando da investidura no cargo. O fenômeno tem fundas raízes, tendo sido dissecado em obras seminais por Sérgio Buarque de Holanda,[11] Raymundo Faoro[12] e Oliveira Vianna para quem "[e]m quatro séculos de História 'nem um só sequer' dos fatores que, nas sociedades europeias, exerceram função integralizadora do tecido social se fez aqui presente".[13]

Ainda hoje, como no passado, a ausência da formalidade impessoal nas relações políticas (isto é: as que se desenvolvem na *polis*) impossibilita a relação igualitária, pois a informalidade cordial detectada por Buarque de Holanda é discriminatória como são desiguais os afetos. Ainda hoje, continua-se a pensar o Estado como uma "integração de certas vontades particularistas",[14] e não como o terreno da ordem pautada pela lei impessoal. Porém, como anotei de outra feita, "pela *lógica das vontades particularizadas*, esfacela-se a dialética público/privado, pois essa é a lógica dos bandos",[15] sendo o bando "essencialmente, o poder de remeter algo a si mesmo".[16]

A essa *lógica dos bandos* correspondem muitos dos exemplos de fatos concretos estampados na obra, a demonstrar a forma patrimonialista de exercício do poder, que atua por via de critérios personalíssimos, confundindo o público e o privado. Autoridade e poder são atribuídos

---

[11] BUARQUE DE HOLANDA, Sérgio. Raízes do Brasil. 2. ed. Rio de Janeiro: José Olympio, 1955. *In*: SANTIAGO, Silviano (Org.). *Intérpretes do Brasil*. Rio de Janeiro: Nova Aguillar, 2002. v. III, p. 931-1.055.

[12] FAORO, Raymundo. *Os donos do poder*: formação do patronato político brasileiro. 3. ed. São Paulo: Globo, 2001. p. 827.

[13] OLIVEIRA VIANNA, F. J. *Populações meridionais do Brasil*. 5. ed. Rio de Janeiro: José Olympio, 1952. v. I, p. 232-233.

[14] BUARQUE DE HOLANDA, Sérgio. Raízes do Brasil. 2. ed. Rio de Janeiro: José Olympio, 1955. *In*: SANTIAGO, Silviano (Org.). *Intérpretes do Brasil*. Rio de Janeiro: Nova Aguillar, 2002. v. III, p. 1.044, grifei.

[15] MARTINS-COSTA, Judith. Sobre o princípio da insolidariedade: os cumes das montanhas e os universos submersos. *Revista do Programa de Pós-Graduação em Letras*, n. 32, p. 155, jun. 2006.

[16] AGAMBEN, G. *Homo sacer – o poder soberano e a vida nua*. Belo Horizonte: Ed. UFMG, 2002, p. 116.

"ao dono da caneta que nomeia, mantendo-se assim intactos os privilégios da camada social preponderante, na qual vige a cordialidade de que fala Sérgio Buarque de Holanda. Esta cimenta a rede de relacionamento entre os detentores do poder que se perenizam no comando da sociedade".[17]

O ferimento à impessoalidade está na raiz de outra causa da inefetividade do controle, a ineficiência derivada da atecnia. Esta é a correspondente necessária à desobediência à regra constitucional que determina, como condição à investidura no cargo, a existência de "notórios conhecimentos jurídicos, contábeis, econômicos e financeiros ou de administração pública". Inventariando os males que podem decorrer de uma desviada investidura no Tribunal de Contas, bem como apontando, *in concreto*, às formas administrativas, normativas e judiciais de prevenção e repressão da inobservância dos requisitos constitucionais à investidura nesses órgãos de controle das contas públicas, Geraldo da Camino chega à noção de "estado de coisas inconstitucional", delineada jurisprudencialmente para apanhar situações que de fato agridem gravemente a ordem constitucional.

Embora mencionada explicitamente no final da obra, essa é uma ideia que me parece estar no seu núcleo, marcando a originalidade teórica e a utilidade prática deste livro: Da Camino sugere aplicar, via *analogia iuris*, a noção de "estado de coisas inconstitucional" à sistemática desconsideração dos requisitos constitucionais para a investidura nos Tribunais de Contas. Essa é causa de lesão ao princípio da prestação de contas, por sua vez subprincípio decorrente do direito fundamental à boa administração pública.

De fato, na opinião do Autor, também a inefetividade do controle, ainda que parcial, ataca direitos fundamentais. Por esta razão, cogita o tracejamento de relação causal entre o controle descurado, não efetivo, e determinadas lesões, diretas e indiretas, a direitos fundamentais; assim, exemplificativamente, direitos à saúde e à segurança pública que, para se concretizarem, dependem da correta aplicação dos recursos orçamentários para tanto destinados. O desenvolvimento dogmático da noção de "estado de coisas inconstitucional" pode resultar, pois, na formação de instituto destinado a corrigir graves disfunções percebidas em nosso ordenamento, de forma a aprimorar – e a, efetivamente, realizar – o poder de controle sobre as contas e dinheiros públicos.

---

[17] REALE JR., Miguel. O Estamento burocrático. *O Estado de São Paulo*, mar. 2019. Disponível em: https://opiniao.estadao.com.br/noticias/espaco-aberto,o-estamento-burocratico,70002741221. Acesso em 06 jan. 2020.

Tenho insistentemente apontado a necessidade de os estudiosos elaborarem *modelos hermenêuticos* (também ditos modelos dogmáticos),[18] destinados a orientar o intérprete e aplicador da lei, e também o legislador, acerca do sentido das prescrições jurídicas, sendo essa, no meu modo de ver, uma das mais valiosas finalidades dos programas de pós-graduação em Direito. O livro de Geraldo da Camino realiza essa finalidade. Que seu estudo e as sugestões que apresenta inspirem soluções práticas para a investidura no Tribunal de Contas, de modo a garantir a atribuição de um poder exclusivamente pautado pelo Direito.

Canela, janeiro de 2020.

Judith Martins-Costa
Livre Docente e Doutora pela Universidade de São Paulo. Foi Professora de Direito Civil na Faculdade de Direito da Universidade Federal do Rio Grande do Sul e Auditora Substituta de Conselheiro no Tribunal de Contas do Rio Grande do Sul. É presidente do Instituto de Estudos Culturalistas (IEC).

---

[18] Mais recentemente em: MARTINS-COSTA, Judith. Autoridade e utilidade da doutrina: a construção dos modelos doutrinários. *In*: MARTINS-COSTA, Judith (Org.) *Modelos de Direito Privado*. São Paulo: Marcial Pons, 2014. p. 9-40, no qual sublinho a concepção realeana das fontes e modelos do Direito.

CAPÍTULO 1

INTRODUÇÃO

A GloboNews e a BandNews, canais fechados de televisão por assinatura, transmitiram ao vivo toda a sessão plenária do Tribunal de Contas da União (TCU) de 7 de outubro de 2015, na qual foi emitido o Parecer Prévio daquela corte sobre as contas da Presidente da República – Dilma Rousseff – referentes ao exercício de 2014.[1] Considerável parcela da sociedade brasileira naquela ocasião deve ter travado, muito provavelmente, seu primeiro contato direto com a atividade de controle externo da administração pública.

É o que se depreende de recente pesquisa[2] encomendada pela Confederação Nacional da Indústria (CNI) e pela Associação dos Membros dos Tribunais de Contas do Brasil (ATRICON). Em resposta à pergunta *Você sabe o que é o Tribunal de Contas?*, apenas 17% dos entrevistados souberam definir corretamente esse órgão.[3] Destes, 75% concordaram[4] com a afirmativa de que *A nomeação política de ministros e conselheiros dos Tribunais de Contas atrapalha o funcionamento dos* órgãos.[5]

---

[1] Desfavorável à aprovação das mesmas pelo Congresso Nacional, em função, principalmente, de operações que a Corte considerou irregulares – as popularmente denominadas *pedaladas fiscais* – e da emissão de decretos que abriram créditos suplementares no Orçamento Geral da União sem, no entendimento do TCU, a observância de requisitos legais.

[2] Foram entrevistadas 2.002 pessoas entre os dias 24 e 27 de junho de 2016. (ATRICON. *Para brasileiros, Tribunais de Contas são essenciais no combate à corrupção e à ineficiência, revela pesquisa Ibope/CNI.* 2016. Disponível em: http://www.atricon.org.br/imprensa/destaque/para-brasileiros-tribunais-de-contas-sao-essenciais-no-combate-a-corrupcao-e-a-ineficiencia-revela-pesquisa-ibopecni/. Acesso em 20 out. 2016).

[3] Quinze por cento o definiram incorretamente e 68% não sabiam ou não responderam.

[4] Total (53%) ou parcialmente (22%).

[5] Pesquisa feita pela ONG Transparência Brasil, em 2016, aponta que, dos 233 membros de tribunais de contas em atividade, "80% ocuparam, antes de sua nomeação, cargos eletivos ou de destaque na alta administração pública (como dirigente de autarquia ou secretário estadual, por exemplo); 23% sofrem processos ou receberam punição na Justiça ou nos

Essa expressiva maioria de cidadãos, a identificar como prejudicial ao órgão de controle a nomeação política de seus integrantes, vem ao encontro de algo que aqui também se pretende examinar – se uma eventual partidarização incidente nos procedimentos de investidura (indicação, nomeação e posse) dos membros dos tribunais de contas propiciaria o desatendimento dos requisitos constitucionais para os cargos, tanto os notórios conhecimentos (jurídicos, contábeis, econômicos, financeiros ou de administração pública), como a idoneidade moral e a reputação ilibada. E, em se confirmando tal fato, se, por consequência – mercê, a uma, da persistência, de fato, de vinculação partidária, a duas, da falta de *expertise* –, produziriam, as cortes, julgamentos dissociados do caráter técnico exigido em processos de contas (instruídos que são com auditorias e inspeções de seus corpos fiscalizadores e com pareceres, promoções, representações e recursos dos respectivos Ministérios Públicos de Contas).

O paradoxo entre a súbita notoriedade do TCU e o desconhecimento social do que ele venha a ser, bem como a percepção social e midiática de aparente disfunção advinda de predomínio de critérios políticos, em detrimento de técnicos, na investidura dos agentes públicos encarregados da fiscalização das contas governamentais, são, em parte, e a um só tempo, objeto e motor deste estudo sobre o controle.

Tornaram-se corriqueiras as declarações de agentes públicos envolvidos em denúncias, no sentido de terem tido suas contas aprovadas pelos órgãos de controle. Contas julgadas, por vezes, por agentes nomeados pelos próprios gestores que avaliam. Retorna-se, portanto, ao analisar essa circunstância, à forma de investidura desses julgadores, tema central do presente trabalho, e suas aventadas consequências na ação do controle.

A obra, para a ele fazer frente, estrutura o seu desenvolvimento em três capítulos, após esta introdução.

No primeiro, abordam-se as origens, a evolução e o estágio atual da instituição do Tribunal de Contas, no Brasil e em outros países. Com visada na presente ordem constitucional brasileira – sem a pretensão de esgotar o tema, apenas a de lhe delinear – define-se sua

---

próprios Tribunais de Contas; e 31% são parentes de outros políticos – em alguns casos, foram nomeados pelos próprios tios, primos ou irmãos governadores. Para completar, devido à ordem judicial, sete deles estão afastados das cortes em caráter preventivo, suspeitos de envolvimento em esquemas de corrupção". (SAKAI, Juliana; PAIVA, Natália. *Quem são os conselheiros dos Tribunais de Contas?* Disponível em: http://www.transparencia. org.br/downloads/publicacoes/TBrasil%20-%20Tribunais%20de%20Contas%202016.pdf. Acesso em 4 dez. 2016).

natureza jurídica, a partir da caracterização da função de controle e de sua posição frente aos poderes, e as competências constitucionais que lhe são outorgadas. Acerca das decisões judicialiformes que expede, analisa-se a tensão dialética entre os princípios republicano e democrático, suscitada pela inelegibilidade do administrador público que tem suas contas rejeitadas. Após estudar o poder geral de cautela e o controle de constitucionalidade exercidos pelo Tribunal de Contas, avança-se para os limites da revisibilidade de suas decisões pelo Poder Judiciário, tópico que examina eventual conflito entre os princípios da inafastabilidade da jurisdição e da efetividade do controle.

No segundo, são buscados os paradigmas da investidura nessas cortes, tanto na evolução constitucional brasileira, com ênfase nos requisitos elencados na atual Carta, quanto em países que adotam modelos similares de órgão de controle, especialmente Portugal, Espanha, França, Itália e Bélgica. Analisam-se, especialmente, as disposições e as normas[6] dos §§1º e 2º do art. 73 da Constituição da República, que regem a matéria em relação à (1) composição dos tribunais, (2) requisitos para provimento de seus cargos e (3) órgãos envolvidos na indicação, homologação, nomeação e posse, em cotejo com interpretações dadas ao tema por legisladores, julgadores e doutrinadores, com abordagem de conceitos jurídicos indeterminados e da discricionariedade.

No terceiro, discorre-se acerca do controle a ser exercido em caso de inobservância dos requisitos, seja em concreto, mediante a impugnação de determinada investidura, seja em abstrato, examinando a possibilidade de arguição de descumprimento de preceito fundamental, se considerada reiterada a prática de investiduras irregulares, a sugerir a ocorrência, no campo do controle, de fenômeno similar, em alguma medida, ao ainda controverso, na doutrina e na jurisprudência, *estado de coisas inconstitucional*.[7] Apresenta-se casuística a exemplificar possíveis distorções detectadas na composição das cortes, e as medidas intentadas para corrigi-las, antes, durante e após suas ocorrências, nas vias política, administrativa e judicial. Essas situações, aparentemente anômalas (segundo os impugnantes), vão desde nomeações que parecem atender

---

[6] A partir da distinção feita pelos teóricos do direito da Escola de Gênova. Por todos, v. GUASTINI, Riccardo. *Interpretare e argomentare*. Milano: Giuffrè, 2011. p. 64 (*La disposizione è dunque l'oggetto dell'interpretazione, la norma è il suo resultato*).

[7] Construção jurisprudencial da Corte Suprema colombiana, destinada à defesa de direitos fundamentais, aplicada recentemente pelo STF, no julgamento da ADPF nº 347, acerca da situação carcerária no Brasil.

a acordos político-eleitorais[8] a escolhas que sugerem possível ocorrência de nepotismo[9] ou compadrio. Numa e noutra situação, se verificadas, pretende-se sindicar, afora a hipótese de desvio de finalidade nos atos respectivos, a possível desconsideração dos requisitos constitucionais ao longo dos procedimentos de investidura, por parte dos diversos agentes públicos que neles intervêm.[10]

Ao final, são articuladas considerações, resultantes da pesquisa e das reflexões que embasaram o trabalho, inclusive consignando-se proposições normativas que visam ao aperfeiçoamento dos critérios e dos procedimentos de investidura dos membros dos tribunais de contas e, consectário disso, da República que a todos incumbe zelar.

---

[8] Como a nomeação para o TCE da esposa de um vice-governador, segundo a imprensa, em troca de sua desistência em integrar a chapa que concorreria à reeleição.

[9] Filho e irmão de governador, por exemplo.

[10] Na indicação e na posse, sobremaneira, mas também na aprovação do indicado.

CAPÍTULO 2

TRIBUNAL DE CONTAS

2.1 Natureza jurídica

Definido por Ruy Barbosa – em locução antológica, indefectível em qualquer estudo sobre o tema – como "corpo de magistratura intermediário à administração e à legislatura",[11] o Tribunal de Contas, de criação interditada durante o Império,[12][13] nasce logo após a República,

---

[11] Na Exposição de Motivos ao Decreto nº 966-A, de 1890.

[12] Embora tenha havido, como precedente, no período colonial, durante a ocupação holandesa no Nordeste brasileiro, uma Câmara de Contas, como destaca a meticulosa pesquisa de Wremyr Scliar em sua dissertação de mestrado: "Gaspar Barléu, que acompanhava Nassau, escreveu a crônica do Brasil holandês referindo o Tribunal de Contas: 'Cada uma das províncias tem também a sua magistratura que exerce jurisdição sobre as cidades e vilas do seu território. Os membros dela chamados eleitores e os escabinos desempenham função temporária e não remunerada. Perante estes servem o cargo de promotores públicos, não sem autoridade, aqueles que se chamam escultetos, pretores ou balios. Existe além disso uma Câmara das Contas, que administra o erário da Companhia e examina as contas públicas bem como as do fisco. Houve-se por bem escolherem-se os membros desta Câmara do número dos conselheiros de Justiça sempre que deixassem o cargo. Dois deles, pois são cinco, funcionam cada ano como tesoureiros'". (SCLIAR, Wremyr. *Democracia e controle externo da administração pública*. Dissertação (Mestrado em Direito) – Faculdade de Direito, Pontifícia Universidade Católica do Rio Grande do Sul, Porto Alegre, 2007).

[13] Tentativas frustradas durante o Império, referidas por Pontes de Miranda, citado por Lenz: "A idéia de um Tribunal de Contas vem, no Brasil, de 1826, em projeto apresentado ao Senado do Império por Felisberto Caldeira Brant (Visconde de Barbacena) e por José Inácio Borges. Combateu-o Manuel Jacinto Nogueira da Gama, Conde (pouco depois Marquês de Baependi), que, em discurso de 6 de julho daquele ano. disse: '[...] se o Tribunal de Revisão de Contas que se pretende estabelecer, se convertesse em tribunal de fiscalização das despesas públicas, antes de serem feitas em tôdas e quaisquer repartições, poder-se-ia colhêr dêle proveito; mas, sendo unicamente destinado ao exame das contas e documentos. Exame que se faz no Tesouro, para nada servirá, salvo para a novidade do sistema e o aumento das despesas com os nêle empregados'. Por, onde se vê que, se, de um lado, combatia a criação proposta, por outro se manifestava partidário de um Tribunal de Contas mais eficiente, mais poderoso. Em 1845 Manuel Alves Branco, Ministro do Império, propôs a organização de um Tribunal de Contas que, sôbre exercer fiscalização financeira, apurasse a responsabilidade dos exatores da Fazenda Pública, com o poder de ordenar a prisão dos

ainda sob o governo provisório de Deodoro da Fonseca, em 1890.[14] Consolidado na Constituição de 1891, regulamentado em 1892[15] e instalado em 1893, o órgão de controle espelhado no modelo europeu continental tem sido objeto, desde então, de alguma controvérsia quanto à sua natureza – se jurisdicional ou administrativa – e acerca de sua posição frente aos Poderes – se ínsita a um deles ou a todos matricial.

Ademais, no que tange à efetividade de sua atuação, as cortes de contas, historicamente, sofrem críticas que vão do suposto caráter marcadamente político, e não técnico, das decisões que emitem, à alegada disparidade de critérios a embasá-las. Em ambas as hipóteses, convergem, as análises, a apontar, dentre as causas de tais fenômenos, a composição dos colegiados.

É, portanto, a investidura nos tribunais de contas, título deste livro, aspecto essencial ao diagnóstico de eventual patologia institucional e, ato contínuo, se confirmada, à identificação da possível terapêutica, *de lege ferenda* ou através dos remédios hoje disponíveis.

Reúnem-se, nas competências das cortes de contas, expectativas das mais caras e prementes da sociedade, quais sejam, as do combate à corrupção, da boa governança e da exação na arrecadação das receitas. Essencial, portanto, que a função de controle a elas incumbida tenha o atributo da legitimidade. É o que leciona o professor Ricardo Lobo Torres:

> A legitimidade do Estado Democrático depende do controle da legitimidade da sua ordem financeira. Só o controle rápido, eficiente, seguro, transparente e valorativo legitima o tributo, que é o preço da liberdade. O aperfeiçoamento do controle é que pode derrotar a moral tributária cínica, que prega a sonegação e a desobediência civil a pretexto da ilegitimidade da despesa pública. O controle, como garantia da liberdade individual, na exata observação de K. Vogel, não sofre limitações constitucionais, mas estímulos para sua plena realização.[16]

---

desobedientes e contumazes e de julgar à revelia as contas que tivessem de prestar. Se bem que a idéia volvesse com Pimenta Bueno (depois, Marquês de São Vicente), Silveira Martins, o Visconde de Ouro Prêto, e João Alfredo. O Império não possuiu o seu Tribunal de Contas". (PONTES DE MIRANDA, Francisco Cavalcanti. *Comentários à Constituição de 1967*: com a Emenda nº 1, de 1969. 2. ed. rev. São Paulo: Revista dos Tribunais, 1970. v. 3, p. 244 *apud* LENZ, Carlos Eduardo Thompson Flores. O Tribunal de Contas e o Poder Judiciário. *Revista de Direito Administrativo*, Rio de Janeiro, n. 238, p. 265-281, out./dez. 2004. Disponível em: http://bibliotecadigital.fgv.br/ojs/index.php/rda/article/viewFile/44082/44755. Acesso em 31 jan. 2017).

[14] Decreto nº 966-A.

[15] Decreto nº 1.166.

[16] TORRES, Ricardo Lobo. *Tratado de direito constitucional financeiro e tributário*. 3. ed. Rio de Janeiro: Renovar, 2008. v. 5: O orçamento na Constituição, p. 511.

Tamanho relevo possui, deveras, a função de controle – e não apenas no Brasil, como na comunidade internacional –, que a Convenção de Mérida,[17] assinada em 2003, no dia 9 de dezembro – desde então, o Dia Internacional contra a corrupção – destaca, dentre suas finalidades, no art. 1º, "c", a de promover "a obrigação de render contas".

Daí a importância de se buscar demonstrar, a partir da análise, em perspectiva histórica e comparada, dos requisitos constitucionais para indicação, nomeação e posse dos membros dos tribunais de contas, os efeitos de sua eventual inobservância na efetividade da própria função de controle. Tal função se correlaciona com a prestação de contas, dever abordado no contexto dos princípios sensíveis da Constituição, imbricado com a noção mesma de República. Parte-se do pressuposto, como já dito alhures, de que, *verbis*:

> [o] dever de prestar contas – pressupõe dois sujeitos: o que presta contas e aquele a quem são prestadas. E somente se concretiza a prestação de contas quando a relação, além de formal, é materialmente efetivada. Portanto, não basta o agente público prestar contas ao órgão de controle se este apenas formalmente as verificar. Há de ser material, substancial, efetiva a verificação, procedida por órgão cujos integrantes detenham os conhecimentos exigidos constitucionalmente para o exercício da função do controle.[18]

Assim, tem-se que um controle meramente formal, ademais da evidente ofensa aos princípios da eficiência e da economicidade, pode se prestar a, pretensamente, legitimar gestões que, devidamente escrutinadas por efetiva fiscalização, receberiam reprovação, não apenas do órgão de controle, como da própria sociedade, nela incluso, evidentemente, o eleitorado.

O Tribunal de Contas da União, paradigma dos seus congêneres no Brasil, é composto por nove ministros, conforme definido pelo art.

---

[17] BRASIL. Decreto nº 5.687, de 31 de janeiro de 2006. Promulga a Convenção das Nações Unidas contra a Corrupção, adotada pela Assembleia-Geral das Nações Unidas em 31 de outubro de 2003 e assinada pelo Brasil em 9 de dezembro de 2003. *Diário Oficial da União*, Brasília, 01 de fev. 2006. Disponível em: https://www.planalto.gov.br/ccivil_03/_Ato2004-2006/2006/Decreto/D5687.htm. Acesso em 3 nov. 2016.

[18] DA CAMINO, Geraldo Costa; MIRON, Rafael Brum; ATHAYDE, José Gustavo. *Representação ao Procurador Geral da República*: investidura em cargo de membro de Tribunal de Contas. Procedimento. Indicação, nomeação e posse. Não comprovação de atendimento de requisitos constitucionais. Lesão a preceitos fundamentais. Princípio Republicano. Prestação de contas. Separação dos poderes. Representação. Solicitação de propositura de arguição de descumprimento de preceito fundamental. 2010. Disponível em: http://portal.mpc.rs.gov.br/portal/page/portal/MPC/informativos/Repres.ADPF.pdf. Acesso em 2 nov. 2016.

73[19] da Constituição, sendo seu modelo, por força do art. 75 da Carta, de observância obrigatória pelos Estados e pelo Distrito Federal, cujas cortes são integradas por apenas sete conselheiros. Há 33[20] tribunais de contas no Brasil. Além do TCU, dos 26 TCEs (um por estado) e do TCDF, existem, em três unidades federativas (Goiás, Bahia e Pará), por força de previsão em suas constituições, tribunais de contas dos municípios. Nesses estados, cabem aos TCEs o controle e a fiscalização somente sobre os órgãos estaduais, incumbindo aos TCMs tais atividades em relação aos respectivos municípios. Nada obsta, todavia – segundo jurisprudência do STF – que outros estados instituam[21] TCM ou que, os que os possuem, extingam-nos.[22]

---

[19] Art. 73. O Tribunal de Contas da União, integrado por nove Ministros, tem sede no Distrito Federal, quadro próprio de pessoal e jurisdição em todo o território nacional, exercendo, no que couber, as atribuições previstas no art. 96.

§1° Os Ministros do Tribunal de Contas da União serão nomeados dentre brasileiros que satisfaçam os seguintes requisitos:

I – mais de trinta e cinco e menos de sessenta e cinco anos de idade;

II – idoneidade moral e reputação ilibada;

III – notórios conhecimentos jurídicos, contábeis, econômicos e financeiros ou de administração pública;

IV – mais de dez anos de exercício de função ou de efetiva atividade profissional que exija os conhecimentos mencionados no inciso anterior.

§2° Os Ministros do Tribunal de Contas da União serão escolhidos:

I – um terço pelo Presidente da República, com aprovação do Senado Federal, sendo dois alternadamente dentre auditores e membros do Ministério Público junto ao Tribunal, indicados em lista tríplice pelo Tribunal, segundo os critérios de antiguidade e merecimento;

II – dois terços pelo Congresso Nacional.

§3° Os Ministros do Tribunal de Contas da União terão as mesmas garantias, prerrogativas, impedimentos, vencimentos e vantagens dos Ministros do Superior Tribunal de Justiça, aplicando-se-lhes, quanto à aposentadoria e pensão, as normas constantes do art. 40.

§4° O auditor, quando em substituição a Ministro, terá as mesmas garantias e impedimentos do titular e, quando no exercício das demais atribuições da judicatura, as de juiz de Tribunal Regional Federal.

[20] Havia 34 até a extinção, em 2017, do Tribunal de Contas dos Municípios do Ceará, mediante emenda à Constituição daquele Estado.

[21] "A vedação contida no par-4. do art. 31 da Constituição Federal só impede a criação de órgão, Tribunal ou Conselho de Contas, pelos Municípios, inserido na estrutura destes. Não proíbe a instituição de órgão, Tribunal ou Conselho, pelos Estados, com jurisdição sobre as contas municipais. Constitucionalidade dos parágrafos do art. 358 da Carta fluminense de 1989". (BRASIL. Supremo Tribunal Federal. *ADI n° 154/RJ*. Tribunal Pleno. Relator Min. Octavio Gallotti. Sessão de 18 abr. 1991. *DJe* 11 out. 1991. Disponível em: http://redir.stf. jus.br/paginadorpub/paginador.jsp?docTP=AC&docID=266224. Acesso em 18 dez. 2016).

[22] "[...] OS ESTADOS-MEMBROS TÊM O PODER DE CRIAR E EXTINGUIR CONSELHOS OU TRIBUNAIS DE CONTAS DOS MUNICÍPIOS. A EXPRESSAO "ONDE HOUVER" INSERTA NO PRIMEIRO PARÁGRAFO ALBERGA A EXISTÊNCIA PRESENTE E FUTURA DE TAIS ÓRGÃOS [...]" (BRASIL. Supremo Tribunal Federal. *ADI n° 867/MA*. Tribunal Pleno. Relator: Min. Marco Aurélio. Sessão de 10 out. 1994. *DJe* 3 mar. 1995. Disponível em: http://redir.stf.jus.br/paginadorpub/paginador.jsp?docTP=AC&docID=266570. Acesso em 18 dez. 2016).

A Constituição manteve, outrossim, dois tribunais de contas de município (no singular), o de São Paulo e o do Rio de Janeiro, restando vedada expressamente a criação de órgãos similares em outras cidades.[23] A natureza jurídica do Tribunal de Contas, como antecipado em linhas anteriores, ainda provoca dissenso entre os doutos, que se dividem, *grosso modo*, entre considerá-lo um órgão administrativo ou uma instituição constitucional, com diversas vertentes entre tais conceitos. Odete Medauar considera que "[...] o Tribunal de Contas é instituição estatal independente, [...] sua natureza, em razão das próprias normas constitucionais, é a de órgão independente".[24]

Já Eduardo Lobo Botelho Gualazzi o define como "órgão administrativo parajudicial, funcionalmente autônomo".[25]

Em linha análoga, porém detalhando percucientemente o conceito, Hélio Saul Mileski explica:

> Portanto, não sendo de natureza judicial as funções do Tribunal de Contas, também não podem ser consideradas meramente administrativas. São de caráter administrativo, mas com a qualificação do poder jurisdicional administrativo, que derivam de competência constitucional expressamente estabelecida, com a delimitação do poder de conhecer e julgar as contas prestadas pelos administradores públicos.[26]

A divergência na classificação da natureza jurídica do Tribunal de Contas, se administrativa, judicial ou legislativa – as mais comumente cogitadas – se assemelha a um falso dilema, com vênia para a figura. Percebe-se o esforço de alguns para, em ressaltando determinado aspecto da instituição, aplicar-lhe o rótulo pretendido. Ocorre que, como ensinou Genaro Carrió, "Las clasificaciones no son ni verdaderas ni falsas, son serviciales o inutiles".[27] E não se vislumbra maior utilidade na classificação da natureza jurídica do Tribunal de Contas a partir do restritivo critério da correspondência unívoca com Poder.

---

23 Art. 31, §4º.
24 MEDAUAR, Odete. *Direito administrativo moderno.* 12. ed. rev. e atual. São Paulo: Revista dos Tribunais, 2008. p. 389.
25 GUALAZZI, Eduardo Lobo Botelho. *Regime jurídico dos Tribunais de Contas.* São Paulo: Revista dos Tribunais, 1992. p. 187.
26 MILESKI, Hélio Saul. *O controle da gestão pública.* 2. ed. rev., atual. e aum. Belo Horizonte: Fórum, 2011. p. 252.
27 CARRIÓ, Genaro R. *Notas sobre derecho y lenguaje.* 4. ed. Buenos Aires: Abeledo-Perrot, 1990. p. 99.

GERALDO COSTA DA CAMINO
A INVESTIDURA NO TRIBUNAL DE CONTAS

Com essa premissa, e colhendo subsídios dos autores citados, arrisca-se dizer: a natureza jurídica do Tribunal de Contas é a de órgão *constitucional autônomo* de controle externo, desvinculado dos Poderes, exercente de competências próprias indeclináveis, essenciais ao Estado de Direito Democrático e à República.

2.1.1 Função de controle

A função estatal de controle refoge à clássica tripartição dos poderes herdada de Montesquieu.[28][29] Para além de legislar, administrar e jurisdicionar, o Estado deve, também, fiscalizar e controlar seus agentes incumbidos dessas três funções, e os da própria tarefa de fiscalização e controle. É preciso que o poder detenha o poder.[30] Esta máxima se concretiza não apenas nas mútuas relações entre os três poderes tradicionais, Legislativo, Executivo e Judiciário, enunciados na ordem constitucional brasileira como independentes e harmônicos entre si, mas através de órgão específico para o desempenho da função técnica de controle da administração pública. Esse órgão, no Brasil, é o Tribunal de Contas.

Acerca das funções do Estado, Jorge Miranda, após delimitar os sentidos possíveis de função, como tarefa ou atividade, leciona:

> A função no sentido de atividade pode definir-se como um complexo ordenado de atos (interdependentes ou aparentemente independentes uns em relação aos outros), destinados à prossecução de um fim ou de vários fins conexos, por forma própria. Consiste na atividade que o Estado desenvolve, mediante os seus órgãos e agentes, com vista à realização das tarefas e incumbências que, constitucional ou legalmente, lhe cabem. [...] São os fins do Estado, permanentes ou conjunturais, que determinam o tipo e a feição das atividades dos seus órgãos e agentes,

---

[28] De resto, como diz Coste-Floret, citado por Paulo Bonavides, "[h]á muito que a regra da separação de poderes, imaginada por Montesquieu como um meio de lutar contra o absolutismo, perdeu toda a razão de ser". (BONAVIDES, Paulo. *Ciência política*. 10. ed. rev. e atual. São Paulo: Malheiros, 1996. p. 147).

[29] Também Karl Doehring ressalva que "o quadro original da divisão de poderes, conforme foi desenvolvido por Montesquieu e outros, só existe na sociedade de Estados de maneira aproximada e por meio de uma leve repercussão daquilo que representa. Ele foi refreado pelo princípio democrático – todo poder do Estado emana do povo – e substituído por uma função acentuada da oposição e do terceiro poder". (DOEHRING, Karl. *Teoria do estado*. Belo Horizonte: Del Rey, 2008. p. 300).

[30] "Pour qu'on ne puisse abuser du pouvoir, il faut que, par la disposition des choses, *le pouvoir arrête le pouvoir*". (MONTESQUIEU. *De l'esprit des lois*. Paris: Gallimard, 2015. v. 1, p. 326, grifou-se).

e são as normas jurídico-públicas que as qualificam com atividades do Estado. [...].[31]

No entender do mestre português, são "funções do Estado, a legislativa, a governamental, a jurisdicional, a administrativa e, ainda, a técnica". Refere, entretanto, ao historiar a classificação doutrinária das funções estatais, a análise diferenciada de Karl Loewenstein, que se baseia em peculiar tripartição: "decisão política conformadora ou fundamental; execução da política fundamental através de legislação, administração e jurisdição; e fiscalização política". Assim destaca Miranda:

> A novidade está nesta atividade fiscalizadora, elevada a função autônoma do Estado, quer tenha dimensão horizontal (fiscalização ou controlos intra e interorgânicos), quer tenha dimensão vertical (federalismo, liberdades individuais, pluralismo social).[32]

Ademais, reconhece que "nem todos os atos e atividades do Estado se reconduzem às funções fundamentais ou clássicas"[33] e que "encontram-se algumas interpenetrações e inevitáveis zonas cinzentas, dentre estas, a "fiscalização financeira a cargo dos *Tribunais de Contas*".[34]

Classificando os órgãos de Estado, Miranda, sob o critério funcional, contrapõe os órgãos de (1) decisão aos de (2) controle, fiscalização ou garantia, assim os definindo:

> [...] aqueles com competência para a prática de atos finais com projeção na vida política ou nas situações das pessoas e estes com competência para a apreciação desses atos, sejam quais forem os resultados da apreciação (inclusive, no limite, a sua anulação ou revogação).[35]

Costuma a doutrina classificar as funções administrativas em ativas, consultivas e de fiscalização, contraste ou controle. Esta última tem sido definida com acerto como a vigilância exercida sobre a atividade

---

[31] MIRANDA, Jorge. *Teoria do estado e da constituição*. 4. ed. Rio de Janeiro: Forense, 2015. p. 357 *et seq*.

[32] MIRANDA, Jorge. *Teoria do estado e da constituição*. 4. ed. Rio de Janeiro: Forense, 2015. p. 361.

[33] MIRANDA, Jorge. *Teoria do estado e da constituição*. 4. ed. Rio de Janeiro: Forense, 2015. p. 373.

[34] MIRANDA, Jorge. *Teoria do estado e da constituição*. 4. ed. Rio de Janeiro: Forense, 2015. p. 372 (sem grifo no original).

[35] MIRANDA, Jorge. *Teoria do estado e da constituição*. 4. ed. Rio de Janeiro: Forense, 2015. p. 392.

dos órgãos da administração, para lhe assegurar a legitimidade e a conveniência.[36]

Já Kelsen, ao analisar o poder, distingue suas acepções de (1) elemento constitutivo do Estado e de (2) função deste:

> Embora se sustente que a unidade do poder é tão essencial quanto a unidade do território e do povo, pensa-se, não obstante, que é possível distinguir três diferentes poderes componentes do Estado: o poder legislativo, o executivo e o judiciário. [...] O "poder" do Estado deve ser a validade e a eficácia da ordem jurídica nacional, caso a soberania deva ser considerada qualidade desse poder. [...] Quando, por outro lado, se fala dos três poderes do Estado, o poder é compreendido como uma função do Estado, sendo distinguidas três funções do Estado. [...] Na verdade, uma dicotomia é a base da costumeira tricotomia. A função legislativa opõe-se tanto à função executiva quanto à judiciária, sendo que estas duas últimas estão, obviamente, relacionadas de modo mais íntimo entre si do que com a primeira. [...] Assim a tricotomia usual é, no fundo, uma dicotomia, a distinção fundamental entre *legis latio* e *legis executio*. A segunda função, no sentido mais restrito, está subdividida em função jurídica e função executiva.[37]

Ao estudar a separação de poderes[38] em relação com a democracia, o mestre de Viena, observando que a existência da primeira não implica, necessariamente, a efetividade da segunda, ensina que "a democracia exige que ao órgão legislativo seja dado *controle* sobre os órgãos administrativo e judiciário", já que é "o órgão legislativo que tem o maior interesse numa execução rigorosa das normas por ele emitidas".[39]

---

[36] BARROS JÚNIOR, Carlos S. de. A fiscalização ou controle da administração pública: o controle financeiro da administração descentralizada. *Revista de Direito Administrativo*, Rio de Janeiro, v. 131, p. 23-34, jan./mar. 1978. Disponível em: http://bibliotecadigital.fgv.br/ojs/index.php/rda/article/view/42647. Acesso em 29 jan. 2017.

[37] KELSEN, Hans. *Teoria geral do direito e do estado*. 5. ed. São Paulo: Martins Fontes, 2016. p. 364.

[38] Na distinção usual, da qual se diferencia a lição de Norberto Bobbio: "Questa *divisione del potere*, non più verticalmente e orizzontalmente, secondo le distinzioene classiche, *ma in profundità*, vale a dire in potere emergente (o pubblico), semisommerso (o semipubblico) e sommerso (o oculto), non è molto ortodossa ma può servire a cogliere aspetti della *realtà* che sfugonno alle categorie tradizionali. [..] A differenza del potere legislativo e del potere esecutivo tradizionale, il *governo dell'economia* appartiene in gran parte dalla sfera del potere *invisibile* in quanto *si sottrae*, se non formalmente, sostanzialmente, *al controllo* democratico e al controllo giurisdizionale". (BOBBIO, Norberto. *Il futuro della democrazia*. Torino: Einaudi, 2010. p. 106-107).

[39] KELSEN, Hans. *Teoria geral do direito e do estado*. 5. ed. São Paulo: Martins Fontes, 2016. p. 403 (grifou-se).

É Canotilho, todavia, quem define precisamente a inserção da função de controle no concerto estatal:

> Estreitamente relacionada com o princípio estruturante da separação de poderes surge o princípio da *imputação de responsabilidade*. Num Estado de direito democrático constitucional tem de se saber, de forma inequívoca, a quem podem ser imputados os actos dos titulares de órgãos, pois só assim se pode determinar a responsabilidade pela prática de tais actos. O *"dever de prestação de contas"*, o "dever de unidade" dos órgãos do Estado e demais entidades públicas só existe quando se puder identificar o responsável pelas decisões. [...] O *controlo* constitui a última *categoria conceitual* necessária para uma correcta *compreensão da organização do poder político.* [...] O controlo é, pois, um *correlato da responsabilidade* [...].[40] (Grifou-se).

Ferrajoli, a seu turno, inova na classificação de funções, propondo a contraposição entre aquelas relativas ao governo e as dizentes com garantias:[41]

> Ben più della classica separazione montesquieviana tra potere legislativo, potere esecutivo e potere giudiziario, è quindi oggi essenziale un'altra distinzione e separazione, quella tra funzioni e istituzioni di governo e funzioni e istituzioni di garanzia, fondata sulla diversità delle loro odierne fonti di legittimazione: la rappresentatività politica delle prime, siano esse legislative o esecutive, e la soggezione alla legge, e in particolare all'università dei diritti fondamentali costituzionalmente stabiliti, delle seconde.[42]

Desde o ponto de vista de sua teoria do discurso e do agir comunicativo, Jürgen Habermas ensina:

> A clássica divisão de poderes é explicada através de uma diferenciação das funções do Estado; enquanto o legislativo fundamenta e vota

---

[40] CANOTILHO, J. J. Gomes. *Direito constitucional e teoria da constituição.* 7. ed. Coimbra: Almedina, 2003. p. 544.

[41] Dicotomia que guarda algum paralelo com a proposta por Massimo Severo Giannini: "La norma del diritto amministrativo aveva quindi, potrebbe dirsi con metafora, due poli, l'uno volto a presidiare l'autorità, l'altro a presidiare la libertà" (*apud* BARROS JÚNIOR, Carlos S. de. A fiscalização ou controle da administração pública: o controle financeiro da administração descentralizada. *Revista de Direito Administrativo,* Rio de Janeiro, v. 131, p. 23-34, jan./mar. 1978. p. 24. Disponível em: http://bibliotecadigital.fgv.br/ojs/index.php/rda/article/view/42647. Acesso em 29 jan. 2017).

[42] FERRAJOLI, Luigi. *Poteri selvaggi*: la crisi della democrazia italiana. Bari: Laterza, 2011.

programas gerais e a justiça soluciona conflitos de ação, apoiando-se nessa base legal, a administração é responsável pela implementação de leis que necessitam de execução. Ao decidir autoritariamente o que é direito e o que não é, a justiça elabora o direito vigente sob o ponto de vista normativo da estabilização de expectativas de comportamento. A realização administrativa elabora o conteúdo teleológico do direito vigente, na medida em que este confere forma de lei a políticas e dirige a realização administrativa de fins coletivos. Sob pontos de vistas da lógica da argumentação, os discursos jurídicos servem para aplicação de normas, ao passo que a racionalidade da atividade administrativa é assegurada através de discursos pragmáticos.[43]

Não parece restar dúvida, portanto, à luz da doutrina trazida, que a função de fiscalização ou controle é constitutiva do Estado, esteja organicamente concentrada em um ou mais Poderes – entre os três tradicionais ou em outro constituído –, esteja deles apartada, sob a forma de órgão ou instituição com autonomia funcional.[44]

2.1.2 Conceito e classificações do controle

A palavra controle tem origem francesa, de acordo com Houaiss:

fr. contrôle (1367 sob. a f. contrerole) 'lista, rol, registro em duplicata, contralista', (1611 sob a f. contrôle), do lat.medv. contrarotulus < lat. contra (contra-) + lat. rotⓍlus no sentido de 'rolo, cilindro, rolo de escritos, rol, lista';

Segundo Eduardo Lobo Botelho Gualazzi:

[...] conceitua-se controle como o princípio administrativo material, tutelar e autotutelar, de contrasteamento, supervisão e gestão integral da Administração, por meio de sistema horizontal de coordenação central,

---

[43] HABERMAS, Jürgen. *Direito e democracia*: entre facticidade e validade. 2. ed. rev. Rio de Janeiro: Tempo Brasileiro, 2012. v. 1.

[44] É a lição do Professor Cesar Santolim, ao discorrer sobre o pluricontrole, explicando que "há níveis intermediários de exercício do poder estatal, mediando a tripartição clássica, o que permite cogitar de competências para o controle distribuídas entre outros órgãos (agências reguladoras, Ministério Público, Tribunais de Contas, Auditorias e Controladorias-Gerais, organismos de investigação policial, entre outros)". (SANTOLIM, Cesar. Corrupção: o papel dos controles externos – transparência e controle social – uma análise de direito e economia. *Cadernos do Programa de Pós-Graduação em Direito*, Porto Alegre, v. 8, p. 10, 2012. Disponível em: http://seer.ufrgs.br/index.php/ppgdir/article/viewFile/36835/23819. Acesso em 3 nov. 2016).

CAPÍTULO 2
TRIBUNAL DE CONTAS | 37

com o escopo de vigilância, orientação e correção, prévia ou posterior, de atos administrativos e de atos, decisões e atividades materiais de administração.[45]

Bastante elucidativa a lição de Roberto Dromi, em perspectiva histórica de evolução do Estado:

> [...] el ordenamiento jurídico establece los controles del poder para salvaguardar su propia vigencia. [...] Por ello el sistema republicano impone una relación equilibrada entre gobierno y control, las dos funciones principales del poder. En consecuencia, la reorganización del gobierno para reintegrarle autoridad implica la reinstalación del control a fin de dotarlo de aptitud para resguardar la libertad. [...] El control o fiscalización tiene por objetivo verificar la legitimidad (razón jurídica) y oportunidad (razón política) de la forma (procedimiento) y el fin (causa final) de la actuación de la autoridad, como modo de constatar la correspondencia entre antecedente y consecuente, entre la forma prevista y el fin propuesto por el legislador con la forma ejecutada y la finalidad realizada por el administrador.[46]

O controle e os direitos fundamentais guardam relação bem mais próxima do que se capta em um lançar de olhos. O que não soa estranho, ao aprofundar-se a reflexão, uma vez que o poder é o traço comum a ambos. Controla-se o poder; afirmam-se direitos frente ao poder. Basta ressaltar dois marcos históricos da evolução dos direitos fundamentais – a Magna Carta (1215) e a Declaração dos direitos do homem e do cidadão (1789) – para comprová-lo.

Na Inglaterra do medievo, os barões que impuseram ao rei a firmatura de uma carta das liberdades, além de lhe exigir que fossem ouvidos antes da instituição de tributos – faceta mais conhecida do rol de compromissos régios –, dispuseram sobre instrumentos de controle. Um exemplo disso é o artigo 26, que submete o embargo de bens do espólio de devedores da fazenda real à *"inspeção de homens honrados, de modo que nada daí seja retirado até que a dívida líquida seja paga"*. Outro, o artigo 27, que determina que a transmissão de bens, daquele que morra *ab intestato*, aos parentes e amigos mais próximos seja feita *"com a supervisão da Igreja"*.

---

[45] GUALAZZI, Eduardo Lobo Botelho. *Regime jurídico dos Tribunais de Contas*. São Paulo: Revista dos Tribunais, 1992. p. 26.

[46] DROMI, Roberto. *Modernización del control público*. Madrid: Hispania Libros, 2005. p. 34.

Já na França que inaugura a Idade Contemporânea, a menção ao controle surge expressa na Declaração de 26 de agosto de 1789, no mês seguinte ao da Queda da Bastilha. Dentre os direitos do homem e do cidadão que proclama, o documento histórico das liberdades afirma, no seu artigo 15, que "a sociedade tem o direito de *demandar contas* dos agentes públicos de sua administração".

A atividade de controle da Administração Pública pode ser classificada a partir de diversos critérios. Odete Medauar,[47] por exemplo, quanto ao objeto, diferencia o controle sobre pessoas do efetuado sobre atividades. Em relação à periodicidade de seu exercício, divide-o em permanente (ou contínuo) e não permanente (ou descontínuo).

A mesma autora, após conceituar o controle interno da Administração Pública como "a fiscalização que a mesma exerce sobre os atos e as atividades de seus órgãos e das entidades descentralizadas que lhe são vinculadas",[48] analisa as modalidades de controle externo, com destaque para os exercidos pelo Parlamento, pelo Tribunal de Contas, pelo Ministério Público e pelo Poder Judiciário.

A inclusão, dentre as modalidades de controle, daquele exercido pelo Ministério Público, não é unânime entre os doutrinadores. De fato, suscita alguma controvérsia quanto a se tratar de controle, formalmente, a atividade em tal sentido exercida pelo MP. Tal se deve à falta, em regra, de caráter coercitivo das atribuições ministeriais tocantes ao controle da administração, como as notificações, as recomendações e os termos de ajustamento de conduta.

Wallace Paiva Martins Júnior, porém, em obra[49] específica sobre o tema, contrapõe, alicerçado no art. 129, II,[50] da Constituição, que "o Ministério Público exerce controle sobre a Administração Pública, por vários instrumentos concentrados na expressão defensor do povo",[51] e que o fato de as medidas que intenta não terem a força da jurisdição,

---

[47] MEDAUAR, Odete. *Controle da administração pública*. 3. ed. rev., atual. e ampl. São Paulo: Revista dos Tribunais, 2014. p. 47-48.

[48] MEDAUAR, Odete. *Controle da administração pública*. 3. ed. rev., atual. e ampl. São Paulo: Revista dos Tribunais, 2014. p. 53.

[49] MARTINS JÚNIOR, Wallace Paiva. *Controle da administração pública pelo Ministério Público*: Ministério Público defensor do povo. São Paulo: Juarez de Oliveira, 2002.

[50] Art. 129. São funções institucionais do Ministério Público: [...]
II – zelar pelo efetivo respeito dos Poderes Públicos e dos serviços de relevância pública aos direitos assegurados nesta Constituição, promovendo as medidas necessárias à sua garantia;

[51] MARTINS JÚNIOR, Wallace Paiva. *Controle da administração pública pelo Ministério Público*: Ministério Público defensor do povo. São Paulo: Juarez de Oliveira, 2002. p. 33.

CAPÍTULO 2
TRIBUNAL DE CONTAS | 39

"não desnatura a sua função de controle, porque o dado relevante a merecer consideração é a efetividade do controle".[52] Eduardo Lobo Botelho Gualazzi, novamente, após diferenciar o controle interno ("aquele que a administração de cada um dos Poderes efetua *interna corporis*, tendo por objeto a autotutela permanente de legitimidade e mérito")[53] do externo ("efetuado por Poder diverso do controlado, diretamente ou com o auxílio de órgão preposto"),[54] subdivide este em jurisdicional e legislativo (ou parlamentar), no qual insere o desempenhado pelo Tribunal de Contas.

Uma original abordagem a destacar é a de Mario G. Schapiro,[55] que propõe classificação "funcionalista" dos mecanismos de controle. Para tanto, relaciona-os às "funções 'democrática', 'republicana' e 'liberal'",[56]

---

[52] MARTINS JÚNIOR, Wallace Paiva. *Controle da administração pública pelo Ministério Público*: Ministério Público defensor do povo. São Paulo: Juarez de Oliveira, 2002. p. 53.

[53] GUALAZZI, Eduardo Lobo Botelho. *Regime jurídico dos Tribunais de Contas*. São Paulo: Revista dos Tribunais, 1992. p. 34.

[54] GUALAZZI, Eduardo Lobo Botelho. *Regime jurídico dos Tribunais de Contas*. São Paulo: Revista dos Tribunais, 1992.

[55] SCHAPIRO, Mario G. Developmental discretion and Democratic Accountability: a typology of mismatches. *Revista de Direito GV*, São Paulo, v. 12, n. 2, p. 311-344, ago. 2016. Disponível em: http://www.scielo.br/scielo.php?script=sci_arttext&pid=S1808-24322016000200311&ln g=pt&nrm=iso. Acesso em 14 fev. 2017.

[56] *"O controle democrático* é o que se volta às autoridades eleitas e aos dirigentes públicos. Os fóruns de controle verticais são as eleições e a esfera pública, representada pela sociedade civil, cuja atuação pode ocorrer em audiências e consultas públicas, conforme estabelece a Lei do Processo Administrativo (Lei nº 9.784/99, arts. 31 a 34), e também por meio da imprensa ou demais formas de mobilização política. O fórum de controle horizontal é o Congresso Nacional, notadamente as suas comissões temáticas. O objetivo do controle democrático é permitir verificação e julgamento das escolhas políticas realizadas pelo governo (policy-making).
O *controle republicano* diz respeito a duas finalidades: os controles de qualidade e os controles de probidade administrativa. No que se refere às ações voltadas à qualidade de governo, a responsabilização recai sobretudo sobre dirigentes públicos e burocratas, e visa a garantir a implementação satisfatória das decisões políticas. Para tanto, um dos principais mecanismos de controle é a análise de impacto regulatório, isto é, um procedimento de controle prévio cujo propósito é permitir uma mensuração dos custos e benefícios ou dos custos e da efetividade das escolhas políticas. [...]
O *controle da probidade*, que incide sobre autoridades públicas indistintamente, concentra boa parte do controle republicano. Destacam-se quatro tipos de fóruns: as corregedorias, como a Controladoria-Geral da União (CGU), os controles desempenhados pelos tribunais de contas, como é o caso do Tribunal de Contas da União (TCU), as Comissões Parlamentares de Inquérito (CPI), que costumam ter como alvo denúncias de corrupção, e a atuação do Ministério Público (MP). Esses fóruns (MP, CPIs, CGU e TCU) exercem o controle nas raias do hard law, quando respectivamente ajuízam ações civis ou penais (MP) no Poder Judiciário, ou propõem medidas administrativas ou de intervenção sobre a execução orçamentária no âmbito do Congresso Nacional (TCU). [...]
Por fim, o *controle liberal* incide sobre as autoridades eleitas, dirigentes públicos e burocratas. Processa-se nos âmbitos administrativo ou judicial e tem o objetivo de preservar a autonomia privada, respaldada pelos direitos e garantias individuais. Seu principal instrumento é

exercidas, respectiva e principalmente, pelo Poder Legislativo, pelo Tribunal de Contas e pelo Poder Judiciário.

Entende-se apropriada e bastante, todavia, para o desiderato deste estudo, a divisão, a partir da organicidade do controlador, entre controle interno e controle externo. No primeiro, estão compreendidos os exercidos por (1) estrutura específica interna ao Poder controlado e aqueles decorrentes das (2) instâncias hierárquicas competentes para a autotutela revisional, direta ou indiretamente, dos atos administrativos praticados por subordinados. Quanto ao segundo, subdivide-se[57] em (1) controle jurisdicional (exercido pelo Poder Judiciário mediante provocação), (2) controle parlamentar (através dos instrumentos próprios do Poder Legislativo)[58] e (3) controle de contas (a cargo dos Tribunais de Contas).[59]

---

o mandado de segurança, que protege direitos líquidos e certos de abusos ou ameaças perpetrados por autoridades públicas. Funciona como uma reação aos efeitos abusivos de uma dada decisão discricionária. (SCHAPIRO, Mario G. Developmental discretion and Democratic Accountability: a typology of mismatches. *Revista de Direito GV*, São Paulo, v. 12, n. 2, p. 311-344, ago. 2016. p. 311. Disponível em: http://www.scielo.br/scielo. php?script=sci_arttext&pid=S1808-24322016000200311&lng=pt&nrm=iso. Acesso em 14 fev. 2017).

[57] Em classificação similar à adotada por Celso Antônio Bandeira de Mello, *in verbis*: "O controle externo compreende (I) o controle parlamentar direto, (II) o controle exercido pelo Tribunal de Contas (órgão auxiliar do Legislativo nesta matéria) e (III) o controle jurisdicional". (BANDEIRA DE MELLO, Celso Antônio. *Curso de direito administrativo*. 6. ed. rev., atual. e ampl. São Paulo: Malheiros, 1995. p. 111).

[58] A Lei nº 7.295, de 19 de dezembro de 1984, que "[d]ispõe sobre o processo de fiscalização pela Câmara dos Deputados e pelo Senado Federal, dos atos do Poder Executivo e os da administração indireta", enumera, exemplificativamente, em seu art. 4º, competências das Comissões de Fiscalização e Controle, que poderão (I) "solicitar a convocação de Ministros de Estado e dirigentes de entidade da administração indireta", (II) "solicitar, por escrito, informações à administração direta e indireta sobre matéria sujeita a fiscalização", (III) "requisitar Documentos públicos necessários à elucidação do fato objeto da fiscalização" e (IV) "providenciar a efetuação de perícias e diligências". Essas competências têm seu exercício regrado nos Regimentos Internos da Câmara dos Deputados e do Senado Federal, em cujas Comissões são instrumentalizadas através de "propostas de fiscalização e controle", que poderão ser apresentadas por qualquer parlamentar, "com específica indicação do ato e fundamentação da providência objetivada", sendo "relatada previamente quanto à oportunidade e conveniência da medida e o alcance jurídico, administrativo, político, econômico, social ou orçamentário do ato impugnado, definindo-se o plano de execução e a metodologia de avaliação". (RICD, art. 61, I e II).

[59] Na lição de Cesar Santolim, "a designação 'órgãos de controle externo' tem sido reservada às instituições cuja atribuição precípua (ou até exclusiva) é a fiscalização do uso dos recursos públicos pela Administração", moldura na qual se encaixam essas cortes. (SANTOLIM, Cesar. Corrupção: o papel dos controles externos – transparência e controle social. uma análise de direito e economia. *Cadernos do Programa de Pós-Graduação em Direito*, Porto Alegre, v. 8, p. 10, 2012. Disponível em: http://seer.ufrgs.br/index.php/ppgdir/article/viewFile/36835/23819. Acesso em 3 nov. 2016).

CAPÍTULO 2
TRIBUNAL DE CONTAS | 41

Em relação aos *princípios específicos* aplicáveis à atividade de *controle*, matéria pouco encontradiça na doutrina, traz-se o estudo de Marcus Abraham, que assim os classifica:

a) *segregação* de funções: "separação e desvinculação funcional entre quem executa e quem fiscaliza e controla";[60]

b) *independência* funcional: "que o controlador – interno ou externo – seja dotado de *capacitação técnica suficiente* para a realização de sua função, não dependendo de outras pessoas [...] para a formação de sua convicção [...]";

c) relação *custo-benefício:* "que a atividade de fiscalização e controle não se torne mais onerosa que seu próprio objeto de aferição";

d) *aderência* às normas: "impõe [...] a consideração da vinculação dos atos da Administração Pública aos preceitos do ordenamento jurídico [...] considerando todos os aspectos que pautaram a sua atuação [...]";

e) *oficialidade:* "que o processo [...] seja instaurado e conduzido segundo os parâmetros objetivos previstos em lei, com obediência à forma e procedimentos oficiais [...]".

2.1.3 Posição do Tribunal de Contas frente aos poderes

Doutrinadores, em grande parte,[61] e, ainda, muitos julgadores,[62] consideram o Tribunal de Contas como integrante do Poder Legislativo.[63] Isso decorre, provavelmente, além da aparente sobreposição de

---

[60] ABRAHAM, Marcus. *Curso de direito financeiro brasileiro.* 2. ed. Rio de Janeiro: Elsevier, 2013. p. 275.

[61] Como aquele que menciona Gabriela Tomaselli Bresser Pereira Dal Pozzo: "Michel Temer aduz 'o Tribunal de Contas é parte componente do Poder Legislativo, na qualidade de órgão auxiliar, e os atos que pratica são de natureza administrativa'". (DAL POZZO, Gabriela Tomaselli Bresser Pereira. *As funções do Tribunal de Contas e o estado de direito.* Belo Horizonte: Fórum, 2010. p. 103).

[62] Cf. excerto de acórdão do TRF5: "De fato, cada Poder possui orçamento próprio, que limita o valor dos vencimentos devidos aos servidores públicos a ele vinculados. Dessa forma, como o *TCU é um órgão do Poder Legislativo,* servidores do Executivo não têm direito à percepção do auxílio-alimentação no mesmo valor pago aos integrantes do citado órgão" (grifou-se). (BRASIL. Tribunal Regional Federal da 5ª Região. *Apelação nº 0802175-39.2013.4.05.8200.* Quarta Turma. Relator: Desembargador Federal José Lázaro Alfredo Guimarães. Sessão de 12 abr. 2016. Disponível em: http://www.trf5.jus.br/data/2016/04/PJE/08021753920134 058200_20160414_72206_40500004052558.pdf. Acesso em 9 mar. 2017).

[63] Poder Legislativo que, a julgar pela redação que deu à LRF (Art. 1º, §3º, I, "a": "[...] o Poder Legislativo, neste abrangidos os Tribunais de Contas [...]", assim também entende.

competências atinentes à função de fiscalização, da enunciação do órgão no capítulo da Constituição que trata desse poder.

Ocorre que o texto constitucional é explícito ao definir que o Poder Legislativo é exercido pelo Congresso Nacional, que se compõe da Câmara dos Deputados e do Senado Federal. Ora, se se compõe dessas duas Casas, de mais nada se compõe, nem do Tribunal de Contas, nem de outro órgão qualquer, como já aduziu o ex-ministro do STF e ex-procurador do MPC-SE Carlos Ayres Britto.[64]

Ademais, o critério "topológico" não possui o alcance que se quer lhe dar. O fato, por exemplo, de o Ministério Público (MP) – "instituição permanente essencial à função jurisdicional do Estado"[65] – ser enunciado no capítulo das "Funções essenciais à Justiça", que se segue, "topologicamente", ao do Poder Judiciário, não o converte em integrante desse poder, nem faz dele um poder à parte.

Assim como o MP, o Tribunal de Contas não se enquadra em nenhum dos poderes, com todos colaborando e em relação a cada um exercendo controle, tanto no desempenho da competência de julgar as contas dos administradores, quanto, no caso dos chefes de Poder Executivo, da de emitir parecer prévio sobre as mesmas. Ricardo Lobo Torres assim define a posição da Corte na ordem estatal:

> O Tribunal de Contas, a nosso ver, é órgão auxiliar dos Poderes Legislativo, Executivo e Judiciário, bem como da comunidade e de seus órgãos de participação política: auxilia o Legislativo no controle externo, fornecendo-lhe informações, pareceres e relatórios; auxilia a Administração e o Judiciário na autotutela da legalidade e no controle interno, orientando a sua ação e controlando os responsáveis por bens e valores públicos. [...] Demais disso, o Tribunal de Contas auxilia a própria comunidade, uma vez que a Constituição Federal aumentou a participação do povo no controle do patrimônio público e na defesa dos direitos difusos. O Tribunal de Contas, por conseguinte, tem o seu papel

---

[64] "[...] o Tribunal de Contas da União não é órgão do Congresso Nacional, não é órgão do Poder Legislativo. Quem assim me autoriza a falar é a Constituição Federal, com todas as letras do seu art. 44, *litteris*: "O Poder Legislativo é exercido pelo Congresso Nacional, que se compõe da Câmara dos Deputados e do Senado Federal" (negrito à parte). Logo, o Parlamento brasileiro não se compõe do Tribunal de Contas da União". (BRITTO, Carlos Ayres. O regime constitucional dos tribunais de contas. *In*: SOUSA, Alfredo José de et al. *O novo Tribunal de Contas*: órgão protetor dos direitos fundamentais. Belo Horizonte: Fórum, 2010. p. 176).

[65] CF, art. 127.

dilargado na democracia social e participativa e não se deixa aprisionar no esquema da rígida separação de poderes.[66]

Também Odete Medauar aponta a impropriedade de considerar-se o Tribunal de Contas como órgão do Poder Legislativo e de pressupor ascendência hierárquica desse sobre aquele:

[...] o Tribunal de Contas é instituição estatal independente, pois seus integrantes têm as mesmas garantias atribuídas ao Poder Judiciário (CF, art. 73, §3°). Daí ser impossível considerá-lo subordinado ou inserido na estrutura do Legislativo. Se a sua função é a de atuar em auxílio ao Legislativo, sua natureza, em razão das próprias normas constitucionais, é a de órgão independente, desvinculado da estrutura de qualquer dos três poderes.[67]

Não é outra a posição de Diogo de Figueiredo Moreira Neto, que aduz que "a expressão 'com o auxílio de' *não implica qualquer integração do* órgão *de contas competente ao Poder Legislativo"*,[68] embora ressalve que o Tribunal de Contas "mantém uma *vinculação funcional"* (e não orgânica, portanto) destacada e especial com o Poder Legislativo".[69]

Entende-se, em consonância com esses abalizados doutrinadores, que – embora evidente a conexão, por força do desempenho complementar de competências atinentes à função de fiscalização entre o Poder Legislativo e o Tribunal de Contas – este não integra aquele, tratando-se de órgão constitucional com competências próprias, desempenhadas *a latere* dos poderes constituídos.

---

[66] TORRES, Ricardo Lobo. *Tratado de direito constitucional financeiro e tributário*. 3. ed. Rio de Janeiro: Renovar, 2008. v. 5: O orçamento na Constituição, p. 487.

[67] MEDAUAR, Odete. *Direito administrativo moderno*. 12. ed. rev. e atual. São Paulo: Revista dos Tribunais, 2008. p. 389.

[68] MOREIRA NETO, Diogo de Figueiredo. O Parlamento e a sociedade como destinatários do trabalho dos tribunais de contas. *In*: SOUSA, Alfredo José de *et al*. *O novo Tribunal de Contas*: órgão protetor dos direitos fundamentais. Belo Horizonte: Fórum, 2010. p. 74 (destaque no original).

[69] MOREIRA NETO, Diogo de Figueiredo. O Parlamento e a sociedade como destinatários do trabalho dos tribunais de contas. *In*: SOUSA, Alfredo José de *et al*. *O novo Tribunal de Contas*: órgão protetor dos direitos fundamentais. Belo Horizonte: Fórum, 2010. p. 77 (grifo do autor).

2.2 Competências constitucionais

O dever de prestar contas tem seu enunciado expresso no parágrafo único do art. 70 da CF, que determina que "[p]restará contas qualquer pessoa física ou jurídica, pública ou privada, que utilize, arrecade, guarde, gerencie ou administre dinheiros, bens e valores públicos ou pelos quais a União responda, ou que, em nome desta, assuma obrigações de natureza pecuniária".

2.2.1 Modalidades da fiscalização

Controle e fiscalização são termos, doutrinariamente, ora tidos por sinônimos, ora vistos em relação de gênero e espécie, alternando-se nessas posições. De fato, conforme a acepção que se adote de cada um dos termos, diversas serão as classificações possíveis e as relações entre ambos.

Fiscalização, em sentido amplo, pode ser definida como uma das funções do Estado, na ótica de teóricos da matéria, a partir da separação de poderes. Já em sentido estrito, fiscalização comporta o significado de instrumento de controle, concretizado através de inspeções e auditorias.

Controle, da mesma forma, carrega polissemia[70] capaz de dificultar a apreensão do significado adequado ao contexto deste estudo.

A Constituição, entretanto, parece ter feito clara opção conceitual quanto às expressões, no que toca à tessitura estatal, embora, ao longo de seu texto, os substantivos "fiscalização" e "controle" e os verbos "fiscalizar" e "controlar" sejam utilizados – nas suas dezenas de ocorrências – tanto isoladamente quanto em conjunto.

Do Capítulo I ("DO PODER LEGISLATIVO") do Título IV ("DA ORGANIZAÇÃO DOS PODERES") consta a Seção IX, intitulada "DA FISCALIZAÇÃO CONTÁBIL, FINANCEIRA E ORÇAMENTÁRIA". Nela, o art. 70 dispõe que a "fiscalização [...] será exercida pelo Congresso Nacional, mediante controle externo [...]".

Análoga redação tem o art. 31, dizendo que a "fiscalização do Município será exercida pelo Poder Legislativo, mediante controle externo [...]". Identicamente, no §2º do art. 16 do ADCT, ao estatuir sobre o Distrito Federal, o Diploma Fundamental repetiu a fórmula:

---

[70] Odete Medauar, a partir de Bergeron (Fonctionnement de l'Etat) colaciona seis acepções do termo: dominação, direção, limitação, fiscalização, verificação e registro. (MEDAUAR, Odete. *Controle da administração pública*. 3. ed. rev., atual. e ampl. São Paulo: Revista dos Tribunais, 2014. p. 22).

"A fiscalização [...] do Distrito Federal, [...] será exercida pelo Senado Federal, mediante controle externo [...]". Todos esses dispositivos são seguidos por outros que especificam que o controle externo será exercido com o auxílio dos respectivos tribunais de contas. Assim, sobressai a relação de instrumentalidade do controle externo em face da fiscalização, uma vez que esta será exercida mediante[71] aquele. O fato de esse exercício se dar com o auxílio do Tribunal de Contas não desnatura a relação, tão somente a qualifica. Da mesma forma, agregarem-se à fiscalização os sistemas de controle interno em nada altera a conexão daquela com o controle externo. Ao contrário, reforça o caráter instrumental do controle externo em relação à fiscalização. Esta será exercida, portanto, pelo Poder Legislativo, mediante sistema de controle externo, e pelos demais poderes, através de sistemas de controle interno.

As competências do Tribunal de Contas que melhor o definem são aquelas dos incisos I e II do art. 71 da Constituição, dizentes com a essência mesma da instituição: a apreciação (I)[72] e o julgamento (II)[73] de contas públicas, respectivamente em relação ao Chefe do Poder Executivo e aos demais administradores e responsáveis.

Em face daquele chefe de Poder Executivo que, a par da função política de governo, exerce também o papel de ordenador de despesas (muitas das quais contam com sua participação em boa parte dos respectivos atos), cabe um destaque. Os tribunais de contas, já de há muito, em relação a, especialmente, prefeitos, exerciam, quando cabível, a competência de julgar contas, não somente a de apreciá-las para fins de emissão de parecer prévio.

Dessa forma, os prefeitos, na maioria dos tribunais de contas, tinham cindidas as análises de sua gestão em dois processos: o processo de contas de governo (no exercício da competência prevista no inc. I do art. 71), no qual eram emitidos os pareceres prévios a serem submetidos

---

[71] "Para dicionaristas, a palavra *controle* é sinônima de *fiscalização*. Mas não é bem assim, pois o art. 70 da CF prescreve que '*a fiscalização contábil, financeira... será exercida mediante controle externo, e pelo sistema de controle interno...*', o que revela tratar-se de conceitos distintos". (HARADA, Kyoshi. *Direito financeiro e tributário*. 25. ed. rev., atual. e ampl. São Paulo: Atlas, 2016. p. 113, com destaques do autor).

[72] I – apreciar as contas prestadas anualmente pelo Presidente da República, mediante parecer prévio que deverá ser elaborado em sessenta dias a contar de seu recebimento;

[73] II – julgar as contas dos administradores e demais responsáveis por dinheiros, bens e valores públicos da administração direta e indireta, incluídas as fundações e sociedades instituídas e mantidas pelo Poder Público federal, e as contas daqueles que derem causa a perda, extravio ou outra irregularidade de que resulte prejuízo ao erário público.

a julgamento pelas câmaras de vereadores, e o processo de contas de gestão (referente à competência disposta pelo inc. II).

No primeiro deles, o de contas de governo, Tribunal de Contas avalia a macrogestão, por assim dizer, contemplando o atendimento às vinculações orçamentárias constitucionais (saúde e educação, *v. g.*) e o cumprimento das exigências da LRF. No segundo (contas de gestão), a corte verifica a adequação dos atos praticados pelo prefeito na condição de administrador direto ou ordenador de despesas, como licitações, contratos e pagamentos diversos.

O STF, contudo, em recente julgado, firmou tese[74] em sentido contrário, pela escassa maioria de 6 votos a 5, na linha de que, ao menos para o efeito de inelegibilidade, somente o Poder Legislativo pode julgar as contas dos prefeitos, ainda que estes tenham atuado na condição de ordenadores de despesa. Acompanha-se, quanto ao particular, o entendimento do Ministro emérito do STF Carlos Ayres Britto, que considera que, ao deixar de fazer a distinção entre os papéis de governar e de ordenar despesas, "o Supremo Tribunal Federal, tecnicamente, não se houve bem, incorreu [...] em erronia técnica".[75]

De qualquer forma, pela leitura da tese fixada e do acórdão, parecem remanescer, em face dos prefeitos, as competências do Tribunal de Contas, dentre outras, a de aplicar multa e imputar débito. É que a redação da tese afirma a competência das Câmaras Municipais em relação às contas de gestão, "[p]ara os fins do art. 1º, inciso I, alínea 'g', da Lei Complementar nº 64, de 18 de maio de 1990, alterado pela Lei Complementar nº 135, de 4 de junho de 2010", ou seja, apenas quanto ao efeito da inelegibilidade por contas rejeitadas.

A prevalecer essa interpretação, o Tribunal de Contas, no processo destinado a exarar parecer prévio opinando quanto ao julgamento a ser efetuado pela Câmara de Vereadores, exercerá, sendo o caso de prefeito

---

[74] *Leading case*, RE nº 848826, julgado em 17.08.2016, sobre a Tese 835 (Definição do órgão competente, se o Poder Legislativo ou o Tribunal de Contas, para julgar as contas de Chefe do Poder Executivo que age na qualidade de ordenador de despesa), assim fixada: "Para os fins do art. 1º, inciso I, alínea g, da Lei Complementar nº 64, de 18 de maio de 1990, alterado pela Lei Complementar nº 135, de 4 de junho de 2010, a apreciação das contas de prefeitos, tanto as de governo quanto as de gestão, será exercida pelas Câmaras Municipais, com o auxílio dos Tribunais de Contas competentes, cujo parecer prévio somente deixará de prevalecer por decisão de 2/3 dos vereadores". (BRASIL. Supremo Tribunal Federal. *RE nº 848826/RN*. Primeira Turma. Relator Min. Menezes Direito. Sessão de 2 set. 2008. DJe 24 out. 2008. Disponível em: http://redir.stf.jus.br/paginadorpub/paginador. jsp?docTP=AC&docID=557565. Acesso em 6 fev. 2017).

[75] Trecho de entrevista de Sua Excelência à Revista Técnica do Tribunal de Contas de Mato Grosso, 11. ed. dez. 2016. p. 10.

ordenador de despesas, suas demais competências,[76] no que couber, exceto a de julgar contas.[77] Espera-se seja esse, de fato, o entendimento sedimentado a partir do acórdão. Caso contrário, criar-se-ia a possibilidade da existência de um hiato de responsabilidade, uma vez que as Câmaras, limitadas que são a julgar aprovadas ou rejeitadas as contas, não dispõem de competência para sancionar os prefeitos com multa ou lhes determinar a devolução de valores, em caso de dano ao erário.

Seria imaginável, até, que, em um hipotético conluio entre um prefeito e um servidor municipal para desviar recursos públicos, apenas este viesse a responder financeiramente perante o controle externo pelo prejuízo causado, enquanto aquele, ao menos nesse âmbito, gozaria de verdadeira imunidade.

Afora as competências de apreciar atos de pessoal para fins de registro (inc. III) e de fiscalizar contas nacionais de empresas supranacionais (V) e repasses de recursos federais (VI) – o rol do referido art. 71 não as contempla propriamente no sentido funcional do termo, mas no de meios para consecução daquelas competências inerentes ao órgão.

Assim as de aplicar multa e imputar débitos (VII), realizar inspeções e auditorias (IV), assinar prazo para adoção de providências (IX), sustar a execução de ato (X) e representar aos Poderes (XI), todas instrumentais em face das atribuições finalísticas da instituição.

2.2.1.1 Fiscalização contábil

Sob o aspecto contábil, a fiscalização consiste na verificação da adequação dos registros às normas de contabilidade governamental,

---

[76] Conforme cristalizado no voto do saudoso e eminente Min. Teori Zavascki: "O prefeito ordenador de despesa, que tem contra si constituído um débito, também é sujeito passivo dessa decisão, que não é parecer prévio, mas sim um título executivo que pode ser voltado contra ele. Por tais razões, entendo que, quando o prefeito assume a condição, que não precisa assumir, de ordenador de despesa e assim pratica atos de gestão, ele fica sujeito ao regime dos demais ordenadores de despesa". (BRASIL. Supremo Tribunal Federal. *RE n° 568030/CE*. Plenário. Relator Min. Ricardo Lewandowski. Sessão de 17 ago. 2016. *DJe* 24 ago. 2017. Disponível em: http://portal.stf.jus.br/processos/detalhe.asp?incidente=4662945. Acesso em 24 ago. 2017).

[77] O que deve ocasionar – em visão consequencialista da decisão – significativo desprestígio da Lei da Ficha Limpa, uma vez que, "[...] cerca de 80 % dos casos de inelegibilidade decorrentes da aplicação da LC n° 64/1990 são resultantes de decisões de reprovação de contas proferidas por tribunais de contas [...]". (SALGADO, Buenã Porto; MASCARENHAS JÚNIOR, Helmar Tavares. A necessidade de reforma constitucional do Tribunal de Contas como aprimoramento ao sistema de combate à corrupção. *Revista Controle*, Fortaleza, v. 14, n. 1, p. 160-180, 2016. p. 177).

tratando-se da administração direta, autarquias e fundações públicas e, no caso de empresas públicas e sociedades de economia mista, empresarial. Ademais, também a consistência material de tais registros, além dos seus aspectos formais, é objeto de análise.

A normativa aplicável à escrituração pública advém, principalmente, da Lei nº 4.320/1964, que trata também dos procedimentos referentes a orçamentos e fases de execução da despesa (empenho, liquidação e pagamento), e da LRF.[78] Esta contempla exigências relativas à transparência na gestão fiscal, com reflexos nos lançamentos contábeis de seus atos e fatos, de modo a evidenciar seus atributos e efeitos.

Como destaca Caldas Furtado, "a fiscalização contábil se concretiza por intermédio da escrituração, dos balanços e da análise dos resultados econômicos e financeiros; e se interliga com outras modalidades de fiscalização [...]".[79]

2.2.1.2 Fiscalização financeira

As finanças públicas mereceram um capítulo (II, "DAS FINANÇAS PÚBLICAS"), no título VI ("DA TRIBUTAÇÃO E DO ORÇAMENTO") da Constituição. O art. 163 determinou que lei complementar dispusesse, dentre outras matérias, sobre "finanças públicas" (inc. I, que é supedâneo da LRF) e "fiscalização financeira da administração pública direta e indireta" (inc. V, cuja lei ainda pende de edição).

Mesmo ainda sem o advento da lei referida no inc. V, constata-se, pela leitura da LRF – que, como dito, regulamentou o inc. I –, a partir do plexo de competências por ela outorgadas aos tribunais de contas,[80] serem estas instituições as destinatárias principais da aguardada lei sobre fiscalização financeira da administração pública. Lei esta que, provavelmente, terá caráter de lei orgânica nacional daqueles órgãos, uniformizando sua atuação e processualística.

---

[78] Frisa Marcus Abraham: "a contabilidade pública segue, essencialmente, os princípios, conceitos e procedimentos previstos na Lei nº 4.320/1964 (Normas Gerais de Orçamentos), na Lei Complementar nº 101/2000 (Lei de Responsabilidade Fiscal) e na Lei nº 10.180/2001 (Código de Contabilidade Federal)". (ABRAHAM, Marcus. *Curso de direito financeiro brasileiro*. 2. ed. Rio de Janeiro: Elsevier, 2013. p. 203).

[79] FURTADO, J. R. Caldas. *Direito financeiro*. 4. ed. rev., ampl. e atual. Belo Horizonte: Fórum, 2013. p. 543.

[80] Como, por exemplo, a de fiscalização da gestão fiscal (art. 59 da LRF).

Também a Lei Federal nº 10.028/2000 caminha nesse sentido, ao atribuir às cortes de contas o julgamento e a aplicação de penalidade por infração administrativa contra as leis de finanças públicas.[81]

A fiscalização financeira engloba receitas e despesas do ente público, sabendo-se que ambas estão compreendidas no conceito de atividade financeira do Estado.[82] O direito financeiro, nascido do direito administrativo, teve de si originado o direito tributário, cuja autonomia se deveu à crescente importância adquirida, especialmente a partir do advento do *welfare state*, pela arrecadação dos tributos necessários para fazer frente às despesas dele decorrentes. Remanesceu, entretanto, no âmbito do direito financeiro, o macroestudo, por assim dizer, do tributo, visto como espécie do gênero receita (que é modalidade de ingresso ou entrada) e contraponto financeiro da despesa pública.

2.2.1.3 Fiscalização orçamentária

Na prática, por vezes, a fiscalização orçamentária se confunde com a financeira, nesta se englobando aquela. Falava-se, inclusive, em fiscalização financeiro-orçamentária.[83] O ciclo orçamentário, composto, no Brasil, pelo Plano Plurianual, pela Lei de Diretrizes Orçamentárias e pela Lei Orçamentária Anual, instrumentaliza exatamente o objeto

---

[81] Art. 5º Constitui infração administrativa contra as leis de finanças públicas:
I – deixar de divulgar ou de enviar ao Poder Legislativo e ao Tribunal de Contas o relatório de gestão fiscal, nos prazos e condições estabelecidos em lei;
II – propor lei de diretrizes orçamentárias anual que não contenha as metas fiscais na forma da lei;
III – deixar de expedir ato determinando limitação de empenho e movimentação financeira, nos casos e condições estabelecidos em lei;
IV – deixar de ordenar ou de promover, na forma e nos prazos da lei, a execução de medida para a redução do montante da despesa total com pessoal que houver excedido a repartição por Poder do limite máximo.
§1º A infração prevista neste artigo é punida com multa de trinta por cento dos vencimentos anuais do agente que lhe der causa, sendo o pagamento da multa de sua responsabilidade pessoal.
§2º A *infração* a que se refere este artigo será *processada e julgada pelo Tribunal de Contas* a que competir a fiscalização contábil, financeira e orçamentária da pessoa jurídica de direito público envolvida. (Grifou-se).

[82] Conforme Kyioshi Harada, "a atuação estatal voltada para obter, gerir e aplicar os recursos financeiros necessários à consecução das finalidades do Estado que, em última análise, se resumem na realização do bem comum". (HARADA, Kyoshi. *Direito financeiro e tributário.* 25. ed. rev., atual. e ampl. São Paulo: Atlas, 2016. p. 4).

[83] AZEVEDO, Hélio Faraco de. *Aspectos jurídicos na fiscalização financeiro-orçamentária.* Porto Alegre: CORAG, 1974.

da fiscalização financeira, que é, como visto, o conjunto de receitas e despesas, cotejado com os diplomas orçamentários.

Averiguar a compatibilidade entre PPA, LDO e LOA constitui objeto da fiscalização orçamentária, assim como a observância dos requisitos para autorização e abertura de créditos adicionais (especiais, suplementares e extraordinários) e remanejo de verbas orçamentárias entre rubricas distintas.

2.2.1.4 Fiscalização operacional

Superando o conhecido enfoque de conformidade às normas, a fiscalização operacional é aquela em que a atividade finalística do ente controlado é o objeto da análise empreendida. A consecução dos fins que justificaram a criação do órgão em exame é sindicada, notadamente a partir dos critérios de eficácia,[84] eficiência[85] e efetividade.[86]

Tipicamente exercida pelo Tribunal de Contas, essa modalidade de fiscalização é informada pelos princípios constitucionais administrativos da eficiência e da economicidade, e visa à concretização do direito fundamental à boa administração.[87]

2.2.1.5 Fiscalização patrimonial

Conforme Caldas Furtado, a "fiscalização patrimonial consiste no exame da situação, evolução, controle e aproveitamento do patrimônio

---

[84] "[...] é a relação entre objetivos alcançados e objetivos propostos. A eficácia avalia a capacidade de cumprir metas". (FURTADO, J. R. Caldas. *Direito financeiro*. 4. ed. rev., ampl. e atual. Belo Horizonte: Fórum, 2013. p. 546).

[85] "[...] é a relação entre custo e benefício. [...] A eficiência não se preocupa com os fins, mas simplesmente com os meios. O alcance dos objetivos visados [...] é um assunto ligado à eficácia". (FURTADO, J. R. Caldas. *Direito financeiro*. 4. ed. rev., ampl. e atual. Belo Horizonte: Fórum, 2013. p. 546).

[86] "[...] é o resultado da combinação da eficácia com a eficiência. A efetividade se mede pela obtenção do maior grau de objetivos alcançados (maximização de resultados) ao menor dispêndio possível (minimização de custos)". (FURTADO, J. R. Caldas. *Direito financeiro*. 4. ed. rev., ampl. e atual. Belo Horizonte: Fórum, 2013. p. 547).

[87] Cf. FREITAS, Juarez. *O controle dos atos administrativos e os princípios fundamentais*. 5. ed. rev. e ampl. São Paulo: Malheiros, 2013 e VALLE, Vanice Regina Lírio do. *Direito fundamental à boa administração e governança*: democratizando a função administrativa. Tese (Pós-doutorado) – Escola Brasileira de Administração Pública e de Empresas, Fundação Getúlio Vargas, Rio de Janeiro, 2010. Disponível em: http://bibliotecadigital.fgv.br/dspace/bitstream/handle/10438/6977/VANICE%20VALLE.pdf?sequence=1. Acesso em 15 dez. 2016.

público",[88] cabendo ao órgão de controle "executar inspeções com o objetivo de verificar, inclusive fisicamente, os bens móveis e imóveis que constituem o acervo público [...] bem como averiguar o uso e a fruição desses bens".

Já Hélio Saul Mileski assevera que:

> [...] a fiscalização patrimonial possibilita um controle sobre a regularidade dos registros e utilização dos bens públicos, com a finalidade de identificar os responsáveis por seus uso e guarda, no sentido de evitar que estes sejam utilizados de forma indevida ou descurados na sua proteção e conservação.[89]

2.2.2 Aspectos da fiscalização

A fiscalização, a teor do art. 70 da Constituição, dar-se-á não apenas com o escrutínio da *legalidade* do ato administrativo, como também por sua *legitimidade* e sua *economicidade*. O dispositivo[90] elenca também aplicação das subvenções e renúncia de receitas, que não configuram, em verdade, aspectos da fiscalização, senão competências do Tribunal de Contas, razão pela qual melhor constariam do art. 71, que as enumera expressamente.[91]

2.2.2.1 Legalidade

O controle da legalidade se dá, evidentemente, através do confronto dos atos do gestor com o ordenamento jurídico aplicável ao contexto em que praticados. É o aspecto que mais demanda esforço de fiscalização por parte do órgão de controle, em face da multiplicidade

---

[88] FURTADO, J. R. Caldas. *Direito financeiro*. 4. ed. rev., ampl. e atual. Belo Horizonte: Fórum, 2013. p. 549.

[89] MILESKI, Hélio Saul. *O controle da gestão pública*. 2. ed. rev., atual. e aum. Belo Horizonte: Fórum, 2011. p. 286.

[90] Art. 70. A fiscalização contábil, financeira, orçamentária, operacional e patrimonial da União e das entidades da administração direta e indireta, quanto à legalidade, legitimidade, economicidade, aplicação das subvenções e renúncia de receitas, será exercida pelo Congresso Nacional, mediante controle externo, e pelo sistema de controle interno de cada Poder.

[91] Conforme bem observado por Odete Medauar: "Os termos aplicação de subvenções e renúncia de receitas, que sucedem à menção dos três aspectos, estão aí presentes de forma inadequada, pois não se revestem do sentido de aspecto das fiscalizações, sendo, isto sim, atuações da Administração sob o controle dos Tribunais de Contas". (MEDAUAR, Odete. *Controle da administração pública*. 3. ed. rev., atual. e ampl. São Paulo: Revista dos Tribunais, 2014. p. 140).

52 | GERALDO COSTA DA CAMINO
A INVESTIDURA NO TRIBUNAL DE CONTAS

de normas incidentes aos inúmeros atos administrativos submetidos a seu exame.

Novamente se recorre a Hélio Saul Mileski, que assenta que "o controle da legalidade efetuado no sistema de fiscalização [...] possui uma acepção ampla [...] mediante um exame de constitucionalidade das leis e dos atos administrativos [...]".[92] O exame referido será abordado adiante, em item próprio, dizente com a Súmula n° 347 do STF.

Nesse sentido, se considerado jurisdicional, em sentido lato (embora não judicial), o controle exercido pelo Tribunal de Contas, é válido um paralelo com o que diz Ingeborg Maus (com enfoque na organização estatal alemã): "o controle jurisdicional da administração é sempre a extensão da própria legislação; ela submete os aparatos estatais à vontade popular formulada na lei".[93]

Prossegue, a professora emérita da Goethe-Universität, em Frankfurt:

A crescente indeterminação do Direito moderno, expressa em conceitos jurídicos "brandos", cláusulas gerais e fórmulas objetivas ou, de toda forma, na produção de meros simulacros legais, apesar de crescente juridicização, leva a um efeito sempre menor de vinculação do Direito para os aparatos estatais dos processos democráticos de formação de vontade e legislativos. [...] os tribunais administrativos trabalham cada vez menos como instâncias abalizadoras da "legalidade da administração", e sim, entram em concorrência com esta pelo cumprimento material do Direito indeterminado, com o que os tribunais assumem cada vez mais funções administrativas à custa de suas funções jurídico-estatais de controle.[94]

2.2.2.2 Legitimidade

Importante campo de atuação do controle é aberto a partir da aferição da legitimidade[95] dos atos de gestão. Como observa Jacoby,

---

[92] MILESKI, Hélio Saul. *O controle da gestão pública.* 2. ed. rev., atual. e aum. Belo Horizonte: Fórum, 2011. p. 290.

[93] MAUS, Ingeborg. *O direito e a política*: teoria da democracia. Belo Horizonte: Del Rey, 2009. p. 283.

[94] MAUS, Ingeborg. *O direito e a política*: teoria da democracia. Belo Horizonte: Del Rey, 2009. p. 284.

[95] Na lição de Maurício Antônio Ribeiro Lopes: "A legitimidade, enquanto espécie de projeção de um conceito exterior que deve emergir de todos os atos administrativos, define-se pela interpretação de três valores fundamentais – ou de atributos, como preferem alguns – que revestem os atos e que são a moralidade, A legalidade e A finalidade". (LOPES, Maurício Antônio Ribeiro. Ética e administração pública. São Paulo: Revista dos Tribunais, 1993. p. 83).

"[o] atributo da legitimidade do ato intersecciona as esferas do interesse público e da moralidade",[96] e seu controle consiste na "aferição direta entre os motivos determinantes do ato administrativo e os resultados diretos e indiretos alcançados ou pretendidos".[97]

A legitimidade, que, segundo Harada, precede a legalidade, é, portanto, aspecto da fiscalização que permite o exame do "mérito do ato praticado pelo agente público para detectar possível desvio de finalidade",[98] o qual só será dado por legítimo se "não contrariar a natureza do homem". E exemplifica, o prestigiado autor de Direito Financeiro, com aquelas "despesas excessivas com representação ou com cerimônias oficiais festivas [...] em descompasso com os valores fundamentais da sociedade".

Abre-se, assim, a possibilidade de fiscalização de políticas públicas, não apenas em face de sua efetivação, mas da própria opção administrativa por implementá-las – ou da omissão em fazê-lo –, o que aponta, por óbvio, possível conflito com o princípio democrático. De fato, a legitimidade da ação do Poder Executivo, primariamente advinda da delegação popular instrumentalizada nas eleições, deve ser presumida, o que, como contraposto pelo princípio republicano, não a exime de controle e fiscalização.[99]

Figure-se, por exemplo, a hipótese de prefeitura na qual os vencimentos dos servidores e os pagamentos a fornecedores se encontrem com atraso tal que os serviços de saúde entrem em colapso, cessando o atendimento à população. E que, na cidade aqui cogitada, o prefeito decida, nessa circunstância, implementar política pública de urbanismo, com massiva campanha publicitária, subsidiando, pela via da renúncia fiscal, a aquisição de tinta para que os munícipes padronizem a pintura de suas moradias de acordo com os critérios estéticos definidos pela

---

[96] FERNANDES, Jorge Ulysses Jacoby. *Tribunais de Contas do Brasil*: jurisdição e competência. 2. ed. Belo Horizonte: Fórum, 2005. p. 49.

[97] FERNANDES, Jorge Ulysses Jacoby. *Tribunais de Contas do Brasil*: jurisdição e competência. 2. ed. Belo Horizonte: Fórum, 2005. p. 49.

[98] HARADA, Kyoshi. *Direito financeiro e tributário*. 25. ed. rev., atual. e ampl. São Paulo: Atlas, 2016. p. 114.

[99] Controle e fiscalização por um órgão de controle externo cuja legitimidade difere daquela dos mandatários populares, como observado por José Alcebíades de Oliveira Júnior em relação ao Poder Judiciário: "os juízes contam com outra legitimidade democrática, que está ancorada na função de aplicação da lei, chamada de legitimidade de exercício ou legitimidade funcional". (OLIVEIRA JÚNIOR, José Alcebíades; SOUZA, Leonardo Rocha de. *Sociologia do direito*: desafios contemporâneos. Porto Alegre: Livraria do Advogado, 2016. p. 121).

municipalidade. Parece evidente a ilegitimidade da adoção dessa política pública, cabendo ao órgão de controle, portanto, a sua impugnação.

2.2.2.3 Economicidade

O Subprocurador-Geral do MPC junto ao TCU, Paulo Soares Bugarin, em obra específica sobre o tema, após referir que "no complexo exame da economicidade dos atos públicos de gestão, não se admite mais considerar o mérito do ato administrativo como empecilho à atuação do Controle Externo",[100] ensina que "o princípio constitucional da economicidade da gestão de recursos e bens públicos autoriza o órgão técnico [...] ao exame [...] dos elementos de fato informadores dos diversos processos subjetivos de tomadas de decisão de gastos/ investimentos públicos vis à vis o conjunto objetivo dos resultados alcançáveis, qualificando-os, efetiva ou potencialmente, como ganhos ou perdas sociais [...]".[101] (Grifos no original).

Gabriela Tomaselli Bresser Pereira Dal Pozzo conceitua, ao discorrer sobre o controle interno (definição válida também para o controle externo, ao qual deve apoiar, de acordo com o inc. IV do art. 74 da Constituição), o princípio da economicidade como aquele que "determina a observância da relação custo benefício, isto é, impõe a parcimônia, modicidade, contenção, moderação nos gastos".[102]

2.3 Conteúdo e eficácia das decisões

Os julgamentos de contas de administradores ou responsáveis, além do juízo acerca das mesmas, considerando-as regulares (com ou sem ressalvas) ou irregulares, comportam aplicação de multa e imputação de débito, além de determinações e recomendações aos gestores.

---

[100] BUGARIN, Paulo Soares. *O princípio constitucional da economicidade na jurisprudência do Tribunal de Contas da União*. Belo Horizonte: Fórum, 2004. p. 136.

[101] BUGARIN, Paulo Soares. *O princípio constitucional da economicidade na jurisprudência do Tribunal de Contas da União*. Belo Horizonte: Fórum, 2004. p. 140.

[102] DAL POZZO, Gabriela Tomaselli Bresser Pereira. *As funções do Tribunal de Contas e o estado de direito*. Belo Horizonte: Fórum, 2010. p. 58.

2.3.1 Julgamento das contas

No exercício da competência prevista no inc. II do art. 71 da Carta Magna, o Tribunal de Contas julga "as contas dos administradores e demais responsáveis por dinheiros, bens e valores públicos da administração direta e indireta, incluídas as fundações e sociedades instituídas e mantidas pelo Poder Público federal, e as contas daqueles que derem causa a perda, extravio ou outra irregularidade de que resulte prejuízo ao erário público".

O resultado desse julgamento se reflete em acórdão cujo dispositivo consiste em declarar as contas do administrador ou responsável como (1) regulares (aprovação), (1.1) com ou (1.2) sem ressalvas, ou (2) irregulares (rejeição). De acordo com a alínea "g" do inc. I do art. 1º da Lei Complementar nº 64/1990,[103] é causa de inelegibilidade a rejeição de contas. Sua base constitucional é um *locus*, por excelência, do diálogo entre República e Democracia:[104] o art. 14, §9º, da Carta, que proclama que "Lei complementar estabelecerá outros casos de inelegibilidade e os prazos de sua cessação, a fim de proteger a probidade administrativa, a moralidade para o exercício de mandato, considerada vida pregressa do candidato, [...]". Essa restrição ao *jus honorum* – direito político passivo, direito a ser votado – importa em relativizar o princípio democrático. Em prol da probidade e da moralidade, pende a balança, nessa ponderação, para o lado do princípio republicano.

Já a alínea "l" do mesmo dispositivo inclui entre os atingidos pelas causas de inelegibilidades aqueles condenados por improbidade administrativa.[105] Entretanto, se é condição de elegibilidade o "pleno

---

[103] "g) os que tiverem suas contas relativas ao exercício de cargos ou funções públicas rejeitadas por irregularidade insanável que configure ato doloso de improbidade administrativa, e por decisão irrecorrível do órgão competente, salvo se esta houver sido suspensa ou anulada pelo Poder Judiciário, para as eleições que se realizarem nos 8 (oito) anos seguintes, contados a partir da data da decisão, aplicando-se o disposto no inciso II do art. 71 da Constituição Federal, a todos os ordenadores de despesa, sem exclusão de mandatários que houverem agido nessa condição".

[104] A distinção entre ambas é bem ilustrada por Giovanni Sartori: "[..] dire repubblica è diversissimo dal dire democrazia. *Res publica* é 'cosa di tutti', [...] democrazia allude al 'potere di qualcuno' (di una parte), *res publica* allude invece all'interesse generale, al bene comune. *Respublica* designa dunque un sistema politico di tutti nell'interesse di tutti". (SARTORI, Giovanni. *Democrazia*: cosa è. Milano: BUR Saggi, 2007. p. 150).

[105] "Os que forem condenados à suspensão dos direitos políticos, em decisão transitada em julgado ou proferida por órgão judicial colegiado, por ato doloso de improbidade administrativa que importe lesão ao patrimônio público e enriquecimento ilícito, desde a condenação ou o trânsito em julgado até o transcurso do prazo de 8 (oito) anos após o cumprimento da pena".

exercício dos direitos políticos" (CRFB, art. 14, §3°, II) e os "atos de improbidade administrativa importarão a suspensão dos direitos políticos" (CRFB, art. 37, §4°), então a causa de inelegibilidade elencada na alínea "l" do art. 1° da LC n° 64/90 deve ser interpretada como (a) extensiva do prazo suspensivo determinado judicialmente ou (b) ampliativa para o caso de não haver coisa julgada, nos casos de enriquecimento e dano ao erário.

A ser interpretada a qualificadora de improbidade na rejeição de contas como uma definição de responsabilidade do Tribunal de Contas ou da Justiça Eleitoral, haverá inconstitucionalidade por usurpação de competência da Justiça comum. Veja-se que a lei foi expressa ao exigir a qualificação de "ato doloso de improbidade administrativa" para a irregularidade insanável que tenha implicado rejeição de contas. Não trouxe, genericamente, a expressão "improbidade" como uma qualificadora, o que comportaria elastério na definição e avaliação subjetiva da conduta do gestor pela justiça eleitoral.

"Ato de improbidade administrativa" é uma categoria definida em lei, bem como o são a competência para o seu julgamento e as sanções decorrentes de sua prática. E é da justiça comum, não da justiça eleitoral, muito menos dos tribunais de contas, a competência para julgar se determinada conduta configura, ou não, ato de improbidade administrativa.

Situação análoga foi corrigida pelo STF quando da aplicação da pena de suspensão na via administrativa a um servidor, com base na suposta prática de crime, sem que houvesse condenação judicial nesse sentido. A ementa é clara ao afirmar que "[e]stando o decreto de demissão alicerçado em tipo penal, imprescindível é que haja provimento condenatório trânsito em julgado".[106]

Da mesma forma, a Corte Suprema anulou demissão de servidor que fora penalizado, segundo a conclusão do processo administrativo disciplinar, por ter praticado ato de improbidade administrativa. Não tendo havido processo específico contra ele movido em juízo, disse o STF que "[v]erificada a prática de atos de improbidade no âmbito administrativo, caberia representação ao Ministério Público para ajuizamento da competente ação, não a aplicação da pena de demissão".[107]

---

[106] BRASIL. Supremo Tribunal Federal. *MS n° 21310*. Plenário. Relator: Min. Marco Aurélio. J. em: 25 nov. 1993. *DJ* 11 mar. 1994. Disponível em: http://redir.stf.jus.br/paginadorpub/paginador.jsp?docTP=AC&docID=85489. Acesso em 5 fev. 2017.

[107] BRASIL. Supremo Tribunal Federal. *RMS n° 24699*. Primeira Turma. Relator: Min. Eros Grau. J. em: 30 nov. 2004. *DJ* 1 jul. 2005. Disponível em: http://redir.stf.jus.br/paginadorpub/paginador.jsp?docTP=AC&docID=370238. Acesso em 5 fev. 2017.

Entretanto, não vem sendo essa a interpretação dada pelos tribunais, em especial os eleitorais, que, além de não se pronunciarem – provavelmente porque não lhes tenha sido demandado – sobre a incongruência apontada, quase sempre analisam intrinsecamente as decisões das cortes de contas, para definir serem ou não oriundas de processo que se subsuma na norma ensejadora de inelegibilidade.[108]

2.3.2 Aplicação de multa

A sanção administrativa de multa, expressamente prevista entre as cominações que a Constituição determina que a lei estabeleça[109] para os casos de ilegalidade de despesa ou irregularidade de contas, não encontra uniformidade na legislação dos tribunais de contas.

À míngua de lei orgânica nacional que uniformize as cortes de contas em competências e procedimentos, é através das respectivas leis locais que a matéria referente a sanções por elas imponíveis recebe tratamento. Os valores das multas, por tal circunstância, variam de menos de mil a dezenas de milhares de reais.

2.3.3 Imputação de débito

A competência do Tribunal de Contas para imputar débito a administrador ou responsável, embora não conste de forma expressa das normas constitucionais respectivas, é delas deduzida.[110] Por duas vezes o Texto Constitucional a refere indiretamente.

---

[108] BRASIL. Tribunal Superior Eleitoral. *Agravo Regimental em Recurso Especial Eleitoral nº 10911*. Relator Min. Antônio Herman de Vasconcellos e Benjamin. Acórdão de 3 nov. 2016. Publicado em Sessão: "É inelegível, por oito anos, detentor de cargo ou função pública cujas contas tiverem sido rejeitadas em detrimento de falha insanável que configure ato doloso de improbidade administrativa, por meio de *decisum* irrecorrível do órgão competente, salvo se suspenso ou anulado pelo Poder Judiciário, a teor do art. 1º, I, g, da LC nº 64/90. [...] Pagamento de verbas indenizatórias motivadas por presença de vereadores em sessões extraordinárias contraria o art. 57, §7º, da CF/88 e enquadra-se na referida causa de inelegibilidade, pois configura, por si só, vício insanável e ato doloso de improbidade administrativa. Precedentes".

[109] Art. 71 [...] VIII – aplicar aos responsáveis, em caso de ilegalidade de despesa ou irregularidade de contas, as sanções previstas em lei, que estabelecerá, entre outras cominações, multa proporcional ao causado ao erário.

[110] Cabível analogia com a dedução de princípios não expressos referida por Norberto Bobbio: "Ao lado dos princípios gerais expressos há os não expressos, ou seja, aqueles que se podem tirar por abstração de normas específicas ou pelo menos não muito gerais: são princípios, ou normas generalíssimas, formuladas pelo intérprete, que busca colher, comparando normas

A primeira, no art. 71, VIII, anteriormente citado, que dispõe que a lei estabelecerá, em caso de ilegalidade de despesa, multa proporcional ao dano causado ao erário. A segunda, no §3º do mesmo artigo, o qual trata da eficácia das "decisões do Tribunal de que resulte imputação de débito".

Lidas em conjunto, as normas evidenciam a competência do Tribunal de Contas, em caso de ilegalidade de despesa, para imputar débito ao administrador ou responsável, que deverá ressarcir o erário do dano causado, pena de execução em juízo da respectiva decisão.

Uma vez imputado o débito em desfavor do administrador ou responsável, deverá o mesmo, em cumprimento do *decisum*, providenciar o pagamento em favor do ente lesado. O recolhimento do respectivo valor, então, não será feito ao Tribunal de Contas, pois não é ele o credor da glosa imposta, mas a pessoa jurídica que arcou com o prejuízo que o acórdão busca recompor.

2.3.4 Eficácia dos julgados

As decisões dos tribunais de contas, a teor do art. 71, §3º,[111] da Constituição, possuem eficácia de título executivo. É dizer, para que sejam executadas, em caso de seu descumprimento – ou seja, que o agente responsabilizado pelo tribunal não recolha a multa que lhe foi aplicada ou ressarça o erário, em caso de dano condenado a ressarcir –, dispensam processo de conhecimento em que se discuta, novamente, o mérito da decisão em processo de contas. É matéria que se relaciona com a revisibilidade judicial do que for decidido pela jurisdição contábil, a ser abordada adiante.

Como destaca Valdecir Pascoal, "[..] para completa efetividade, é preciso que a decisão do TC declare expressamente o agente responsável e o valor da condenação",[112] para que tenham os atributos de liquidez e certeza, a caracteriza como título executivo extrajudicial, que é dispensado de inscrição em dívida ativa, sendo constituído pela certidão de decisão do Tribunal de Contas.

---

aparentemente diversas entre si, aquilo a que comumente se chama o espírito do sistema". (BOBBIO, Norberto. *Teoria do ordenamento jurídico*. Brasília: UNB, 1994. p. 159).

[111] §3º As decisões do Tribunal de que resulte imputação de débito ou multa terão eficácia de título executivo.

[112] PASCOAL, Valdecir. *Direito financeiro e controle externo*. 9. ed. rev. e atual. São Paulo: Método, 2015. p. 150.

A legitimidade ativa para a execução dos julgados das cortes de contas é, em relação às multas que aplicam, da pessoa jurídica de direito público interno que integram (a União, no caso do TCU; os Estados, para TCE e Tribunal de Contas dos Municípios; e os Municípios do Rio de Janeiro e de São Paulo, em face dos respectivos tribunais). Já no que toca aos débitos impostos, detém legitimidade para execução da certidão de decisão o próprio ente prejudicado, como noticiado na seção anterior.

2.3.5 Medidas cautelares e negativa de executoriedade de norma

Duas das mais relevantes competências do Tribunal de Contas, por sua instrumentalidade fundamental para a efetividade do órgão de controle, não constam de forma literal do rol que traz o art. 71 da Carta. Ambas são deduzidas do ordenamento aplicável ao sistema de fiscalização, e foram consolidadas na jurisprudência da Corte Suprema. São elas: a da emissão de medidas cautelares e a da apreciação de constitucionalidade das normas e dos atos administrativos.

2.3.5.1 Poder geral de cautela

Afirmada, mais recentemente, sobremaneira no julgamento do MS nº 24510,[113] a competência para a expedição de comandos cautelares[114] tem substrato da teoria dos poderes implícitos, oriunda do direito norte-americano,[115] pela qual se deduz que, dada uma competência, pela Constituição, a um determinado órgão, devem lhe ser dados também os meios para efetivá-la.

---

[113] "O Tribunal de Contas da União tem competência para fiscalizar procedimentos de licitação, determinar suspensão cautelar (artigos 4º e 113, §1º e 2º da Lei nº 8.666/93), examinar editais de licitação publicados e, nos termos do art. 276 do seu Regimento Interno, possui legitimidade para a expedição de medidas cautelares para prevenir lesão ao erário e garantir a efetividade de suas decisões". (BRASIL. Supremo Tribunal Federal. *MS nº 24510*. Plenário. Relatora Min. Ellen Gracie. Plenário. Sessão de 19 nov. 2003. *DJ* 19 mar. 2004. Disponível em: http://redir.stf.jus.br/paginadorpub/paginador.jsp?docTP=AC&docID=86146. Acesso em 6 dez. 2016).

[114] Ou, como defende o auditor público externo do TCE-RS Romano Scapin, antecipatórios de tutela. (SCAPIN, Romano. *A expedição de provimentos provisórios pelos Tribunais de Contas*: das "medidas cautelares" à técnica antecipatória no controle externo brasileiro. Dissertação (Mestrado em Direito) – Faculdade de Direito, Universidade Federal do Rio Grande do Sul, Porto Alegre, 2016).

[115] McCULOCH v. Maryland (1819).

No caso do Tribunal de Contas, mais clara fica a pertinência do poder geral de cautela que lhe é reconhecido ao se constatar que, uma vez que lhe cabe imputar débito ao gestor que incorra em despesa ilegal, parece evidente – e em congruência com o interesse público – lhe assistir poder para evitar que o dano se concretize.

É o que afirmou, através de indagações retóricas, o Ministro Cezar Peluso, acerca das competências do Tribunal de Contas, durante as discussões havidas na sessão de julgamento do referido *mandamus*: "[...] tem o poder de remediar, mas não o de prevenir? Vamos esperar que seja consumada a ilegalidade para, só depois, atuar o Tribunal de Contas?".

Recentemente, todavia, decisões monocráticas[116] de ministros do STF têm restringido o alcance do poder geral de cautela do TCU – e, por extensão, dos demais tribunais de contas –, entendendo-o não aplicável em face de particulares, por considerar que a fiscalização de atos e contratos (seção IV da LOTCU) é direcionada apenas a servidores públicos. Tem-se por equivocada, todavia, tal interpretação.

Primeiro, porque na mesma seção é disciplinada a declaração de inidoneidade de licitante fraudador (art. 46), sanção administrativa – não parece haver dúvida – relativa a particulares, não a servidores públicos, não se extraindo, por conseguinte, da interpretação "topológica" da norma, o sentido pretendido.

Segundo – e mais importante –, em face da leitura sistemática dos comandos constitucionais do parágrafo único do art. 70,[117] que contém o princípio da prestação de contas, e do inc. II do art. 71,[118] acerca do

---

[116] Como a proferida no MS nº 34392 MC, da qual se destaca o seguinte excerto: "O cerne da questão está na possibilidade jurídica, ou não, de o Tribunal de Contas da União impor cautelar de indisponibilidade de bens em desfavor de particular. [...] Percebam: não se está a afirmar a ausência do poder geral de cautela do Tribunal de Contas, e, sim, que essa atribuição possui limites dentro dos quais não se encontra o bloquear, por ato próprio, dotado de autoexecutoriedade, os bens de particulares contratantes com a Administração Pública. Destaco a impropriedade de justificação da medida com base no artigo 44 da Lei Orgânica do Tribunal de Contas da União. O dispositivo está voltado à disciplina da atuação do responsável pelo contrato, servidor público, não abarcando o particular. O exame da Lei nº 8.443/1992 respalda o entendimento. O preceito encontra-se na Seção IV, a qual regula a fiscalização de atos e contratos dos quais resulte receita ou despesa, realizados "pelos responsáveis sujeitos à sua jurisdição". A lei direciona a servidor público, não a particular" (Relator: Min. Marco Aurélio, Julgamento: 6 set. 2016).

[117] "Art. 70. [...] Parágrafo único. Prestará contas qualquer pessoa física ou jurídica, pública ou privada, que utilize, arrecade, guarde, gerencie ou administre dinheiros, bens e valores públicos ou pelos quais a União responda, ou que, em nome desta, assuma obrigações de natureza pecuniária".

[118] "Art. 71. [...] II – julgar as contas dos administradores e demais responsáveis por dinheiros, bens e valores públicos da administração direta e indireta, incluídas as fundações e sociedades

julgamento de contas pelo Tribunal. A norma desse inciso, em sua parte final, outorga, à corte, competência para julgar as contas "daqueles que derem causa a [...] prejuízo ao erário público".

É evidente que os particulares contratantes com o poder público que "derem causa" a prejuízo serão "responsáveis" pelo mesmo, interpretação que é coerente com o disposto pelo parágrafo único do art. 70, a afirmar que "prestará contas qualquer pessoa física ou *jurídica*, pública ou *privada* [...]". Houve, portanto, na redação do art. 71-II, tão somente uma elipse, devendo o mesmo ser lido como "daqueles *responsáveis* que derem causa [...]". Assim, afirma-se embasamento legal e constitucional para a medida cautelar de "indisponibilidade de bens do *responsável*", por até um ano, emitida usualmente pelo TCU.

Importante ressalva quanto ao exercício do poder geral de cautela, no sentido da necessária temperança em dela lançar mão, de molde que a autocontenção evite o uso indiscriminado tendente, em potencial, à deslegitimação da medida, vem do Conselheiro do Tribunal de Contas de Pernambuco Valdecir Pascoal, ex-presidente da ATRICON:

> [...] é preciso que os Tribunais de Contas atentem para as próprias limitações legais inerentes ao exercício do poder geral de cautela. Saber que os procedimentos cautelares devem constituir exceção é um primeiro passo. [...] Ademais, a concessão de medidas cautelares não pode se basear em meras alegações, sejam estas oriundas das equipes técnicas ou de outro interessado. É preciso que na motivação da cautelar haja análise dos argumentos jurídicos lastreados em indícios de provas materiais. A concessão da cautelar, sem a ouvida dos gestores responsáveis (*inaudita altera pars*) só deve acontecer, excepcionalmente, quando restar inviabilizada a notificação prévia do administrador responsável. De outra parte, faz-se necessário avaliar se o caso concreto não indica uma conjuntura de *periculum in mora* inverso, ou seja, em muitas situações é preferível deixar fluir o procedimento administrativo, sob pena de a suspensão causar um dano superior ao que se buscaria evitar [...].[119]

---

instituídas e mantidas pelo Poder Público federal, e as contas daqueles que derem causa a perda, extravio ou outra irregularidade de que resulte prejuízo ao erário público".

[119] PASCOAL, Valdecir. O poder cautelar dos Tribunais de Contas. *Revista do TCU*, Brasília, v. 115, 2009. Disponível em: http://revista.tcu.gov.br/ojs/index.php/RTCU/article/viewFile/320/365. Acesso em 6 dez. 2016.

2.3.5.2 Apreciação de constitucionalidade de normas e atos

Já vetusto, mas ainda atual, o verbete que trata da competência dos tribunais de contas para "apreciar a constitucionalidade das leis e dos atos do poder público" consta da Súmula sob o n° 347,[120] desde 1961. Destaca-se, do precedente que o embasou (RMS n° 8372, de relatoria do Ministro Pedro Chaves), depois da ressalva de não possuir, o Tribunal de Contas, competência para declarar[121] a inconstitucionalidade de lei, a correta observação de que "há que distinguir entre declaração de inconstitucionalidade e não aplicação de leis inconstitucionais, pois esta é obrigação de qualquer tribunal ou órgão de qualquer dos poderes do Estado".

Foi o que defendeu a saudosa Conselheira Substituta do TCE-RS, Rosane Heineck Schmitt, em alentada tese sobre a matéria, enfrentando, para defender a competência reconhecida pela Súmula n° 347, a alegação do monopólio da jurisdição, usualmente levantada como óbice para a possibilidade de o Tribunal de Contas negar executoriedade a normas inconstitucionais, *verbis*:

> [...] nesta questão se está a misturar princípios: dever de cumprir e fazer cumprir a Constituição e jurisdição uma. O primeiro [...] é dever de todos os órgãos que integram as Funções do Estado. O segundo, significa monopólio da jurisdição, de dizer o direito em caráter terminativo, inclusive e em especial para o caso, em sede de jurisdição constitucional. Mas monopólio da jurisdição não se confunde com monopólio de preservar a Constituição, que não existe nem poderia existir na medida em que todas Funções/Poderes do Estado têm o dever de cumpri-la e fazê-la cumprir.[122]

Embora em plena vigência, a súmula, no particular, foi questionada, *obiter dictum*, pelo Ministro Gilmar Mendes, no julgamento do MS n°

---

[120] Súmula n° 347: O Tribunal de Contas, no exercício de suas atribuições, pode apreciar a constitucionalidade das leis e dos atos do Poder Público. (BRASIL. Supremo Tribunal Federal. *Súmula n° 347*. Aprovada em sessão plenária de 13.12.1963. Súmulas. Disponível em: http://www.stf.jus.br/portal/jurisprudencia/listarJurisprudencia.asp?s1=347.NUME.%20 NAO%20S.FLSV.&base=baseSumulas. Acesso em 1 nov. 2016).

[121] No sentido estrito, entende-se, o que afetaria a lei fora do âmbito do julgamento de contas.

[122] SCHMITT, Rosane Heineck. *Tribunais de Contas no Brasil e controle de constitucionalidade*. Tese (Doutorado em Direito) – Faculdade de Direito, Universidade Federal do Rio Grande do Sul, Porto Alegre, 2006. Disponível em: http://www.lume.ufrgs.br/bitstream/handle/10183/8051/000566210.pdf. Acesso em 3 nov. 2016.

CAPÍTULO 2
TRIBUNAL DE CONTAS | 63

25888,[123] acerca do regulamento de licitação simplificada da Petrobras, que fora tido por inconstitucional pelo TCU, por deixar de observar a Lei nº 8.666/1993, editada no exercício da competência disposta pelo art. 22-XXVII da Carta. Posteriormente, entretanto – ainda que em decisão monocrática, exarada pelo Ministro Marco Aurélio[124] –, o verbete teve sua vigência confirmada no âmbito do STF.

Considera-se, ao contrário do externado pelo relator do MS nº 25888, coerente com o sistema de controle de constitucionalidade da Carta de 88 a competência cautelar do Tribunal de Contas. A ampliação do rol de legitimados[125] à propositura não tem como consequência

---

[123] "Assim, a declaração de inconstitucionalidade, pelo Tribunal de Contas da União, do art. 67 da Lei nº 9.478/97, e do Decreto nº 2.745/98, obrigando a Petrobrás, consequentemente, a cumprir as exigências da Lei nº 8.666/93, parece estar em confronto com normas constitucionais, mormente as que traduzem o princípio da legalidade, as que delimitam as competências do TCU (art. 71) [...] Não me impressiona o teor da Súmula nº 347 [...] referida regra sumular foi aprovada na Sessão Plenária de 13.12.1963, num contexto constitucional totalmente diferente do atual. Até o advento da Emenda Constitucional nº 16, de 1965, que introduziu em nosso sistema o controle abstrato de normas, admitia-se como legítima a recusa, por parte de órgãos não jurisdicionais, à aplicação da lei considerada inconstitucional. No entanto, é preciso levar em conta que o texto constitucional de 1988 introduziu uma mudança radical no nosso sistema de controle de constitucionalidade. Em escritos doutrinários, tenho enfatizado que a ampla legitimação conferida ao controle abstrato, com a inevitável possibilidade de se submeter qualquer questão constitucional ao Supremo Tribunal Federal, operou uma mudança substancial no modelo de controle de constitucionalidade até então vigente no Brasil. Parece quase intuitivo que, ao ampliar, de forma significativa, o círculo de entes e órgãos legitimados a provocar o Supremo Tribunal Federal, no processo de controle abstrato de normas, acabou o constituinte por restringir, de maneira radical, a amplitude do controle difuso de constitucionalidade. [...] Assim, a própria evolução do sistema de controle de constitucionalidade no Brasil, verificada desde então, está a demonstrar a necessidade de se reavaliar a subsistência da Súmula 347 em face da ordem constitucional instaurada com a Constituição de 1988". (BRASIL. Supremo Tribunal Federal. *MS nº 25888 MC*. Plenário. Relator Ministro Gilmar Mendes. J. em: 22 mar. 2006. *DJ* 29 mar. 2006).

[124] "2. Descabe a atuação precária e efêmera afastando do cenário jurídico o que assentado pelo Tribunal de Contas da União. A questão alusiva à possibilidade de este último deixar de observar, ante a óptica da inconstitucionalidade, certo ato normativo há de ser apreciada em definitivo pelo Colegiado, prevalecendo, até aqui, porque não revogado, o Verbete nº 347 da Súmula do Supremo. De início, a atuação do Tribunal de Contas se fez considerado o arcabouço normativo constitucional". (BRASIL. Supremo Tribunal Federal. *MS nº 31439 MC*. Relator Min. Marco Aurélio. Decisão Monocrática. J. em: 19 jul. 2012. *DJe* 7 ago. 2012. Disponível em: http://www.stf.jus.br/portal/jurisprudencia/listar Jurisprudencia.asp?s1=%28MS%24%2ESCLA%2E+E+31439%2ENUME%2E%29+ NAO+S%2EPRES%2E&base=baseMonocraticas&url=http://tinyurl.com/dx9uz2f. Acesso em 6 dez. 2016).

[125] Os legitimados formalmente para a ação direta não excluem outros intérpretes – e aplicadores – da Constituição, na linha do proposto por Peter Häberle: "Também nas funções estatais [...] e nas relações a elas subjacentes não se podem perder de vista as pessoas concretas, os parlamentares, os funcionários públicos, os juízes [...]". (HÄBERLE, Peter. *Hermenêutica constitucional*: a sociedade aberta dos intérpretes da constituição: contribuição para a

a impossibilidade de se negar execução a normas manifestamente inconstitucionais.

É o que ensina Gustavo Binenbojm, ao afirmar a persistência, após a Carta de 88, da possibilidade de descumprimento autoexecutório de lei:

> O poder-dever do Chefe do Executivo de negar cumprimento a lei inconstitucional não tinha como fundamento ontológico o fato de não ser ele legitimado para a propositura da então chamada representação por inconstitucionalidade. O descumprimento da lei era – e é – uma exigência do princípio da supremacia da Constituição.[126]

Especificamente em relação aos Tribunais de Contas, o publicista fluminense traz o escólio de Clèmerson Merlin Clève, que, respondendo à questão levantada, sobre a possibilidade de os Chefes de Executivos recusarem-se a cumprir lei inconstitucional, esclarece que uma "resposta negativa poderia ter fundamento em relação ao Presidente da República ou aos Governadores de Estado. Não o teria, porém, diante de outros órgãos, como os Tribunais de Contas, por exemplo".[127]

2.3.6 Revisibilidade judicial

É majoritário o entendimento de expressivos setores do Poder Judiciário[128] quanto a ser admitida a revisão das decisões do Tribunal de Contas por aquele Poder. Sem negar eficácia ao princípio constitucional da inafastabilidade da jurisdição, respeitável doutrina[129] e ponderável jurisprudência[130] defendem, todavia, que o Judiciário deveria se

---

interpretação pluralista e "procedimental" da constituição. Porto Alegre: Fabris, 1997. p. 24).

[126] BINENBOJM, Gustavo. *A nova jurisdição constitucional*: legitimidade democrática e instrumentos de realização. 3. ed. rev. e atual. Rio de Janeiro: Renovar, 2010. p. 271.

[127] CLÈVE, Clèmerson Merlin. *A fiscalização abstrata da constitucionalidade no direito brasileiro.* São Paulo: Revista dos Tribunais, 2000. p. 247 *apud* BINENBOJM, Gustavo. *A nova jurisdição constitucional*: legitimidade democrática e instrumentos de realização. 3. ed. rev. e atual. Rio de Janeiro: Renovar, 2010. p. 273.

[128] Por todos, BRASIL. Supremo Tribunal Federal. *MS n° 28074/DF.* Primeira Turma. Relatora: Min. Cármen Lúcia. J. 22 maio 2012. *DJe* 14 jun. 2012.

[129] Como a de Marcus Abraham, que preleciona que "compete ao Poder Judiciário apenas verificar os aspectos formais do julgamento, vale dizer, se foi observado o devido processo legal e se não houve nenhuma violação de direito individual, vez que o Judiciário não pode adentrar o mérito e revisar as decisões dos Tribunais de Contas, por exemplo, declarando regulares as contas que haviam sido julgadas irregulares, ou vice-versa". (ABRAHAM, Marcus. *Curso de direito financeiro brasileiro.* 2. ed. Rio de Janeiro: Elsevier, 2013. p. 290).

[130] "[...] Ademais, a Eg. Corte de Contas, acolhendo o pronunciamento do Parquet junto àquele Tribunal, afastou o caráter ilícito de grande parte dos fatos noticiados na peça vestibular,

restringir a verificar a observância ao devido processo legal, assim ao contraditório e à ampla defesa, quando muito corrigindo manifesta lesão a direito fundamental.

É que, embora não constitua Poder, a corte contábil possui previsão constitucional como órgão de colaboração matricial entre os Poderes, a exemplo do Ministério Público, fora da clausura imposta pela tradicional tripartição herdada de Montesquieu.

Ainda que não se venha a chegar ao que poderia, para alguns, ser uma demasia – defender que, sem dizê-lo expressamente, a Constituinte de 88 criou, sob alguns aspectos, uma Justiça Administrativa –, parece não restar dúvida que as decisões em processos de contas são "judicialiformes" ou "parajurisdicionais".

Discorda-se do entendimento de que o Tribunal de Contas seja mero tribunal administrativo, como aqueles assim denominados, mas integrantes da estrutura do Poder Executivo, deste sendo apenas instância recursal de suas decisões administrativas.

Tais órgãos, e nisso não vai qualquer afronta às relevantes funções que desempenham, ademais de não terem estatura constitucional, são desprovidos institucionalmente do autogoverno inerente aos tribunais em sentido estrito (dentre os quais o de Contas), e seus membros não gozam das prerrogativas de magistratura, a exemplo dos ministros e conselheiros das cortes de contas.

Como disse Pontes de Miranda, em seus "Comentários à Constituição de 1967 com a Emenda nº 1/69":

> Desde 1934, a função de julgar as contas estava claríssima no texto constitucional. Não havíamos de interpretar que o Tribunal de Contas julgasse, e outro juiz as rejulgasse depois. Tratar-se-ia de absurdo *bis in idem*. Ou o Tribunal de Contas julgava, ou não julgava.[131]

---

o que, na jurisprudência do Supremo Tribunal Federal e do Superior Tribunal de Justiça, *impede o seu reexame na via judicial*, a não ser quanto ao seu *aspecto formal* ou tisna de *ilegalidade manifesta*, o que não se verifica no caso em exame [...]". (TRF4, AI nº 2002.04.01.019240-0/SC, j. 03.12.2002).

"É logicamente impossível desconstituir ato administrativo aprovado pelo Tribunal de Contas, sem rescindir a decisão do colegiado que o aprovou; e para rescindi-la, é necessário que nela se constatem irregularidades formais ou ilegalidades manifestas". (STJ, *REsp nº 8.970/SP*, j. 18.12.1991) Acórdãos citados por LENZ, Carlos Eduardo Thompson Flores. O Tribunal de Contas e o Poder Judiciário. *Revista de Direito Administrativo*, Rio de Janeiro, n. 238, p. 265-281, out./dez. 2004. p. 274, sem grifos no original. Disponível em: http://bibliotecadigital.fgv.br/ojs/index.php/rda/article/viewFile/44082/44755. Acesso em 31 jan. 2017.

[131] PONTES DE MIRANDA, Francisco Cavalcanti. *Comentários à Constituição de 1967*: com a Emenda nº 1, de 1969. 2. ed. rev. São Paulo: Revista dos Tribunais, 1970. v. 3: arts, 32-117, p. 251.

Também Seabra Fagundes, em sentido análogo, lecionou:

> O Tribunal de Contas não aparece na Constituição como órgão componente do Poder Judiciário. [...] Não obstante isso [...] lhe comete o julgamento da regularidade das contas dos administradores e demais responsáveis por bens ou dinheiros públicos, o que implica em investi-lo no parcial exercício da função judicante. Não bem pelo emprêgo da palavra julgamento, mas sim pelo sentido definitivo da manifestação da côrte, pois se a regularidade das contas pudesse dar lugar a nova apreciação (pelo Poder Judiciário), o seu pronunciamento resultaria em mero e inútil formalismo. Sob êsse aspecto restrito (o criminal fica à Justiça da União) a Côrte de Contas decide conclusivamente. Os órgãos do Poder Judiciário carecem de jurisdição para examiná-lo.[132]

O entendimento desses dois eminentes juristas, porém, não é majoritário, em que pesem as pertinentes teses que o sustentam. A posição dominante é, torna-se a frisar, aquela que entende pela sindicabilidade plena, por parte do Poder Judiciário, das decisões proferidas por Tribunal de Contas, o que parece não prestigiar o princípio da máxima efetividade das normas constitucionais, ao reduzir a eficácia daquelas que outorgam relevantes competências àquelas cortes.

Não se trata – repete-se – de pretender negar vigência ao princípio constitucional da inafastabilidade da jurisdição, senão de interpretá-lo em consonância com as competências – também constitucionais – do órgão de controle externo da administração pública.

Entende-se que deve o Poder Judiciário, a fim de propiciar essa interpretação sistemática, ater-se, em ações que questionam pontualmente decisão de Tribunal de Contas, à verificação do cumprimento do devido processo legal (nele contemplados o contraditório e a ampla defesa) e à correção de manifesta lesão a direito fundamental.

Agindo dessa forma, em autocontenção, não estará o Poder Judiciário, exatamente pela vigência do princípio retrocitado (da inafastabilidade da jurisdição), impedido, *prima facie*, de examinar os pressupostos de ação que questione decisão do Tribunal de Contas.

Se assim fosse, todo e qualquer juiz estaria impossibilitado de verificar, até mesmo, a ocorrência das restritas hipóteses que poderiam propiciar a correção judicial, casos em que lhe seria lícito pronunciar

---

[132] FAGUNDES, Miguel Seabra. *O controle dos atos administrativos pelo Poder Judiciário*. 6. ed. Rio de Janeiro: Forense, 1967. p. 141.

julgamento de mérito. Inocorrentes tais excepcionais situações, deveria o julgador decidir pelo não conhecimento da ação.

Quanto ao mérito do *decisum*, todavia, assim entendido o núcleo da decisão do Tribunal de Contas, no qual exercida competência constitucional própria, se revisto pelo juiz, configurada restaria invasão de competência, substituindo-se, o julgador, à corte de contas.

Não é regra, entretanto, a autocontenção judicial em respeito às competências dos tribunais de contas. Tem-se notícia, inclusive, de decisões judiciais[133] que não apenas desconstituíram certidão de decisão – título executivo – de TCE, como, ao fazê-lo, examinaram, além dos fundamentos jurídicos, os aspectos fáticos do acórdão que embasava a execução, "rejulgando", como previa Pontes de Miranda, o que já decidido em processo de contas.

O STJ assim tem decidido:

> O mister desempenhado pelos Tribunais de Contas, no sentido de auxiliar os respectivos Poderes Legislativos em fiscalizar, encerra decisões de cunho técnico-administrativo e suas decisões não fazem coisa julgada, justamente por não praticarem atividade judicante. Logo, sua atuação não vincula o funcionamento do Poder Judiciário, o qual pode, inclusive, revisar as suas decisões por força do Princípio Constitucional da Inafastabilidade do Controle Jurisdicional (art. 5°, XXXV, da Constituição).[134]

Veja-se a amplitude do que foi lavrado na ementa transcrita ("pode [...] revisar suas decisões"). Tamanha abertura para revisar decisão do Tribunal de Contas, sem qualquer ressalva ao alcance que possa ter tal revisão, implica menoscabo da função de controle, institucionalizando o Poder Judiciário, não como guardião da Constituição, mas como instância recursal do órgão de controle externo.

No âmbito do STF, a tônica tem sido a de, em relações a questionamentos de decisões do TCU, limitar-se a fazer valer o devido processo

---

[133] O seguinte excerto de ementa exemplificativa explicita o entendimento referido: "MÉRITO. Os títulos executivos expedidos pela Corte de Contas gozam de presunção de certeza e liquidez, que somente pode ser superada com prova robusta em contrário que demonstre patente equívoco. Possível, no caso, a discussão sobre a legalidade da imputação dos débitos ao gestor. (RIO GRANDE DO SUL. Tribunal de Justiça. *AC n° 70062265616*. Vigésima Câmara Cível. Relator: Des. Almir Porto da Rocha Filho. Sessão de 28 fev. 2011. *DJ* 14 mar. 2011. Disponível em: http://www.tjrs.jus.br/site_php/consulta/download/exibe_documento. php?numero_processo=70062265616&ano=2015&codigo=149472. Acesso em 18 dez. 2016).

[134] BRASIL. Superior Tribunal de Justiça. *REsp n° 1032732*. Primeira Turma. Relator Min. Benedito Gonçalves. Sessão de 25 ago. 2015. *DJe* 8 set. 2015. Disponível em: http://www. stj.jus.br/SCON/jurisprudencia/toc.jsp?livre=200800359416.REG. Acesso em 5 mar. 2017.

legal e o princípio do contraditório e da ampla defesa, bem como reconhecer a consumação de prazo decadencial para desconstituição de atos administrativos.

Exemplo de tal postura foi o julgamento pela Segunda Turma, em 16.10.2012, do MS nº 31300/DF (relatora a Min. Cármen Lúcia), com a seguinte ementa:

> EMENTA: MANDADO DE SEGURANÇA. TRIBUNAL DE CONTAS DA UNIÃO. ANULAÇÃO DE ASCENSÕES FUNCIONAIS CONCEDIDAS AOS SERVIDORES DO TRIBUNAL REGIONAL DO TRABALHO DA 16ª REGIÃO. PROCESSO ADMINISTRATIVO DE ANULAÇÃO INICIADO MAIS DE 5 ANOS APÓS A VIGÊNCIA DA LEI Nº 9.784/1999. DECADÊNCIA DO DIREITO DE ANULAR OS ATOS DE ASCENSÃO. PRECEDENTES. SEGURANÇA CONCEDIDA.

Casos outros há, entretanto, nos quais a Corte Suprema tem ido além do controle do devido processo legal, revendo, no mérito, decisões de tribunais de contas, do que é exemplo recente acórdão de julgamento em que foi relator o Ministro Roberto Barroso, acerca de pensão concedida em vista de união estável, assim ementado:

> Ementa: DIREITO CIVIL E ADMINISTRATIVO. MANDADO DE SEGURANÇA. REGISTRO DE PENSÃO POR MORTE PELO TCU. RATEIO ENTRE COMPANHEIRA E VIÚVA DE SERVIDOR PÚBLICO. EXIGÊNCIA DE RECONHECIMENTO JUDICIAL DE UNIÃO ESTÁVEL E SEPARAÇÃO DE FATO. 1. É possível o reconhecimento de união estável de pessoa casada que esteja separada judicialmente ou de fato (CC, art. 1.723, §1º). 2. O reconhecimento da referida união estável pode se dar administrativamente, não se exigindo necessariamente decisão judicial para configurar a situação de separação de fato. 3. No caso concreto, embora comprovada administrativamente a separação de fato e a união estável, houve negativa de registro de pensão por morte, fundada unicamente na necessidade de separação judicial. 4. Segurança concedida.[135]

O efeito de uma ampla revisibilidade – em sendo admitida – é bem descrito por Jorge Ulysses Jacoby Fernandes:

---

[135] BRASIL. Supremo Tribunal Federal. *MS nº 33008*. Primeira Turma. Relator Min. Roberto Barroso. J. 3 maio 2016. *DJe* 13 set. 2016. Disponível em: http://redir.stf.jus.br/paginadorpub/paginador.jsp?docTP=TP&docID=11650872. Acesso em 10 mar. 2017.

O exame feito pelos Tribunais de Contas representa uma poderosa e ampla ação de controle sobre os atos da administração, que já estão jungidos ao controle interno da própria administração. Permitir uma ampla revisibilidade pelo Poder Judiciário, no mínimo, concederia, em termos lógicos, um espaço tão intenso ao controle judicial que inviabilizaria a própria ação administrativa.[136]

O mesmo autor, ao afirmar que "a competência das Cortes de Contas torna prejudicial e definitivo o pronunciamento sobre o fato material" levado a seu julgamento, invoca a lição de Victor Nunes Leal:[137] "A disposição constitucional de que a lei não poderá excluir da apreciação do Poder Judiciário qualquer lesão de direito não é obstáculo a este entendimento, porque, no caso, a redução de competência resulta da Constituição, e não da lei".[138]

Em outras palavras, o que a Constituição assegura é que não se admitirá que uma lei[139] pretenda afastar da jurisdição lesão ou ameaça a direito, e não que ela própria – Constituição – sistematicamente interpretada, não possa fazê-lo.

E foi o que fez. A Constituição moldou um Estado com órgãos, poderes e instituições que integram um sistema, o qual deve ser interpretado como tal – sistematicamente. Para que faça sentido, o sistema não deve ser redundante; cada um de seus componentes cumpre determinada função, que deve ser respeitada pelos demais. A função do Poder Judiciário, como se sabe, é exercida mediante competências constitucionalmente limitadas. Como ensinou Athos Gusmão Carneiro, "competência é o limite da jurisdição".[140] Já nasce limitada na Constituição a jurisdição, não apenas pelas competências judiciais, como pelo "núcleo duro" das dos demais poderes, órgãos e instituições, que integram a mesma estrutura estatal.

---

[136] FERNANDES, Jorge Ulysses Jacoby. *Tribunais de Contas do Brasil*: jurisdição e competência. 2. ed. Belo Horizonte: Fórum, 2005. p. 164.

[137] Guindado ao cargo de Ministro do STF, quando ocupava o de Procurador do Ministério Público junto ao TCDF.

[138] LEAL, Victor Nunes. *Problemas de direito público e outros problemas*. Rio de Janeiro: Forense, 1960. p. 231 *apud* FERNANDES, Jorge Ulysses Jacoby. *Tribunais de Contas do Brasil*: jurisdição e competência. 2. ed. Belo Horizonte: Fórum, 2005. p. 164.

[139] Nem, evidentemente, com ainda maior razão, ato normativo inferior, ato administrativo ou contrato.

[140] CARNEIRO, Athos Gusmão. *Jurisdição e competência*: exposição didática. 5. ed. revista e ampliada de conformidade com a jurisprudência do Superior tribunal de Justiça. São Paulo: Saraiva, 1993. p. 45.

Por isso ressalva Caldas Furtado que, em matéria de julgamento de processos de prestação de contas, "cabe apenas ao Poder Judiciário emitir juízo de legalidade, verificando a formalidade do processo ou se houve manifesta ilegalidade; o juízo de valor será sempre emitido pelo Tribunal de Contas".

Assim – e pouco inovando em relação ao que disseram os doutrinadores citados (Pontes e Seabra), tamanha a felicidade com que se expressaram –, para que o Tribunal de Contas seja conjunção de efetividade e eficácia, não podem as demais peças dessa engrenagem constitucional trancarem o mecanismo – que deveria funcionar harmonicamente – através de movimentos contrários aos previstos e esperados.

Concluída a visão panorâmica dos Tribunais de Contas, necessária para justificar a relevância do tema central deste estudo – a investidura nessas cortes –, trata-se, no capítulo em sequência, dos paradigmas dessa investidura, da qual se pretende identificar o regime jurídico.

CAPÍTULO 3

PARADIGMAS DA INVESTIDURA

3.1 No direito comparado

A fim de não restringir a análise de paradigmas de investidura em cortes de contas ao direito pátrio (histórico e contemporâneo), além dos modelos propostos (em tramitação legislativa ou em discussões doutrinárias), buscaram-se exemplos em cinco países.

São aqueles mais próximos da sistemática brasileira – Portugal, Espanha, França, Itália e Bélgica –, em termos de tipologia de controle externo da administração pública.

As investiduras em entidades de fiscalização e controle que adotem outras modalidades que não a de tribunal, como as de controladoria ou auditoria-geral, típicas dos países de fala inglesa,[141] não serão aqui objeto de análise.

3.1.1 Portugal

O modelo português de investidura dos membros (lá chamados de juízes) do Tribunal de Contas – o concurso curricular perante júri composto por três de seus componentes e dois professores universitários – é dos que mais se caracteriza pela busca de perfil técnico dos recrutados.

Ademais dos critérios avaliados no concurso, tais como as classificações acadêmicas e de serviço e a produção científica ou profissional, somente magistrados com mais de 10 anos de bons serviços prestados, além de mestres e licenciados nas áreas de atuação da corte,

---

[141] Exemplificativamente: o GAO (Government Accountability Office) norte-americano, chefiado pelo Comptroller-General, e o NAO (National Audit Office) britânico, cujo chefe é o Comptroller & Auditor General.

com determinada experiência, ou doutores são admitidos ao certame, conforme dispõe a Lei nº 98/97, de 26 de agosto (Lei de Organização e Processo do Tribunal de Contas).[142]

Levam-se em consideração, também (em obediência ao Art. 20º, 2, "e"), "outros fatores que respeitem à idoneidade e à capacidade de adaptação relativamente ao cargo a prover".

---

[142] Artigo 14º Composição

1 – O Tribunal de Contas é composto:
a) na sede, pelo Presidente e por 16 juízes;
b) em cada secção regional, por um juiz.

Artigo 18º Recrutamento dos juízes

1 – O recrutamento dos juízes faz-se mediante concurso curricular, realizado perante um júri constituído pelo Presidente do Tribunal de Contas, que preside, pelo vice-presidente, pelo juiz mais antigo e por dois professores universitários, um de Direito e outro de Economia, Finanças, Organização e Gestão ou Auditoria, designados pelo Governo. [...].

Artigo 19º Requisitos de provimento

1 – Só podem apresentar-se ao concurso curricular os indivíduos com idade superior a 35 anos que, para além dos requisitos gerais estabelecidos na lei para a nomeação dos funcionários do Estado, sejam:

a) Magistrados judiciais, dos tribunais administrativos e fiscais ou do Ministério Público, colocados em tribunais superiores, com pelo menos 10 anos na respetiva magistratura e classificação superior a Bom;

b) Doutores em Direito, Economia, Finanças ou Organização e Gestão ou em outras áreas adequadas ao exercício das funções;

c) Mestres ou licenciados em Direito, Economia, Finanças ou Organização e Gestão ou em outras áreas adequadas ao exercício das funções com pelo menos 10 anos de serviço na Administração Pública e classificação de Muito bom, sendo 3 daqueles anos no exercício de funções dirigentes ao nível do cargo de diretor-geral ou equiparado ou de funções docentes no ensino superior universitário em disciplinas afins da matéria do Tribunal de Contas;

d) Licenciados nas áreas referidas na alínea anterior que tenham exercido funções de subdiretor-geral ou auditor-coordenador ou equiparado no Tribunal de Contas pelo menos durante cinco anos;

e) Mestres ou licenciados em Direito, Economia, Finanças ou Organização e Gestão de Empresas de reconhecido mérito com pelo menos 10 anos de serviço em cargos de direção de empresas e 3 como membro de conselhos de administração ou de gestão ou de conselhos fiscais ou de comissões de fiscalização.

2 – A graduação é feita de entre os candidatos de cada uma das áreas de recrutamento enunciadas no número anterior.

3 – As nomeações são feitas pela ordem de classificação dos candidatos dentro de cada uma das áreas de recrutamento, atribuindo-se uma vaga a cada uma dessas áreas pela ordem estabelecida no nº 1, e assim sucessivamente.

Artigo 20º Critérios do concurso curricular

1 – O júri gradua os candidatos em mérito relativo.

2 – No concurso curricular, a graduação é feita tomando globalmente em conta os seguintes fatores:

a) Classificações académicas e de serviço;
b) Graduações obtidas em concursos;
c) Trabalhos científicos ou profissionais;
d) Atividade profissional;
e) Quaisquer outros fatores que respeitem à idoneidade e à capacidade de adaptação relativamente ao cargo a prover.

3.1.2 Espanha

O Tribunal de Contas da Espanha é formado por doze Conselheiros de Contas,[143] nomeados pelo Parlamento (metade por casa legislativa, após aprovação de três quintos de cada uma) para mandato de nove anos, a partir de censores da própria corte, magistrados e membros do MP, professores e advogados, dentre outras categorias. De todos é exigida reconhecida competência, com mais de quinze anos de experiência, como reza a Lei Orgânica n° 2/1982.[144]

---

[143] "Los Consejeros son independientes e inamovibles. De entre ellos, y a propuesta del Pleno del Tribunal, será nombrado el Presidente por el Rey por un período de tres años". (PASCUAL GARCÍA, José. *Régimen jurídico del gasto público*: presupuestación, ejecución y control. 5. ed. Madrid: Boletín Oficial del Estado, 2010. p. 838).

[144] Artículo veintinueve. El Presidente del Tribunal de Cuentas será nombrado de entre sus miembros por el Rey, a propuesta del mismo Tribunal en Pleno y por un período de tres años. Artículo treinta.
Uno. Los Consejeros de Cuentas serán designados por las Cortes Generales, seis por el Congreso de los Diputados y seis por el Senado, mediante votación por mayoría de tres quintos de cada una de las Cámaras, por un período de nueve años, entre Censores del Tribunal de Cuentas, Censores Jurados de Cuentas, Magistrados y Fiscales, Profesores de Universidad y funcionarios públicos pertenecientes a Cuerpos para cuyo ingreso se exija titulación académica superior, Abogados, Economistas y Profesores Mercantiles, todos ellos de reconocida competencia, con más de quince años de ejercicio profesional.
Dos. Los Consejeros de Cuentas del Tribunal son independientes e inamovibles.
Artículo treinta y uno. Los Presidentes de las Secciones de Fiscalización y de Enjuiciamiento serán designados por el Tribunal entre los Consejeros de cuentas, a propuesta del Pleno.
Artículo treinta y dos. El Fiscal del Tribunal de Cuentas, que pertenecerá a la Carrera Fiscal, se nombrará por el Gobierno en la forma determinada en el Estatuto del Ministerio Fiscal.
Artículo treinta y tres.
Uno. Los miembros del Tribunal de Cuentas estarán sujetos a las mismas causas de incapacidad, incompatibilidades y prohibiciones establecidas para los Jueces en la Ley Orgánica del Poder Judicial.
Dos. Si el nombramiento recayese en quien ostente la condición de Senador o Diputado, antes de tomar posesión, habrá de renunciar a su escaño.
Tres. No podrán ser designados Consejeros de Cuentas quienes en los dos años anteriores hubieran estado comprendidos en alguno de los supuestos que se indican en los apartados siguientes:
a) Las autoridades o funcionarios que tengan a su cargo la gestión, inspección o intervención de los ingresos y gastos del sector público.
b) Los Presidentes, Directores y miembros de los Consejos de Administración de los Organismos autónomos y Sociedades integrados en el sector público.
c) Los particulares que, excepcionalmente, administren, recauden o custodien fondos o valores públicos.
d) Los perceptores de las subvenciones con cargo a fondos públicos.
e) Cualquiera otra persona que tenga la condición de cuentadante ante el Tribunal de Cuentas.
Cuatro. Las personas comprendidas en alguno de los supuestos del párrafo anterior tampoco podrán ser comisionadas por el Tribunal de Cuentas para el desempeño de las funciones a que se refiere el artículo séptimo, cuatro, de esta Ley.

Importante ressaltar as incompatibilidades para designação ao cargo, referentes a autoridades e funcionários que tenham sido, nos dois anos anteriores ao ato, encarregados da gestão, da inspeção ou da intervenção em relação a receitas e despesas públicas.

3.1.3 França

A Corte de Contas francesa, chefiada por um Presidente nomeado pelo Conselho de Ministros, não necessariamente escolhido dentre seus magistrados, de acordo com o Código das Jurisdições Financeiras,[145] possui formação mista de magistrados inamovíveis,[146] parte admitida através de concurso público específico, parte mediante recrutamento a partir de outras carreiras públicas.

Os auditores, cargo inicial da magistratura contábil (formados pela Escola Nacional de Administração), concorrem à promoção a conselheiro referendário somente em três quartos das vagas respectivas, pois um quarto delas se destina ao público externo ao tribunal, proporção aumentada para um terço no estágio seguinte da carreira, de conselheiro mestre.

3.1.4 Itália

A Corte das contas da Itália tem sua composição oriunda de concurso público, ao qual podem acorrer magistrados, membros do MP, advogados e servidores públicos com formação jurídica ou, para

---

[145] Article L120-1 Les membres de la Cour des comptes ont la qualité de magistrats. Ils sont et demeurent inamovibles.
Article L121-1 Le premier président, les présidents de chambre et les conseillers maîtres sont nommés par décret pris en Conseil des ministres.
Article L121-2 Les autres magistrats de la Cour des comptes sont nommés par décret du Président de la République.
Article L121-3 Le procureur général est nommé par décret pris en Conseil des ministres.
Article L122-1 Les présidents de chambre de la Cour des comptes sont exclusivement choisis parmi les conseillers maîtres ayant au moins trois ans d'ancienneté.
Article L122-1-1 Les promotions des magistrats de la Cour des comptes aux grades d'auditeur de 1re classe, de conseiller référendaire et de conseiller maître sont prononcées sur proposition du premier président de la Cour des comptes, après avis du conseil supérieur de la Cour des comptes.
Pour les nominations au grade de président de chambre, une liste comportant plusieurs noms est présentée par le premier président.

[146] "La cour est une juridiction administrative dont les membres ont la qualité de magistrats inamovibles". (BOUVIER, Michel; ESCLASSAN, Marie-Christine; LASSALE, Jean-Pierre. *Finances publiques*. 10. ed. Paris: LGDJ, 2010. p. 551).

até um quinto das vagas, em economia e finanças públicas, na forma da Lei nº 1.345/1961.[147]

---

[147] 10. Ordinamento del personale di magistratura.
I magistrati della Corte dei conti si distinguono secondo le funzioni in: presidente; presidente di Sezione e procuratore generale; consiglieri e vice procuratori generali; primi referendari; referendari.
Le promozioni a primo referendario sono conferite per due terzi dei posti a scelta e per l'altro terzo secondo il turno di anzianità, previo giudizio di promovibilità per merito, ai referendari che abbiano prestato almeno sei anni di effettivo servizio quali magistrati della Corte.
Le promozioni a consigliere o a vice procuratore generale sono conferite, a scelta, ai primi referendari che abbiano prestato, con la qualifica di primo referendario, almeno sei anni di effettivo servizio, ivi compresi quelli prestati con la qualifica di referendario antecedentemente all'entrata in vigore della presente legge.
11. Funzioni dei primi referendari e referendari.
I primi referendari sono preposti agli uffici di controllo; nelle sezioni giurisdizionali hanno voto deliberativo negli affari dei quali sono relatori e, fermo restando il disposto del secondo comma dell'art. 5 del testo unico delle leggi sulla Corte dei conti approvato con regio decreto 12 luglio 1934, nº 1214, possono essere chiamati dal Presidente della Corte stessa a supplire i consiglieri assenti o impediti.
I referendari negli uffici di controllo coadiuvano i primi referendari preposti agli uffici stessi e nelle sezioni giurisdizionali hanno voto deliberativo negli affari dei quali sono relatori.
Le funzioni di sostituto procuratore generale possono essere attribuite a primi referendari ed a referendari con decreto del Presidente della Repubblica, su proposta del Presidente del Consiglio dei ministri giusta designazione del Presidente della Corte dei conti.
12. Nomine a referendario.
Le nomine a referendario sono conferite a seguito di concorso per titoli ed esami, al quale possono partecipare:
a) i magistrati dell'ordine giudiziario che abbiano conseguito la nomina ad aggiunto giudiziario;
b) i sostituti procuratori dello Stato;
c) i sostituti procuratori e giudici istruttori militari;
d) gli avvocati iscritti nel relativo albo professionale da almeno cinque anni;
e) gli impiegati delle Amministrazioni pubbliche di cui all'articolo 1, comma 2, del decreto legislativo 30 marzo 2001, nº 165, nonché quelli dei due rami del Parlamento e del Segretariato generale della Presidenza della Repubblica, muniti della laurea in giurisprudenza ed appartenenti alle carriere direttive con qualifica non inferiore a quelle di consigliere di prima classe od equiparata, che nell'ultimo triennio abbiano riportato il giudizio complessivo di «ottimo». I bandi di concorso possono riservare una percentuale non inferiore al 20 per cento dei posti messi a concorso a personale che sia dotato oltre che del diploma di laurea in giurisprudenza, anche del diploma di laurea in scienze economico-aziendali o in scienze dell'economia o di altro titolo di studio equipolente. [...]. 13. Promozioni a primo referendario, a consigliere e vice procuratore generale, a presidente di Sezione e procuratore generale.
Le promozioni da referendario a primo referendario sono disposte con decreto del Presidente della Repubblica, su proposta del Presidente del Consiglio dei ministri. Il giudizio di promovibilità, a scelta o secondo il turno di anzianità, è dato dalla seconda sezione del Consiglio di presidenza della Corte dei conti.
Le promozioni da primo referendario a Consigliere o Vice Procuratore Generale e quelle da Consigliere o Vice Procuratore Generale a Presidente di Sezione o Procuratore Generale sono disposte con decreto del Presidente della Repubblica, su proposta del Presidente del Consiglio dei ministri, sentito il Consiglio dei ministri, previo parere di promovibilità dato dalla prima sezione del Consiglio di presidenza della Corte dei conti.

O Conselho de Presidência, órgão de administração da magistratura contábil, com onze membros, é composto pelo Presidente da Corte,[148] pelo Presidente Adjunto, pelo Procurador-geral, por quatro cidadãos eleitos pelo Parlamento entre professores titulares de matérias jurídicas ou advogados com ao menos vinte anos de prática e por quatro magistrados contábeis escolhidos entre seus pares.

Ao cargo de conselheiro, integrante da carreira da magistratura da Corte das contas, tem-se acesso não somente por promoção de seus integrantes, como por nomeação de servidores públicos de outros quadros da Administração ou de pessoas estranhas a ela, modalidade de investidura que configura a chamada "quota governamental". Dessas, exigem-se experiência ou estudos jurídico-administrativo-contábeis, além de dotes comportamentais e de caráter que lhes confiram plena idoneidade para a função, circunstâncias verificadas em parecer do Conselho de Presidência da Corte.

3.1.5 Bélgica

A Corte de Contas belga, composta de duas câmaras, cada uma delas integrada por um presidente, quatro conselheiros e um secretário, é regulada por Lei de 29 de outubro de 1846 e suas atualizações.[149]

Nomeados pelo Poder Legislativo para mandatos de seis anos, seus membros, entretanto, podem ser destituídos a qualquer tempo pelo Parlamento.

---

[148] Nomeado pelo Presidente da República dentre os magistrados contábeis ocupantes do cargo de Presidente de Seção ou que tenham exercido determinadas funções diretivas por ao menos três anos, mediante proposta do Presidente do Conselho dos Ministros, após deliberação desse colegiado, ouvido o Conselho de Presidência da Corte das contas (L. 21 luglio 2000, n° 202).

[149] Article 1er La Cour des comptes est composée de deux chambres.
Chacune de ces deux chambres est composée d'un président, de quatre conseillers et d'un greffier.
Ils sont nommés tous les six ans par la Chambre des représentants, qui a toujours le droit de les révoquer. Les membres de la Cour des comptes sont mis à la retraite avec jouissance d'une pension, lorsqu'ils ont accompli l'âge de soixante-dix ans ou lorsqu'une infirmité grave et permanente ne leur permet pas de remplir convenablement leurs fonctions.
Le président le plus ancien portera le titre de premier président et le greffier le plus ancien portera le titre de greffier en chef.
Les présidents et conseillers doivent avoir au moins l'âge de 30 ans.
Les greffiers doivent être âgés de 25 ans au moins; ils n'ont pas voix délibérative.
Pour être nommé membre de la Cour des comptes, le candidat doit être porteur d'un des titres d'enseignement supérieur pris en considération pour l'admission au niveau 1 dans les administrations de l'Etat.

3.2 Nos antigos ordenamentos constitucionais brasileiros

Os paradigmas da investidura no Tribunal de Contas devem ser buscados também ao longo dos diversos ordenamentos constitucionais que vigeram no Brasil. A evolução histórica de um conceito é de grande valia para a compreensão plena de seu significado atual, como explica Luigi Pareyson:

> [...] o único modo de aceder à verdade não é sair da história, coisa impossível, porque seria como sair de si próprio e da própria situação, mas servir-se da história, coisa possibilíssima, mesmo se incômoda, árdua e origem de todas as dificuldades às quais vai de encontro não somente o conhecimento da verdade, mas também todo gênero de interpretação, por mais particular e determinada que seja.[150]

Obra republicana por excelência, em que pesem as já referidas tentativas no sentido de sua criação durante o Império, o Tribunal de Contas não constou do ordenamento jurídico brasileiro durante a vigência da *Constituição de 1824*. Todas as constituições republicanas, todavia, contemplaram a existência do Tribunal de Contas, a confirmar sua vocação para a guarda da *res publica*, como se passa a demonstrar a seguir.

3.2.1 A Carta da República Velha (1891)[151]

A primeira Constituição da República, outorgada em 1891, mesmo inspirada na Carta norte-americana, instituiu um órgão de controle nos moldes europeus, qual seja: um Tribunal de Contas. Ao fazê-lo, alçou ao plano constitucional um órgão que já havia sido criado meses antes, mediante decreto, embora não instalado.

A nomeação dos membros desse órgão, como se depreende do art. 89 do Diploma Fundamental de 1891 (e, portanto, na ordem constitucional vigente durante toda a República Velha), não se submetia a qualquer critério, exceto o da vontade do Presidente da República,

---

[150] PAREYSON, Luigi. *Verdade e interpretação*. São Paulo: Martins Fontes, 2005. p. 53.

[151] Art. 89 – É instituído um Tribunal de Contas para liquidar as contas da receita e despesa e verificar a sua legalidade, antes de serem prestadas ao Congresso. Os membros deste Tribunal serão nomeados pelo Presidente da República com aprovação do Senado, e somente perderão os seus lugares por sentença.

GERALDO COSTA DA CAMINO
A INVESTIDURA NO TRIBUNAL DE CONTAS

bastando, para se concretizar sua indicação, a aprovação pelo Senado Federal.

3.2.2 A breve Constituição de 1934[152]

Resultante dos trabalhos de Assembleia Constituinte, o Diploma Máximo promulgado em 1934 manteve o Tribunal de Contas no mesmo nível normativo, agregando ao dispositivo respectivo garantias subjetivas a seus membros, equiparadas às dos membros da Corte Suprema.

No que toca a requisitos para a investidura, também a efêmera Carta de 34 silenciou, permanecendo livre a indicação do Chefe do Poder Executivo ao cargo de Ministro do Tribunal de Contas, submetida, apenas, tal escolha, à aprovação da Câmara Alta.

3.2.3 A Constituição "polaca" do Estado Novo (1937)[153]

A Constituição outorgada após o golpe do Estado Novo manteve, inicialmente, a forma de investidura dos membros do Tribunal de Contas, com nomeação pelo Presidente da República após aprovação pelo Conselho Federal (sucedâneo do Senado naquela Carta).

Emenda Constitucional de 1945,[154] contudo, suprimiu do artigo disciplinador do tema a exigência de submissão da nomeação ao Poder Legislativo, ficando (embora por curto período, pois logo adviria nova ordem constitucional) o Presidente da República com ampla liberdade de escolha dos Ministros respectivos.

---

[152] Art. 100 – Os Ministros do Tribunal de Contas serão nomeados pelo Presidente da República, com aprovação do Senado Federal, e terão as mesmas garantias dos Ministros da Corte Suprema. [...]

[153] Art. 114 – Para acompanhar, diretamente ou por delegações organizadas de acordo com a lei, a execução orçamentária, julgar das contas dos responsáveis por dinheiros ou bens públicos e da legalidade dos contratos celebrados pela União, é instituído um Tribunal de Contas, cujos membros serão nomeados pelo Presidente da República, com a aprovação do Conselho Federal. Aos Ministros do Tribunal de Contas são asseguradas as mesmas garantias que aos Ministros do Supremo Tribunal Federal. [...]

[154] Art. 114 – Para acompanhar, diretamente, ou por delegações organizadas de acordo com a lei, a execução orçamentária, julgar das contas dos responsáveis por dinheiros ou bens públicos e da legalidade dos contratos celebrados pela União, é instituído um Tribunal de Contas, cujos membros serão nomeados pelo Presidente da República. Aos Ministros do Tribunal de Contas são asseguradas as mesmas garantias que aos Ministros do Supremo Tribunal Federal. [...] (Redação dada pela Lei Constitucional nº 9, de 1945).

3.2.4 A Carta liberal do pós-guerra (1946)[155]

Após a redemocratização do país, com o fim do Estado Novo e a convocação de Assembleia Nacional Constituinte, foi promulgada a Constituição de 1946, que preservou a tradição republicana da institucionalidade do Tribunal de Contas no plano da Lei Maior do país. A nomeação dos seus membros permaneceu a cargo do Presidente da República, condicionada à aprovação pelo Senado Federal (cuja nomenclatura fora restaurada), tendo sido alterado somente o paradigma em termos de "direitos, garantias prerrogativas e vencimentos", que deixou de ser o de Ministro do STF e passou a constar como o de Juiz do Tribunal Federal de Recursos (que, então criado, veio a ser extinto pela Constituição de 1988).

3.2.5 O Diploma Fundamental do regime militar (1967)[156]

A Constituição de 1967, formalmente promulgada pelo Congresso Nacional (substancialmente, pode-se dizer, em perspectiva histórica, outorgada pelo regime militar que tomara o poder em 1964), introduziu importante alteração na sistemática de investidura no Tribunal de Contas.

Mantida a nomeação pelo Presidente da República (após aprovação pelo Senado Federal) e a equiparação de seus membros, em termos de garantias, prerrogativas, vencimentos e impedimentos (estes, como inovação), a ministro do TFR, passou-se a exigir a observância dos seguintes requisitos para a indicação: nacionalidade brasileira, idade mínima de 35 anos, idoneidade moral e notórios conhecimentos jurídicos, econômicos, financeiros ou de administração pública.

---

[155] Art. 76 – O Tribunal de Contas tem a sua sede na Capital da República e jurisdição em todo o território nacional.

§1º – Os Ministros do Tribunal de Contas serão nomeados pelo Presidente da República, depois de aprovada a escolha pelo Senado Federal, e terão os mesmos direitos, garantias, prerrogativas e vencimentos dos Juízes do Tribunal Federal de Recursos.

[156] Art. 73 – O Tribunal de Contas tem sede na Capital da União e jurisdição em todo o território nacional.

§3º – Os Ministros do Tribunal de Contas serão nomeados pelo Presidente da República, depois de aprovada a escolha pelo Senado Federal, dentre brasileiros, maiores de trinta e cinco anos, de idoneidade moral e notórios conhecimentos jurídicos, econômicos, financeiros ou de administração pública, e terão as mesmas garantias, prerrogativas, vencimentos e impedimentos dos Ministros do Tribunal Federal de Recursos.

3.2.6 A Constituição de 1967 reescrita pela Emenda n° 1/69[157]

A Emenda n° 1, de 1969, à Carta de 1967, conquanto assim denominada, representou, materialmente, uma nova Constituição, uma vez que, sucedendo-se ao Ato Institucional n° 5, de 1968 – que, dentre outras medidas autoritárias, permitiu que se decretasse o recesso do Congresso Nacional –, reescreveu significativamente o Diploma Fundamental.

Em relação ao Tribunal de Contas, porém, nenhuma alteração substancial foi determinada pela Emenda em questão, limitando-se a renumerar o artigo respectivo (de 73 para 72) e produzir pequenas mudanças em sua redação, sem relevância neste contexto.

3.3 Na Assembleia Nacional Constituinte de 1987/88

3.3.1 Anteprojeto constitucional

A Comissão Provisória de Estudos Constitucionais, instituída pelo Decreto n° 91.450, de 18 de julho de 1985, sob a coordenação de Afonso Arinos de Melo Franco, produziu Anteprojeto Constitucional, publicado em suplemento especial ao Diário Oficial da União de 26.09.1986, do qual constava artigo[158] definindo as condições para escolha dos ministros do então denominado Tribunal Federal de Contas.

Em relação aos requisitos dos indicados (inalteradas, na proposta, a nacionalidade brasileira e a idade mínima de 35 anos), propunha, no aspecto ético, em vez de idoneidade moral, reputação ilibada, e, no aspecto técnico, "notórios conhecimentos jurídicos, *e econômicos*, financeiros ou de administração pública". (Grifou-se).

---

[157] Art. 72. O Tribunal de Contas da União, com sede no Distrito Federal e quadro próprio de pessoal, tem jurisdição em todo o País.
§3° Os seus Ministros serão nomeados pelo Presidente da República, depois de aprovada a escolha pelo Senado Federal, dentre brasileiros, maiores de trinta e cinco anos, de idoneidade moral e notórios conhecimentos jurídicos, econômicos, financeiros ou de administração pública, e terão as mesmas garantias, prerrogativas, vencimentos e impedimentos dos Ministros do Tribunal Federal de Recursos.

[158] Art. 209 – O Presidente da República, após aprovação pelo Senado Federal, nomeará os Ministros do Tribunal Federal de Contas, escolhidos entre brasileiros maiores de trinta e cinco anos, de reputação ilibada e notórios conhecimentos jurídicos, e econômicos, financeiros ou de administração pública.

3.3.2 Substitutivos[159]

Em pesquisa aos Anais da Assembleia Nacional Constituinte, identificou-se a evolução do tema ao longo dos concernentes trabalhos, destacando-se cinco redações em substitutivos, que servem de subsídio à interpretação da norma finalmente formatada quando da promulgação da cognominada "Constituição Cidadã", objeto do presente estudo.

Em todas as propostas estavam presentes, dentre os requisitos para investidura como Ministro do TCU, a nacionalidade brasileira e a idade mínima de 35 anos, assim como a reputação ilibada, a qual se agregou, nos dois últimos substitutivos, a idoneidade moral.

Quanto aos notórios conhecimentos, exigência constante já então, havia mais de vinte anos no ordenamento constitucional brasileiro, as propostas os preservavam. As três primeiras, qualificando-os como "jurídicos, econômicos, financeiros ou de administração pública"; a quarta, introduzindo, depois de "financeiros", "contábeis"; a última, deslocando "contábeis" para entre "jurídicos" e "econômicos" e alterando

---

[159] 8ª reunião extraordinária (11.05.1987):
Art. 31. Os Ministros do Tribunal de Contas da União serão nomeados pelo presidente da República, dentre brasileiros, maiores de 30 (trinta) e cinco anos, obedecidas as seguintes condições:
I – dois terços, após aprovada a escolha pelo Congresso Nacional, dentre cidadãos de reputação ilibada e de notórios conhecimentos jurídicos, econômicos, financeiros ou de administração pública; [...];
11ª reunião ordinária (21.05.1987):
Art. 16. O Presidente da República, após aprovação pelo Senado Federal, nomeará os Ministros do Tribunal de Contas da União, escolhidos entre brasileiros maiores de trinta e cinco anos, de reputação ilibada e notórios conhecimentos jurídicos, econômicos, financeiros ou de administração pública, sendo dois deles Auditores do Tribunal que preencham os requisitos e tenham mais de 5 anos no exercício do cargo.
153ª sessão (02.09.1987):
Art. 83 – O Tribunal de Contas da União, integrado por onze Ministros, tem sede no Distrito Federal, quadro próprio de pessoal e jurisdição em todo o território nacional, exercendo, no que couber, as atribuições previstas no artigo 112. §1º – Os ministros do Tribunal de Contas da União serão escolhidos dentre brasileiros maiores de trinta e cinco anos, de idoneidade moral, de reputação ilibada e notórios conhecimentos jurídicos, econômicos, financeiros ou de administração pública, obedecidas as seguintes condições: [...]
224ª sessão (14.03.1988):
Art. 85. [...] §1º Os ministros do Tribunal de Contas da União serão escolhidos dentre brasileiros maiores de trinta e cinco anos, de idoneidade moral, reputação ilibada e notórios conhecimentos jurídicos, econômicos, financeiros, contáveis [sic] ou de administração pública, obedecidas as seguintes condições: [...]
229ª sessão (21.03.1988):
Art. 85. [...] §1º Os ministros do Tribunal de Contas da União serão escolhidos dentre brasileiros maiores de trinta e cinco anos e menos de sessenta e cinco anos de idade, de idoneidade moral, reputação ilibada e notórios conhecimentos jurídicos, contábeis, econômicos, financeiros, *e de administração pública* [...] (Grifou-se).

GERALDO COSTA DA CAMINO
A INVESTIDURA NO TRIBUNAL DE CONTAS

a conjunção que precedia a expressão "de administração pública", de "ou" para "e".

3.4 Na atual Constituição (1988)

O art. 73 da atual Carta Republicana brasileira define a composição do Tribunal de Contas da União e os requisitos para nomeação de seus Ministros,[160] que são, além da limitação etária (entre 35 e 65 anos de idade), de caráter objetivo (cuja análise é despicienda para os fins aqui pretendidos), os de natureza ética (idoneidade moral e reputação ilibada) e técnica (notórios conhecimentos jurídicos, contábeis, econômicos e financeiros ou de administração pública e mais de dez anos de exercício de função ou de efetiva atividade profissional que exija os conhecimentos mencionados), a serem analisados em sequência.

3.4.1 Idoneidade moral e reputação ilibada

Os requisitos de idoneidade moral e reputação ilibada – o aspecto ético, intrínseco e extrínseco, respectivamente – do postulante à investidura na corte de contas são, além de inerentes ao escorreito exercício da função de controle, os que mais ensejam impugnações intra ou extraprocedimentais, como adiante se verá.

Deveras, sendo o Tribunal de Contas incumbido de controlar os atos de gestão também sob o viés da moralidade administrativa, a idoneidade moral e a reputação ilibada de seus potenciais membros são requisitos cuja aferição deve ser mais rigorosa do que aquela feita em relação aos demais agentes públicos.

Ademais, mesmo processos não transitados em julgado afetam a idoneidade e a reputação, não colidindo, tal consideração negativa,

---

[160] Art. 73. O Tribunal de Contas da União, integrado por nove Ministros, tem sede no Distrito Federal, quadro próprio de pessoal e jurisdição em todo o território nacional, exercendo, no que couber, as atribuições previstas no art. 96.
§1º Os Ministros do Tribunal de Contas da União serão nomeados dentre brasileiros que satisfaçam os seguintes requisitos:
I – mais de trinta e cinco e menos de sessenta e cinco anos de idade;
II – idoneidade moral e reputação ilibada;
III – notórios conhecimentos jurídicos, contábeis, econômicos e financeiros ou de administração pública;
IV – mais de dez anos de exercício de função ou de efetiva atividade profissional que exija os conhecimentos mencionados no inciso anterior.

com o princípio da presunção de inocência ou de não culpabilidade,[161] mormente depois de o STF ter relativizado esse princípio, especialmente ao julgar a constitucionalidade da lei da ficha limpa,[162] mas também a relativa à execução provisória de pena, com prisão antes do trânsito em julgado de sentença criminal condenatória.[163] É o que exemplifica decisão do TJ/RO, mantida em agravo ao STF, *verbis*:

> Entendo que a indicação e a escolha para o cargo de Conselheiro é ato vinculado e não discricionário, pois exige o cumprimento de certos requisitos explicitados tanto na Constituição Federal quanto na Estadual.
> Filio-me à corrente jurisprudencial que permite ao judiciário analisar matéria de cunho interno das instituições sob os aspectos da legalidade e obediência aos princípios constitucionais. [...]
> A competência, o objeto ou conteúdo, a forma e a finalidade do ato de indicação e nomeação não se discutem. Cabe, contudo, a análise quanto ao motivo. Tratando-se de ato vinculado à lei, tem-se que a motivação também deve obedecê-la. Assim, o candidato para o cargo de Conselheiro deve, necessariamente, preencher certos requisitos legais [...]
> Em que pese a indeterminação dos conceitos de 'idoneidade moral' e 'reputação ilibada' e a necessária interpretação, tenho que os poderes legislativo e executivo, ao indicarem e nomearem o apelante Natanael José da Silva, deveriam descrever o preenchimento dos requisitos constitucionais. Idoneidade moral e reputação ilibada podem, sim, ser

---

[161] DA CAMINO, Geraldo Costa. *Representação MPC nº 33/2009*. Dirigida ao TCE-RS, com pedido de medida cautelar para suspender posse de deputado estadual sem os requisitos constitucionais à assunção do cargo de conselheiro do Tribunal de Contas do Estado, 2009. Posta nesses termos, a cautela do Constituinte se revela mais nítida: o juízo é rigoroso e precede a própria questão relativa aos antecedentes judiciais. Não se trata da existência de condenação e, por isso, o princípio da presunção de inocência não se aplica ao caso. A avaliação da reputação do candidato prende-se à existência e à magnitude de faltas a ele imputadas e, mais especificamente, da incompatibilidade de tais condutas com o fiel desempenho da atividade de controle da Administração Pública. Frisa-se a absoluta distinção, ontológica e teleológica, entre presunção de inocência e reputação ilibada ou idoneidade moral. Quando a Constituição quis condicionar determinadas consequências à condenação criminal o fez de forma expressa, diferenciando tal circunstância objetiva das valorações de conduta, como nos conceitos de idoneidade moral e de reputação ilibada. Exemplos de tais comandos são os que tratam (1) das condições para a naturalização de estrangeiro, em que se diferenciam os originários de países de língua portuguesa, dos quais se exige idoneidade moral, dos demais estrangeiros, em relação aos quais se demanda a ausência de condenação penal; (2) da perda ou suspensão de direitos políticos, advinda da condenação criminal definitiva ; (3) da perda do mandato de congressista, que tanto pode decorrer da quebra do decoro parlamentar quanto de condenação penal irrecorrível.

[162] ADC nº 29 e nº 30, ADI nº 4578.

[163] ADC nº 43, nº 44 e nº 54. Julgamento de 2016 assentara a possibilidade, retomando posicionamento vigente até 2009. Tal entendimento foi reformulado em 2019, voltando o STF a exigir o trânsito em julgado para execução de pena.

auferidos de forma objetiva pela análise da vida funcional e pessoal do candidato a tão honroso e importante cargo público.[164]

No campo legislativo, cabe registrar a relevância de projeto de lei[165] do ex-senador gaúcho Pedro Simon, que visa a conceituar as expressões ora em estudo:

> Art. 5º Na aplicação do direito, respeitados os seus fundamentos, serão atendidos os fins individuais e sociais a que se dirige, as exigências do bem comum, da isonomia e da eqüidade.
> Parágrafo único. Para efeito da exeqüibilidade do disposto no caput, são definidos os seguintes conceitos:
> I – *reputação ilibada:* é a situação em que a pessoa não teve, e *não tem, contra si, antecedentes* de processos penais transitados em julgado ou processos judiciais criminais em andamento;
> II – *idoneidade moral:* é o atributo da pessoa íntegra, imaculada, incorrupta, que, no agir, *não ofende os princípios éticos* vigentes em dado lugar e época. (NR) [...] (Grifou-se).

Na justificação do PL, o Senador Simon diferencia esses requisitos, inclusive destacando o aspecto marcadamente objetivo da reputação ilibada em relação à idoneidade moral, de aspecto preponderantemente subjetivo.[166]

---

[164] Citação do acórdão recorrido (TJ/RO) em AI no STF: BRASIL. Supremo Tribunal Federal. *AI nº 696.375.* Primeira Turma. Relator: Min. Dias Toffoli. Sessão de 17 set. 2013. *DJe* 20 nov. 2013. Disponível em: http://www.stf.jus.br/portal/processo/verProcessoAndamento. asp?numero=696375&classe=AI-AgR&codigoClasse=0&origem=JUR&recurso=0&tipoJu lgamento=M. Acesso em 29 nov. 2016.

[165] Projeto de Lei do Senado nº 401, de 2009. Dá nova redação ao Art. 5º do Decreto-Lei nº 4.657, de 4 de setembro de 1942 – Lei de Introdução ao Código Civil –, para definir os conceitos de reputação ilibada e idoneidade moral. [...].

[166] [...] Os conceitos de idoneidade moral e reputação ilibada possuem a propriedade de serem complementares e mutuamente inclusivos. Na lição de José Cretella Júnior, em seus Comentários à Constituição de 1988, vol. 5, assegura que "idoneidade moral é o atributo da pessoa que, no agir, não ofende os princípios éticos vigentes em dado lugar e época. É a qualidade da pessoa íntegra, imaculada, sem mancha, incorrupta, pura". (CRETELLA JÚNIOR, José. *Comentários à Constituição.* 3. ed. Rio de Janeiro: Forense, 1992. v. 5). Para De Plácido e Silva, idoneidade e boa reputação são termos que se completam e idoneidade moral "é a que se gera da honestidade ou dos modos de ação das pessoas no meio em que vivem, em virtude do que é apontada como pessoa de bem". Tais conceitos não se confundem com a exigência de trânsito em julgado de sentenças para a finalidade de se considerar uma pessoa primária ou reincidente. No campo do direito penal, a questão objetiva do reconhecimento de reputação ilibada e idoneidade moral é comparável aos antecedentes de um réu, para efeito do cálculo de dosimetria da pena, sendo certo afirmar que o STF considera suficiente para a caracterização de maus antecedentes a existência de distribuição criminal contra o réu ou inquéritos policiais em andamento em que se investigam condutas, em tese, ilícitas.

CAPÍTULO 3
PARADIGMAS DA INVESTIDURA | 85

Acerca da sindicabilidade do atendimento aos requisitos éticos de magistrado nomeado, destaca-se interessante estudo de Marcelo Figueiredo, apontando a responsabilidade compartilhada entre os diversos atores do procedimento de investidura, sobre o controle do atendimento daqueles atributos:

Pode o tribunal negar posse ao magistrado nomeado (por exemplo: ministro de Tribunais Superiores), por entender que ele não preenche os requisitos constitucionais (reputação ilibada e notável saber jurídico – ou só um deles)? [...] Entendemos que os tribunais – no exemplo, o Supremo Tribunal Federal – têm o direito de negar referida posse ao candidato, exercendo, destarte, um controle substancial de legalidade. Deveras, não seria crível que o órgão constitucionalmente vocacionado a defender objetivamente a ordem jurídica [...] pudesse ficar de mãos atadas diante de uma verdadeira fraude ao espírito da Constituição. É certo que na hipótese cogitada deveríamos estar diante de uma situação jurídica documentada. [...] Em síntese, entendemos que o Tribunal tem uma competência conatural à sua preservação e existência que o legitima a proteger-se de atos inconstitucionais. Ainda procurando exemplificar nossa tese, lembramos outra hipótese de fato ocorrida no Município de São Paulo. À ocasião, determinado Prefeito indicou, e a Câmara aprovou, candidato à vaga do Tribunal de Contas do Município. O indicado, entrevistado pela imprensa, expressamente declarou que efetivamente não era dotado do requisito de 'notável saber jurídico'. Contudo, tal requisito seria suprido no decorrer do tempo, no desempenho de suas funções. Seria adquirido com a 'prática' em suas funções.[167]

Foi o que reconheceu o STF, ao julgar MS[168] da OAB contra ato do TJ/SP que reelaborou lista tríplice enviada pela seccional da autarquia

---

Ora, se tal compreensão do STF é utilizada como critério objetivo para agravar a pena de acusados em processos crimes, da mesma forma deve ser utilizada para se avaliar os requisitos para a questão da elegibilidade, ou de sua denegação. Não se pode conceber a ideia de que o requisito previsto no art. 73, §1°, inc. II, da CF – nomeação de membros do Tribunal de Contas da União –, seja de avaliação subjetiva, já que a pessoa merecedora da indicação irá cuidar do dinheiro e da contas públicas, revestindo-se das mesmas garantias da magistratura, e, portanto, o indicado deve gozar dos mesmos predicados que se exigem de um magistrado, até porque, em determinadas situações, a Corte de Contas exara verdadeiros julgamentos das atividades administrativas. [...]. (SILVA, De Plácido e. *Vocabulário jurídico*. 12. ed. Rio de Janeiro: Forense, 1993. v. 2).

[167] FIGUEIREDO, Marcelo. *O controle da moralidade na Constituição*. São Paulo: Malheiros, 1999. p. 44.

[168] BRASIL. Supremo Tribunal Federal. *MS n° 25624*. Plenário. Relator: Min. Sepúlveda Pertence. Sessão de 6 set. 2006. *DJ* 19 dez. 2006. Disponível em: http://redir.stf.jus.br/paginadorpub/paginador.jsp?docTP=AC&docID=395734. Acesso em 2 fev. 2017.

a fim de prover cargos reservados a advogados naquela corte. Mesmo deferindo em parte a segurança, negando ao tribunal a possibilidade de refazer a relação, reconheceu-lhe a de "recusar a indicação [...] à falta de requisito constitucional para a investidura, desde que fundada a recusa em razões objetivas, declinadas na motivação da deliberação do órgão competente do colegiado judiciário", mesmo "se a objeção do Tribunal fundar-se na carência dos atributos de 'notório saber jurídico' ou de 'reputação ilibada'".

Interessante aspecto do voto, embora lançado *obiter dictum*, é a admissibilidade, em tese, pelo relator, de ser reconhecida a ausência de "notório saber jurídico" a integrante da lista que não logrou, por dez vezes, aprovação na prova inicial de concursos para magistratura paulista. Disse o relator:

> O argumento é impressionante, malgrado não se traga documentação de que, a respeito, haja deliberado o órgão especial do Tribunal de Justiça. [...] Antes dessa deliberação – ou da documentação de que ela já tenha ocorrido – creio incabível tomar aqui decisão a respeito da suficiência dela para motivar a devolução à OAB da lista sêxtupla encaminhada para a vaga respectiva do Tribunal de Justiça.[169]

Ademais, não se tem notícia de que os concursos públicos, a exemplo daqueles para ingresso na magistratura, no MP e nas polícias,[170] que contemplam sindicância de vida pregressa e investigação social dos candidatos, tenham tido as normas que os embasam declaradas

---

[169] BRASIL. Supremo Tribunal Federal. *MS n° 25624*. Plenário. Relator: Min. Sepúlveda Pertence. Sessão de 6 set. 2006. *DJ* 19 dez. 2006. Disponível em: http://redir.stf.jus.br/paginadorpub/paginador.jsp?docTP=AC&docID=395734. Acesso em 2 fev. 2017.

[170] Como exemplifica a ementa de acórdão do STF que conheceu e deu provimento a RE no qual o Estado do RN defendia ato administrativo de exclusão de candidato em concurso da Polícia Civil, o qual se beneficiara do instituto da suspensão condicional de processo (art. 89 da Lei Federal n° 9.099/1995):
EMENTA Concurso público. Policial civil. Idoneidade moral. Suspensão condicional da pena. Art. 89 da Lei n° 9.099/1995. 1. Não tem capacitação moral para o exercício da atividade policial o candidato que está subordinado ao cumprimento de exigências decorrentes da suspensão condicional da pena prevista no art. 89 da Lei n° 9.099/95 que impedem a sua livre circulação, incluída a freqüência a certos lugares e a vedação de ausentar-se da comarca, além da obrigação de comparecer pessoalmente ao Juízo para justificar suas atividades. Reconhecer que candidato assim limitado preencha o requisito da idoneidade moral necessária ao exercício da atividade policial não é pertinente, ausente, assim, qualquer violação do princípio constitucional da presunção de inocência. 2. Recurso extraordinário conhecido e provido. (BRASIL. Supremo Tribunal Federal. *RE n° 568030/RN*. Relator Min. Menezes Direito. Primeira Turma. Sessão de 2 set. 2008. *DJE* 24 out. 2008. Disponível em: http://redir.stf.jus.br/paginadorpub/paginador.jsp?docTP=AC&docID=557565. Acesso em 6 fev. 2017).

inconstitucionais. Assim, se dos cargos providos mediante concurso – inclusive os dos próprios órgãos de controle – são exigidos tão rigorosos parâmetros éticos, não se cogita de motivo plausível para conduta diversa em relação aos cargos de ministro e conselheiro.

3.4.2 Notórios conhecimentos jurídicos, contábeis, econômicos e financeiros ou de administração pública

O requisito constante desse inciso tem o seguinte enunciado: "notórios conhecimentos jurídicos, contábeis, econômicos e financeiros ou de administração pública". São, portanto, seis qualificações; uma anteposta ("notórios") e cinco pospostas ("jurídicos, contábeis, econômicos e financeiros ou de administração pública") ao substantivo "conhecimentos". Aparentemente simples, a interpretação de tais requisitos desvela, em reflexão mais detida, considerável complexidade, a demandar esforço hermenêutico capaz de extrair da norma seu real significado, compatível com a relevância da função de controle, desempenhada pelo órgão cujos cargos têm aqui suas investiduras em análise.

3.4.2.1 Notoriedade e notabilidade

O qualificativo anteposto aos "conhecimentos" exigidos ("notórios") tem sido objeto de controvérsia doutrinária e jurisprudencial acerca de seu significado, não raras vezes confundido com o de "notável", atributo do saber jurídico exigido para provimento de cargos de ministro do STF, do STJ e do TSE, bem como de membros do CNJ e do CNMP, de juiz do TRE e de Advogado-Geral da União. A confusão conceitual, entretanto, não se justifica.

A notabilidade decorre de juízo de valor, tendo, portanto, caráter eminentemente subjetivo. Haverá quem considere notável (no sentido de excepcionalmente bom) o saber jurídico de determinada pessoa, de acordo com seus critérios pessoais de julgamento, assim como existirá quem de tal opinião discorde, conforme seus próprios parâmetros para aquilatá-lo.

Já a notoriedade (na acepção de sabença pública) se verifica quando determinada plateia reconhece alguém como detentor desta ou daquela qualidade. Prepondera o viés objetivo[171] do conceito, que é constatável a partir de uma situação fática – a de que um conjunto de pessoas (uma categoria profissional, um colegiado, uma comunidade etc.) tem determinada opinião em relação a alguém. Essa distinção se encontra na doutrina de Caldas Furtado, que diz: "Notório não se confunde com notável. Notório se refere àquilo que é evidente, manifesto, conhecido de todos, público; notável qualifica aquilo que é profundo, especial, extraordinário, considerável".[172]

Também Ives Gandra Martins assim diferencia os conceitos:

> Entendem alguns que as expressões se equivalem. Não creio, todavia, que se equivalham. Alguém pode ter notório conhecimento jurídico, isto é, conhecimento, que é do domínio público. E nem por isso tal conhecimento será, necessariamente, notável, vale dizer, diferenciado e superior aos demais. Notável, no art. 101 da Constituição Federal, surge como sinônimo de admirável e não apenas de conhecido. Desta forma, no exame dos requisitos do inc. III há de se entender que seu saber deve ser mais abrangente que aqueles dos Ministros do Supremo Tribunal Federal, mas pode colocar-se em nível inferior. Não tem que ser "notório" e "notável", mas apenas "notório". Em compensação, não deve ser apenas de direito, mas contábil, econômico, financeiro ou de administração, vale dizer, seu espectro de abrangência é considerado razoavelmente maior. [...] Desta forma, pela variedade de assuntos sobre os quais deve dar parecer, exige-se dos Ministros dos Tribunais de Contas, não 'notável' saber, mas "notório" conhecimento de direito, finanças públicas, economia e das estruturas internas do Poder, ou seja, da Administração Pública.[173]

---

[171] Como demonstram debates havidos na sessão de julgamento, pelo STF, do MS n° 25.624: Min. Cármen Lúcia: "[...] há condições de a notoriedade ser avaliada objetivamente". Min. Ricardo Lewandowski: "Mesmo aqueles requisitos que compreendem certa dose de subjetividade, por exemplo, notório saber jurídico, podem ser aferidos segundo critérios objetivos, penso eu". Min. Carlos Britto: "[...] no plano da notoriedade, há uma exigência, sim, ou pode haver, de comprovabilidade". (DA CAMINO, Geraldo Costa; MIRON, Rafael Brum; ATHAYDE, José Gustavo. *Representação ao Procurador Geral da República*: Investidura em cargo de membro de Tribunal de Contas. Procedimento. Indicação, nomeação e posse. Não comprovação de atendimento de requisitos constitucionais. Lesão a preceitos fundamentais. Princípio Republicano. Prestação de contas. Separação dos poderes. Representação. Solicitação de propositura de arguição de descumprimento de preceito fundamental. 2010. Disponível em: http://portal.mpc.rs.gov.br/portal/page/portal/MPC/informativos/Repres.ADPF. pdf. Acesso em 2 nov. 2016).

[172] FURTADO, J. R. Caldas. *Direito financeiro*. 4. ed. rev., ampl. e atual. Belo Horizonte: Fórum, 2013. p. 584, NR 94.

[173] MARTINS, Ives Gandra. *Comentários à Constituição do Brasil (promulgada em 5 de outubro de 1988)*. São Paulo: Saraiva, 2000. v. IV, t. II, p. 116, 117 e 118 *apud* DA CAMINO, Geraldo Costa; MIRON, Rafael Brum; ATHAYDE, José Gustavo. *Representação ao Procurador Geral da*

Análise exauriente da distinção conceitual entre notabilidade e notoriedade se encontra em decisão interlocutória da Justiça Federal em Alagoas, que deferiu medida liminar para "suspender a eficácia do Decreto Legislativo nº 422 e do Decreto de Nomeação publicado em 17 de julho de 2008, referentes ao provimento do cargo de Conselheiro do Tribunal de Contas do Estado de Alagoas", cujo trecho referente ao tema segue transcrito:

> Ou seja, é possível que o indicado possua notório saber sem que tenha uma habilitação formal e, por outro lado, é possível que, a despeito de possuir um diploma de graduação, não ostente o notório saber. Desta forma, a análise da presença do notório conhecimento passa pela dissecação inicialmente semântica do requisito. Notório, segundo o Dicionário Houaiss da Língua Portuguesa, seria aquilo: 1) amplamente conhecido, sabido; 2) que se mostra evidente, manifesto, público e 3) que é do conhecimento de todos, que não precisa ser provado. Na lição do Professor e Desembargador federal aposentado Hugo de Brito Machado (Grifos nossos): há quem faça distinção entre o notório saber e o notável saber. Notável é expressão valorativa. Diz a efetiva qualidade positiva do saber de alguém em determinada área do conhecimento. É qualidade do saber que merece atenção, respeito e aplauso. Pode até ainda não ter sido notado, nem aplaudido, mas merece ser notado, respeitado e aplaudido. Notável digno de apreço ou louvor (Novo Aurélio, pág. 1417). Já notório é o que é público, conhecido de todos (Novo Aurélio, pág. 1418). Notório, portanto, é o que é notado, é conhecido, referido, respeitado e aplaudido, com ou sem merecimento. A palavra notável implica avaliação de qualidade, envolve sempre o subjetivismo do avaliador. Já a palavra notório indica algo objetivamente observado e que pode por isto mesmo ser comprovado. Desta forma, notório, ao contrário do notável, não envolve aferição da qualidade do saber, mas, apenas, de sua evidência e publicidade.[174]

República: Investidura em cargo de membro de Tribunal de Contas. Procedimento. Indicação, nomeação e posse. Não comprovação de atendimento de requisitos constitucionais. Lesão a preceitos fundamentais. Princípio Republicano. Prestação de contas. Separação dos poderes. Representação. Solicitação de propositura de arguição de descumprimento de preceito fundamental. 2010. Disponível em: http://portal.mpc.rs.gov.br/portal/page/portal/MPC/informativos/Repres.ADPF.pdf. Acesso em 2 nov. 2016.

[174] Processo nº 2008.80.00.003235-2 (DA CAMINO, Geraldo Costa; MIRON, Rafael Brum; ATHAYDE, José Gustavo. *Representação ao Procurador Geral da República*: investidura em cargo de membro de Tribunal de Contas. Procedimento. Indicação, nomeação e posse. Não comprovação de atendimento de requisitos constitucionais. Lesão a preceitos fundamentais. Princípio Republicano. Prestação de contas. Separação dos poderes. Representação. Solicitação de propositura de arguição de descumprimento de preceito fundamental. 2010. Disponível em: http://portal.mpc.rs.gov.br/portal/page/portal/MPC/informativos/Repres.ADPF. pdf. Acesso em 2 nov. 2016).

3.4.2.2 Cumulatividade e alternatividade

Quanto aos qualificativos pospostos, a primeira dificuldade interpretativa,[175] inerente às enumerações, consiste em identificar se a separação por vírgulas, dos termos que as compõem, implica sua conjunção ou sua disjunção.[176] Dito de outra forma, saber se são, as qualificações pospostas, alternativas entre si – bastando a ocorrência de uma delas para que se dê por cumprido o requisito – ou se, ao contrário, exige-se sua cumulatividade – somente se considerando preenchida a hipótese com a verificação simultânea de todas as adjetivações dos "conhecimentos".

Agrega-se a esse desafio inicial a circunstância complicadora de do referido enunciado constarem conjunções aditiva ("e") e alternativa ("ou"). Ademais, a de não haver sinais de pontuação a separá-las dos termos a que podem se referir. Repete-se, pela relevância do viés analítico que já se anuncia: dos termos a que *podem se referir*, e não, de antemão, a que se *referem*. É que é exatamente esse um dos objetivos visados pelo estudo, o de definir se, e como, incide a propriedade da distributividade no caso.

A conjunção "e" surge entre as palavras "econômicos" e "financeiros". Já a conjunção "ou" separa as expressões "financeiros" e "de administração pública". Diversas são as interpretações possíveis – restrita, por ora, a análise ao aspecto gramatical[177] –, a partir de distintas premissas, referentes aos papéis[178] exercidos na sentença pelas vírgulas[179]

---

[175] "Trata-se de um erro tão grande quanto comum considerar que os fenômenos mais corriqueiros, universais e simples seriam os mais bem compreendidos por nós. Antes, são apenas os fenômenos com os quais mais nos familiarizamos e acerca dos quais, no entanto, somos mais frequentemente ignorantes". (SCHOPENHAUER, Arthur. *O mundo como vontade e como representação*. São Paulo: UNESP, 2005. v. 1, p. 185).

[176] "Toda exposição dos fatos pode situá-los em diversos níveis de generalidade. [...] A maneira de juntar as proposições, coordenando-as ou subordinando-as, permite orientar o pensamento e hierarquizar os acontecimentos descritos". (PERELMAN, Chaïm. *Lógica jurídica*. São Paulo: Martins Fontes, 1998. p. 162).

[177] Aos quais se somarão, oportunamente, componentes sistemáticos e teleológicos, dentre outros.

[178] Papéis que não podem ser interpretados como se não integrassem uma estrutura dotada de sentido, conforme ensinou Friedrich Schleiermacher: "[...] o princípio da unidade do significado também vale para o elemento formal, a estrutura. [...] a oposição entre o elemento material e o formal é comunicada pelas palavras formais ou partículas, as quais sempre designam apenas relações e, contudo, têm o caráter de palavras autônomas; portanto, bem deveriam estar sob suas leis. [...] nem sempre as partículas são termos que servem de relação, mas uma grande parte dos pronomes e adjetivos podem ser também e são substituídas pela estrutura". (SCHLEIERMACHER, Friedrich D. E. *Hermenêutica*: arte e técnica da interpretação. 5. ed. Bragança Paulista: São Francisco, 2006. p. 74).

[179] TARELLO, Giovanni. *L'interpretazione della legge*. Milano: Giuffrè, 1980. p. 119: Punteggiatura. Le regole della punteggiatura nel discorso legislativo sono del tutto ricomprese nelle regole

e pelas conjunções "e" e "ou", além da relação entre esses operadores no processo de obtenção do sentido do enunciado, ou seja, na produção da norma[180] respectiva.

A primeira delas parte do pressuposto que a enumeração, com separação por vírgulas, é conjuntiva. Assim, limitando-se a leitura, em um primeiro momento, às duas primeiras qualificações elencadas, exigir-se-ia que os conhecimentos requeridos fossem jurídicos e contábeis. A *contrario sensu*, tomando-se por disjuntiva a separação, bastaria que os mesmos fossem jurídicos *ou* contábeis.

A segunda diz com a ordem das operações gramaticais determinadas pelas conjunções. Deve-se fazer incidir primeiramente a conjunção ou a disjunção? Se se entender, como nas operações matemáticas,[181] que a conjunção precede a disjunção, então "econômicos" e "financeiros" possuiriam unidade de sentido, como ficaria evidente se constassem aglutinados como "econômico-financeiros". Em sentido oposto, assumindo-se como prioritária a disjunção, a expressão "de administração pública" seria alternativa à qualificação "financeiros".

Mais do que isso, admitindo-se a preponderância da disjunção entre "financeiros" e "de administração pública", ter-se-ia, então, uma enumeração conjuntiva entre (1) "jurídicos", (2) "contábeis", (3) "econômicos" e (4) um dentre os qualificativos constantes do par "financeiros ou de administração pública".

---

generali della lingua ordinaria scritta; queste ultime, perciò, debbono essere tenuti presenti dall'interprete, e sono efetivamente tenuti presenti dagli organi dell'applicazione. [...] Qualche ambiguità nasce dall'uso legislativo della virgola, dato anche che questa in italiano non segue regole precise specialmente nel circoscrivire le frasi aggettivali. [...] Va ricordato che, come regola generalmente seguita dagli operatori dell'applicazione quando non ostino ragioni di ordine pragmatico, le virgole che separano aggetivi (o frasi aggettivali) giustapposti in serie hanno valore di 'e' se l'ultimo aggetivo (o frase aggettivale) sdella serie è preceduto da una 'e' ed hanno valore di 'o' se l'ultimo aggettivo (o frase aggettivale) è preceduto da una 'o' (ed in questo caso hanno valore di 'o' debole – cioè di 'aut' latino – a seconda chi sia debole o forte la 'o' che precede l'ultimo aggettivo). [...] Nel caso in cui la serie di aggettivi separati da virgole non sia chiusa da una 'o' o da una 'e', ed anche l'ultimo membro della seria sia separato dal precedente da una virgola, come regola generale la virgola sta per 'e': ma a questa regola generale si danno moltissime eccezioni, in cui (per ragioni di ordine pragmatico) gli operatori dell'applicazione preferiscono attribuire alle virgole il valores di 'o' debole".

[180] GUASTINI, Riccardo. *Interpretare e argomentare*. Milano: Giuffrè, 2011. p. 70: "La dissociazione tra disposizioni e norme appare in tutta evidenza se si guarda alle decisioni 'interpretativi' del giudice costituzionale. Una decisione interpretativa è infatti una sentenza nella quale il giudice costituzionale si pronuncia non già su una disposizione, ma su una interpretazione di una disposizione, ossia su una norma".

[181] De acordo com a álgebra *booleana*, que descreve as operações lógicas, a multiplicação de termos contíguos em uma expressão é feita antes da soma dos demais elementos que a compõem.

Outra interpretação possível, retomando-se a hipótese da conjunção entre "econômicos" e "financeiros", seria a de esta unidade de sentido ("econômico-financeiros") ser alternativa, assim tomada, à "de administração pública". Assim se verificaria uma conjunção entre (1) "jurídicos", (2) "contábeis" e (3) um dos qualificativos constantes do par "econômico-financeiros ou de administração pública".

Para fins de clareza, adota-se notação lógica ou matemática, em que cada um dos qualificativos se faz representar por sua letra inicial ("j", "c", "e", "f" e "a"), a conjunção por "∧" e a disjunção por "∨", elencando-se as hipóteses formuladas.

$$(1)\ j \vee c \vee (e \wedge f) \vee a$$

$$(2)\ j \wedge c \wedge e \wedge (f \vee a)$$

$$(3)\ j \wedge c \wedge ((e \wedge f) \vee a)$$

Na sentença do item (1) se verifica haver conjunção entre conhecimentos (i) jurídicos, (ii) contábeis, (iii) a disjunção entre (iii-a) econômicos e (iii-b) financeiros, e (iv) de administração pública.

Já na fórmula da alternativa (2) é possível ler a conjunção entre os saberes (i) jurídicos, (ii) contábeis, (iii) econômicos e (iv) a disjunção entre (iv-a) financeiros e (iv-b) de administração pública.

Por fim, da equação representada em (3), depreende-se existir conjunção entre (i) jurídicos, (ii) contábeis e (iii) a disjunção entre (iii-a) a subdisjunção entre (iii-a-1) econômicos e (iii-a-2) financeiros e (iii-b) de administração pública.

As referências doutrinárias sobre o tema são escassas e, usualmente, sucintas, sem maior exploração das possibilidades interpretativas. Exemplifica-se com a abordagem de José Maurício Conti:

> O que se pode adiantar [...] é a imprescindibilidade de os 'notórios conhecimentos' referirem-se aos campos de conhecimentos afetos às atividades do Tribunal de Contas da União, [...] exigidos para pelo menos uma das áreas do conhecimento mencionadas no texto, e não a todas em conjunto. [...] não havendo critérios absolutamente precisos que possam aferir o seu exato alcance e conteúdo, dando margem a uma certa discricionariedade na avaliação [...].[182]

---

[182] CONTI, José Maurício. *Direito financeiro na Constituição de 1988*. São Paulo: Oliveira Mendes, 1998. p. 46.

Apenas enumerando os "notórios conhecimentos", e com a troca da conjunção aditiva "e" por uma vírgula entre "econômicos" e "financeiros", veja-se a lição de Odete Medauar: "Os integrantes dos Tribunais de Contas são escolhidos entre brasileiros [...] dotados de [...] notórios conhecimentos jurídicos, contábeis, econômicos, financeiros ou de administração pública [...]".[183]

Similarmente, a abordagem de Celso Antônio Bandeira de Mello, constando "ou" no lugar da vírgula após "jurídicos", e uma vírgula, em vez de "e", entre "econômicos" e "financeiros", vai assim consignada:

> São requisitos de investidura nesses cargos [...] dispor de notórios conhecimentos jurídicos **ou** contábeis, econômicos, financeiros ou de administração pública e contar com mais de dez anos de exercício de função ou efetiva atividade profissional exigente da espécie de conhecimentos referidos (art. 73 e §1º).[184] (Sem grifo no original).

Não difere a abordagem procedida por José Afonso da Silva:

> Seus membros, que recebem designação de Ministros, são nomeados dentre brasileiros de idoneidade moral e reputação ilibada, de notórios conhecimentos jurídicos, contábeis, econômicos e financeiros ou de administração pública [...] com mais de dez anos de exercício de função e de efetiva atividade profissional correspondentes às especialidades indicadas acima.[185]

Da mesma forma, Luiz Henrique Lima:

> São cinco os requisitos exigidos pela Carta Magna para a nomeação de Ministro do Tribunal de Contas da União: [...] IV – formação: notórios conhecimentos jurídicos, contábeis, econômicos e financeiros ou de administração pública.[186]

Identicamente, Celso Ribeiro Bastos:

---

[183] MEDAUAR, Odete. *Direito administrativo moderno.* 12. ed. rev. e atual. São Paulo: Revista dos Tribunais, 2008. p. 389.

[184] BANDEIRA DE MELLO, Celso Antônio. *Curso de direito administrativo.* 6. ed. rev., atual. e ampl. São Paulo: Malheiros, 1995.

[185] SILVA, José Afonso da. *Curso de direito constitucional positivo.* 9. ed. São Paulo: Malheiros, 1994.

[186] LIMA, Luiz Henrique. *Controle externo*: teoria e jurisprudência para os Tribunais de Contas. 6. ed. rev. e atual. São Paulo: Método, 2015.

Os Ministros do Tribunal de Contas da União serão nomeados dentre brasileiros que satisfaçam os seguintes requisitos: [...] III – notórios conhecimentos jurídicos, contábeis, econômicos e financeiros ou de administração pública [...].[187]

Também nessa vertente, Hélio Saul Mileski:

> Como se vê, a escolha dos membros do Tribunal de Contas [...] deve ocorrer entre [...] pessoas que sejam detentoras de formação profissional adequada e possuam experiência comprovada no exercício dessas atividades, conforme os seguintes requisitos exigíveis (§1° do art. 73 da CF): [...] III – notórios conhecimentos jurídicos, contábeis, econômicos e financeiros ou de Administração Pública [...].[188]

Jorge Ulysses Jacoby Fernandes, diferentemente, em obra de fôlego, expande a análise, nos seguintes termos:

> Sobre as áreas do conhecimento, é importante notar que o constituinte definiu dois amplos conjuntos de conhecimento:
> I – no primeiro, deve o futuro nomeado possuir notórios conhecimentos jurídicos, contábeis, econômicos e financeiros; ou
> II – alternativamente ao primeiro, possuir notórios conhecimentos de Administração Pública.
> Explica-se essa exigência não pela prevalência de determinada área do saber humano sobre as outras, mas pela afinidade do conhecimento com as competências do tribunal, que, de fato, volta-se para o controle da Administração Pública. Em ambos, há uma visão multidisciplinar, essencial à ação do controle.
> No caso do conjunto de conhecimentos nas quatro áreas, direito, contabilidade, economia e finanças, no entanto, pode a notoriedade ser satisfeita em uma delas, bastando ao candidato ter das outras conhecimento. Nesse ponto, embora afastada da literalidade da norma, a exegese se impõe pela simples impossibilidade fática de conhecimento em grau tão aprofundado para satisfação do requisito *notoriedade*.[189]

Também a jurisprudência, em especial a do STF, é rarefeita e usualmente desprovida de discussões muito aprofundadas sobre a

---

[187] BASTOS, Celso Ribeiro. *Curso de direito constitucional*. 19. ed. São Paulo: Saraiva, 1998. p. 348.

[188] MILESKI, Hélio Saul. *O controle da gestão pública*. 2. ed. rev., atual. e aum. Belo Horizonte: Fórum, 2011. p. 257.

[189] FERNANDES, Jorge Ulysses Jacoby. *Tribunais de Contas do Brasil*: jurisdição e competência. 2. ed. Belo Horizonte: Fórum, 2005. p. 673.

questão dos requisitos. Paradigmático é o acordão referente ao RE nº 167137, que tratou da composição inicial do Tribunal de Contas do então recém-criado Estado de Tocantins. Discutia-se se o art. 235[190] da Constituição, ao exigir apenas "notório saber" aos membros da Corte, mitigava ou não as exigências do art. 73, §1º, inc. III, que ora se examina. A Turma decidiu que não, conforme excerto da decisão[191] que se transcreve:

> A nomeação dos membros do Tribunal de Contas do Estado recém-criado não é ato discricionário, mas vinculado a determinados critérios, não só estabelecidos pelo art. 235, III, das disposições gerais, mas também, naquilo que couber, pelo art. 73, par. 1, da CF. NOTORIO SABER – Incisos III, art. 235 e III, par. 1, art. 73, CF. Necessidade de um mínimo de pertinência entre as qualidades intelectuais dos nomeados e o oficio a desempenhar.

Posteriormente, todavia, a Corte Suprema, em composição plenária, entendeu em sentido oposto, por maioria, ficando vencidos os Ministros Marco Aurélio (relator), Sepúlveda Pertence e Carlos Velloso (na presidência). Tratava-se também da primeira formação de Tribunal de Contas estadual, mas de Roraima, ex-território federal transformado em estado pela Constituição de 1988. Foi redator para o acórdão o Ministro Nelson Jobim, que inaugurou a divergência na sessão de julgamento,[192] invocando sua experiência na Assembleia Nacional Constituinte de 1987/88, da qual foi Relator-Adjunto da Comissão de Sistematização. Destacou o ex-deputado federal, em suas razões de decidir, ao frisar a inexigibilidade de diploma para a investidura como conselheiro, entender disjuntivos os conhecimentos exigidos, *in verbis*:

> [...] não há que se falar em qualificação formal. Aqui, há que se falar em notórios conhecimentos jurídicos, contábeis, econômicos e financeiros ou de Administração Pública. É uma disjuntiva. [...] *Não se exige* dos Ministros

---

[190] "Art. 235. Nos dez primeiros anos da criação de Estado, serão observadas as seguintes normas básicas: [...]
III – o Tribunal de Contas terá três membros, nomeados, pelo Governador eleito, dentre brasileiros de comprovada idoneidade e notório saber; [...]".

[191] BRASIL. Supremo Tribunal Federal. *RE nº 167137/TO*. Segunda Turma. Relator Min. Paulo Brossard. Sessão de 18 out. 1994. DJ 25 nov. 1994. Disponível em: http://redir.stf.jus.br/paginadorpub/paginador.jsp?docTP=AC&docID=216383. Acesso em 16 nov. 2016.

[192] BRASIL. Supremo Tribunal Federal. *AO nº 476/RR*. Tribunal Pleno. Relator: Min. Marco Aurélio. Redator para acórdão: Min. Nelson Jobim. Sessão de 16 out. 1997. DJ 5 nov. 1999. Disponível em: http://redir.stf.jus.br/paginadorpub/paginador.jsp?docTP=AC&docID=324092. Acesso em 16 nov. 2016.

do Tribunal de Contas da União *a conjugação de conhecimentos* jurídicos, contábeis, econômicos e financeiros, ou de administração pública, porque, nessas condições, estariam sendo exigidos conhecimentos maiores que os dos Ministros do Supremo Tribunal Federal. (Grifou-se).

Entende-se, entretanto, que, conquanto respeitável o entendimento do ministro divergente, carece de fundamentação a assertiva lançada, uma vez que, do argumento apresentado, no sentido de que, se fosse exigida dos ministros do TCU a conjugação dos conhecimentos listados, seriam esses maiores do que os dos ministros do STF, não decorre a peremptória afirmação de que se trata de "uma disjuntiva".

A uma, porque, conforme leciona Martins, a "conjunção 'ou' pode ter, excepcionalmente, significado de 'e', valendo como 'acréscimo' e não como 'alternativa'".[193] A duas, por se exigir, dos integrantes da Corte Suprema, "notável" saber jurídico; já dos integrantes do órgão de controle externo, "notórios" conhecimentos multidisciplinares. E "notório" e "notável" são conceitos imiscíveis, como já se demonstrou anteriormente. A três, por se tratarem de cortes distintas, com competências diversas, sendo mesmo de se esperar a diferenciação das exigências, sem que disso decorra hierarquia entre ambas.

Já o relator que restou vencido, Ministro Marco Aurélio, mantinha o entendimento do precedente (RE nº 167137), conforme trecho de seu voto:

> O precedente não está a merecer qualquer censura. Harmoniza-se com o teor dos artigos interpretados quando em jogo a nomeação de Conselheiros no Estado de Tocantins, deixando dois deles de revelar formação enquadrável no inciso III do artigo 73. Anunciar-se, como fez o juízo, dificuldade maior para a arregimentação de técnicos, consideradas as áreas explicitadas na Carta, é olvidar o princípio da razoabilidade [...].

Assim ficou ementado o acórdão:

---

[193] É o que se extrai da obra de Lourival Vilanova: "Distingue-se na lógica simbólica o *ou-includente* e o *ou-excludente (inclusive-or/exclusive-or)*. A regra sintática de emprego do 'ou-includente' exige *que pelo menos uma* das proposições relacionadas seja verdadeira, *podendo, pois, serem ambas*. Em paralelo, no campo das proposições normativas, que pelo menos uma seja válida, podendo ambas serem válidas. Diz-se 'ou-inclusivo' porque ele permite a conjuntividade, a verdade conjunta (e a validade conjunta) de enunciados". (VILANOVA, Lourival. *As estruturas lógicas e o sistema do direito positivo*. São Paulo: Max Limonad, 1997. p. 122).

AÇÃO ORIGINÁRIA. CONSTITUCIONAL. TRIBUNAL DE CONTAS ESTADUAL. CONSELHEIROS. NOMEAÇÃO. QUALIFICAÇÃO PROFISSIONAL FORMAL. NOTÓRIO SABER. A qualificação profissional formal não é requisito à nomeação de Conselheiro de Tribunal de Contas Estadual. O requisito notório saber é pressuposto subjetivo a ser analisado pelo Governador do Estado, a seu juízo discricionário.

A interpretação da norma, em face da controvérsia judicial sobre sua correta feição, exige o apelo a critérios outros, além do gramatical. Com efeito, é indispensável que se faça uso das interpretações sistemática e teleológica.

Parecem ter razão, de fato, aqueles que cogitam da virtual impossibilidade de que haja postulantes ao cargo que dominem todos os campos de conhecimento colacionados na norma em estudo. Ocorre que ela, como já referido, exige a notoriedade, e não a notabilidade, dos conhecimentos técnicos que enumera. Assim, não há que se falar em dominar a gama de matérias de que trata, mas de, como sugere o termo ("conhecimentos"), conhecê-las. Conhecimento este que deve ser notório, ou seja, que dele se saiba sem que muito se necessite sindicá-lo.

Admitir o oposto seria conceber o órgão julgador do Tribunal de Contas como um mosaico, multifacetário colegiado do qual cada integrante analisaria um aspecto da gestão fiscalizada. Um julgador se encarregaria dos aspectos contábeis; outro, dos jurídicos; um terceiro, dos econômicos, e assim por diante? A toda evidência, não. Todo julgador deve ser capaz de aquilatar – ainda que sumariamente – por seu próprio cabedal de conhecimentos (e não apenas a partir dos conhecimentos de seus assessores) a gestão. E deve fazê-lo sob cada um dos ângulos envolvidos, conquanto, evidentemente, dele não se exija aprofundamento em todos.

Essa tarefa, portanto, não prescinde dos notórios conhecimentos jurídicos, contábeis, econômicos e financeiros ou de administração pública. Note-se que a exigência do inciso seguinte,[194] a ser tratado no próximo item, vem no plural ("os conhecimentos mencionados"), o que reforça a cumulatividade de requisitos.[195]

---

[194] IV – mais de dez anos de exercício de função ou de efetiva atividade profissional que exija os conhecimentos mencionados no inciso anterior.

[195] "[...] o legislador constituinte originário fez sua opção por selecionar pretendentes ao cargo de ministros e conselheiros que atendam a mais de um campo do saber. Veja-se que o parágrafo seguinte faz menção ao exercício profissional em que sejam exigidos os conhecimentos (no plural) constantes do dispositivo anterior. E o fato de se exigir conhecimentos em vários campos do saber seja o fundamento para denominar tais conhecimentos como notórios, sem necessidade de serem notáveis, como o que acontece em relação aos Ministros do Supremo

São, nesse sentido, cumulativos, admitindo-se alternatividade, como já exposto, apenas entre os conhecimentos de "administração pública" e os "financeiros" (ou, caso se concorde haver unidade de sentido entre "econômicos e financeiros", os desta). Sobressai como razoável, portanto, dar-se por obrigatória, ao menos, a cumulação dos conhecimentos jurídicos e contábeis, por razões de lógica da sentença que os enuncia, ou por imprescindíveis, como se infere da nomenclatura mesma, ao exercício da jurisdição de contas.

Foi o que se disse em Representação ao PGR,[196] solicitando a propositura de ADPF em face da inobservância dos requisitos constitucionais. E é o que se depreende da leitura conjunta dos §§3º e 4º do art. 73 da Carta Magna, que assim dispõem:

> §3º Os Ministros do Tribunal de Contas da União terão as mesmas garantias, prerrogativas, impedimentos, vencimentos e vantagens dos Ministros do Superior Tribunal de Justiça, aplicando-se-lhes, quanto à aposentadoria e pensão, as normas constantes do art. 40. (Redação dada pela Emenda Constitucional nº 20, de 1998).

Tribunal Federal". (CANHA, Cláudio Augusto. *A inadequabilidade da atual sistemática para escolha de membros dos tribunais de contas do Brasil*. Disponível em: http://www.audicon.org.br/v1/wp-content/uploads/2014/09/A-INADEQUABILIDADE-DA-SISTEM+%C3%BCTICA-PARA-ESCOLHA-DOS-MEMBROS-DOS-TRIBUNAIS-DE-CONTAS.pdf. Acesso em 15 dez. 2016).

[196] Para tanto, importa elucidar, de início, o conteúdo da prescrição constitucional que demanda "notórios conhecimentos jurídicos, contábeis, econômicos e financeiros ou de administração pública" (inc. III do §1º do art. 73 da CF), bem como os critérios de aferição de sua presença. De início, pondera-se que o uso do plural na expressão "notórios conhecimentos" não é desprovido de significado. Ao contrário, tal opção do constituinte impõe que os adjetivos que a seguem sejam entendidos como em conjunção. Fosse disjuntiva a enunciação dos mesmos, a expressão substantiva estaria no singular ("notório conhecimento"), ou seja, um dentre os adjetivos elencados.
Aliás – e em reforço à tese exposta –, quando a Constituição mitigou tal exigência, utilizou o singular, deixando de enumerar os conhecimentos prescritos, como consta das Disposições Constitucionais Gerais, *verbis*:
Art. 235. Nos dez primeiros anos da criação de Estado, serão observadas as seguintes normas básicas:
[...]
III – o Tribunal de Contas terá três membros, nomeados pelo Governador eleito, dentre brasileiros de comprovada idoneidade e notório saber. (Grifou-se).
Exceptua-se da cumulatividade de exigências, evidentemente, o último campo de conhecimento admitido (administração pública), em face do uso da conjunção alternativa "ou". Restaria saber se tal disjunção se refere a conhecimentos "financeiros" ou a "econômicos e financeiros", caso se entendam estes como aglutinados entre si, em unidade de sentido.
De qualquer sorte, em um ou noutro caso, a cumulação entre os conhecimentos jurídicos e contábeis é estreme de dúvidas, o que é coerente com o próprio nome do órgão (Tribunal de Contas), já que, de quem julga contas, espera-se o conhecimento, ao menos, do Direito e da Contabilidade.

§4º – O auditor, quando em substituição a Ministro, terá as mesmas garantias e impedimentos do titular e, quando no exercício das demais atribuições da judicatura, as de juiz de Tribunal Regional Federal.

Deles se extrai que o auditor exerce, inclusive ao substituir Ministro, "atribuições de judicatura". Deduz-se isso da norma, que refere o "exercício das demais atribuições da judicatura", condição em que terá – o auditor – as garantias e os impedimentos "de juiz de Tribunal Regional Federal".

Ora, se o auditor, "quando em substituição a Ministro, terá as mesmas garantias e impedimentos do titular", e, "quando no exercício das demais atribuições da judicatura, as de juiz de Tribunal Regional Federal", em ambas as circunstâncias judicatura exerce, diferindo apenas as garantias de que desfruta e os impedimentos a que está sujeito.

É que o constituinte, ao utilizar, no §4º, o pronome indefinido "demais", antes de "atribuições da judicatura" (e as "demais", logicamente, são todas aquelas que não a de substituir Ministro), definiu esta – a da "substituição a Ministro" – como de judicatura. Por corolário lógico tem-se que, sendo de judicatura a função que exerce o substituto, de judicatura há de ser – e é – a que exerce o titular substituído.

Não bastassem (1) a nomenclatura ("Tribunal", "jurisdição", "julgar"); (2) as atribuições remissivas às dos tribunais judiciais;[197] (3) junto às cortes oficiar um Ministério Público e (4) a equiparação das prerrogativas e garantias de seus membros às dos magistrados (Ministro do STJ, do titular, e com juiz de TRF, do substituto), o fato de titulares e substitutos (5) exercerem judicatura[198] torna evidente o caráter parajudicial ou judicialiforme do Tribunal de Contas, a exigir, por óbvio, conhecimento jurídico dentre os requisitos para investidura.

Em sintonia com tais indicativos, a jurisprudência do STF trata os Tribunais de Contas como órgãos marcadamente processuais, aproximando-os, em muitos aspectos, dos tribunais judiciais.

---

[197] Art. 73 da CF, *in fine*: "[...] exercendo, no que couber, as atribuições previstas no art. 96".

[198] Judicatura, segundo Aulete, possui quatro acepções: "1. Exercício do poder de julgar: A judicatura é prerrogativa dos juízes. 2. Cargo, função ou dignidade de juiz: Por mérito, foi elevado à judicatura.3. Período durante o qual alguém ocupa o cargo de juiz. 4. Conjunto dos juízes. Definições idênticas traz Houaiss, acrescendo uma de caráter temporal: 1 função, ofício ou dignidade de juiz; magistratura; 2 poder de ou autoridade para julgar, de que se acha investido um juiz; 3 o exercício desse poder; magistratura; 4 prazo durante o qual o juiz exerce sua função; magistratura; 5 B o corpo de juízes de um país; magistratura". E não terá sido por acaso o uso do termo "judicatura" (já que, como proclama o famoso brocardo, "a lei não contém palavras inúteis"), nem com outra acepção empregado, que não as reconhecidas pelo vernáculo.

GERALDO COSTA DA CAMINO
A INVESTIDURA NO TRIBUNAL DE CONTAS

É o que se percebe desde a Súmula n° 42, de 1953, que considerava "legítima a equiparação de juízes do Tribunal de Contas, em direitos e garantias, aos membros do Poder Judiciário",[199] passando pela de n° 347, de 1962, que reconhece ao Tribunal de Contas, no exercício de suas atribuições, a competência de apreciar a constitucionalidade das leis e dos atos do poder público – e não se imagina como fazê-lo sem conhecimento jurídico – até chegar à Súmula Vinculante n° 3, de 2007, que assegura, nos processos perante o Tribunal de Contas da União, o contraditório e a ampla defesa.[200]

Como visto, reforça-se a imprescindibilidade dos conhecimentos jurídicos – dentre os demais colacionados pela norma – para o desempenho das funções de Ministro e Conselheiro, titular e substituto, dos Tribunais de Contas.

3.4.3 Mais de dez anos de exercício de função ou de efetiva atividade profissional que exija os conhecimentos mencionados

Não basta que o escolhido detenha os notórios conhecimentos, como exposto em linhas anteriores. Ademais, é indispensável que tais atributos tenham sido exercitados durante mais de dez anos, quer em função pública, quer em atividade profissional privada. Evidentemente, e assim o tem demandado os regulamentos, o preenchimento desse requisito deve ser comprovado documentalmente, através de certidões ou outros meios idôneos de prova.

Para os indicados provenientes das carreiras técnicas, entretanto (objeto de análise da seção seguinte) não são exigidos os dez anos de exercício de função ou atividade profissional. É o que decidiu o STJ, como demonstram as seguintes partes selecionadas de ementa:

> 7. O art. 73, §1°, da Constituição, relativo ao Tribunal de Contas da União, mas aplicável, também, aos Tribunais de Contas dos Estados e

---

[199] Veja-se eloquente trecho, nesse sentido, do acórdão exarado no precedente da súmula referenciada (RE n° 21198, j. 29 maio 1953, DJ 27 ago. 1953): "O Estado atribuiu aos membros do Tribunal de Contas uma vitaliciedade, que consta da Constituição Federal quanto aos membros do Tribunal de Contas da União (art. 187) e que deve logicamente corresponder a igual *função* nos Estados, uma vez *que ela até se aproxima da que compete aos magistrados*". (Grifou-se).

[200] "[...] quando da decisão puder resultar anulação ou revogação de ato administrativo que beneficie o interessado, excetuada apreciação da legalidade do ato de concessão inicial de aposentadoria, reforma e pensão".

do Distrito Federal, por força do art. 75 da mesma Carta, não estabelece que os membros do Ministério Público ou os Auditores tenham 10 anos no cargo para poderem ser nomeados para o cargo de Membro do Tribunal. 8. O requisito estabelecido é tão somente de que os Ministros do TCU devem ter mais de dez anos de exercício de função ou de efetiva atividade profissional que exija notórios conhecimentos jurídicos, contábeis, econômicos e financeiros ou de administração pública (art. 73, §1º, III e IV, da Constituição).[201]

3.5 Critérios de escolha

De acordo com a Constituição, como já referido, um terço das indicações ao Tribunal de Contas incumbe ao Chefe do Poder Executivo, e dois terços ao Poder Legislativo. Assim, o Presidente da República escolhe três dos nove integrantes do TCU, enquanto o Congresso Nacional se encarrega da escolha de seis.

3.5.1 Pelo chefe do Poder Executivo

3.5.1.1 Livre escolha

Apenas uma das três vagas reservadas à indicação pelo Chefe do Poder Executivo é de sua livre escolha, não importando anterior condição funcional, desde que presentes os requisitos já referidos.[202]

3.5.1.2 Escolha vinculada

As outras duas vagas que são destinadas ao crivo do Presidente da República ou do Governador do Estado possuem restrição quanto ao universo de possíveis indicados, que devem proceder de quadros técnicos a que tiveram acesso mediante concurso público de provas e títulos, como segue.

---

[201] BRASIL. Superior Tribunal de Justiça. *RMS nº 35403*. Segunda Turma. Relator Min. Herman Benjamin. Sessão de 3 mar. 2016. *DJe* 24 maio 2016. Disponível em: https://ww2.stj.jus.br/processo/revista/inteiroteor/?num_registro=201102122260&dt_publicacao=24/05/2016. Acesso em 7 mar. 2017.

[202] Usualmente, os escolhidos têm sido agentes políticos, de forma majoritária aqueles ligados ao partido ou à base de sustentação parlamentar do nomeante, quase sempre no desempenho de funções de seu auxílio direto ou no exercício de mandato eletivo.

3.5.1.2.1 Auditores

Das duas vagas ditas técnicas, uma é reservada aos auditores, mais especificamente, àqueles qualificados como substitutos – cargos de judicatura, com concurso e competências específicas[203] – de ministro, no caso do TCU, ou de conselheiro, no de TCE ou TCM.

3.5.1.2.2 Membros do MPC

A outra cadeira de origem especificada funcionalmente deve ser provida por membro do Ministério Público de Contas (MPC) oficiante perante o respectivo tribunal.

O MPC é instituição coetânea ao Tribunal de Contas. Antes mesmo de sua efetiva instalação, em 1893, quando regulamentado, em 1892 (criado que fora em 1890), o órgão de controle já deveria contar com a atuação de um MP especializado perante seu colegiado, conforme se extrai do Decreto nº 1.166/1892, cujo art. 19 definia que o "pessoal do Tribunal de Contas compor-se-á de *cinco membros*, o presidente e quatro

---

[203] No Tribunal de Contas da União (TCU) observa-se o emprego de ambas as acepções: os auditores, também denominados ministros substitutos, responsáveis por presidir os processos a eles distribuídos, relatando-os com proposta de decisão a ser submetida às Câmaras e ao Plenário, onde têm assento permanente; e os auditores federais de controle externo, servidores públicos responsáveis pela execução da fiscalização a cargo desse Tribunal, incluindo-se entre suas atribuições a realização de auditorias governamentais.

A competência do auditor (ministro ou conselheiro substituto), portanto, não se coaduna com aquelas funções reservadas aos auditores de controle externo, que exercem atribuições próprias do corpo auxiliar do Tribunal de Contas, uma vez que os primeiros têm sua criação e disciplina resultantes diretamente do texto constitucional e, portanto, natureza jurídica especial.

Por tal razão, no intuito de dar maior clareza à natureza jurídica do cargo, a Associação dos Membros dos Tribunais de Contas (Atricon) editou a Resolução nº 03/2014, que decorreu, entre outros motivos, de um compromisso firmado na Declaração de Campo Grande/MS, aprovada em novembro/2012, durante o III Encontro Nacional dos Tribunais de Contas do Brasil.

Essa resolução aprovou as Diretrizes de Controle Externo Atricon nº 3301/2014 relacionadas à temática "Composição, organização e funcionamento dos tribunais de contas do Brasil" e previu, como uma das diretrizes dos tribunais de contas, "iniciar processo legislativo para que o cargo de Auditor, previsto no §4º do artigo 73 da Constituição Federal, seja denominado Ministro Substituto, no Tribunal de Contas da União, e Conselheiro Substituto, nos Tribunais de Contas dos Estados e dos Municípios". (CUNHA, Milene Dias da. A natureza judicante do cargo de auditor (ministro e conselheiro substituto) e seu pleno exercício: uma perspectiva evolutiva para o alcance da norma constitucional. *Revista do TCE-MG*, Belo Horizonte, 2016, v. 34 n. 2, p. 40-65, abr./jun. 2016. Disponível em: http://www.audicon.org.br/v1/wp-content/uploads/2014/09/A-NATUREZA-JUDICANTE-DO-CARGO-DE-AUDITOR-MINISTRO-E-CONSELHEIRO-SUBSTITUTO-E-SEU-PLENO-EXERC%C3%8DCIO-UMA-PERSPECTIVA-EVOLUTIVA-PARA-O-ALCANCE-DA-NORMA-CONSTITUCIONAL.pdf. Acesso em 15 dez. 2016).

directores, com voto deliberativo, *um dos quaes representará o ministerio publico"*. (Grifou-se).

Já então, relevantes atribuições eram destinadas ao *parquet* contábil, de natureza não apenas opinativa – provocado ou *ex officio* – como outras típicas de órgão agente (em requerimentos e promoções), elencadas nos arts. 47 a 49 daquele Decreto.[204]

Chegando à Carta de 1988, ao MPC – que, ao longo dos trabalhos da Assembleia Nacional Constituinte, ora surgia como ramo específico do MP, ora deixava de constar do texto, a indicar a absorção de suas atribuições pelo MP comum – coube o art. 130, que dispõe que "[a]os membros do Ministério Público junto aos Tribunais de Contas aplicam-se as disposições desta seção pertinentes a direitos, vedações e forma de investidura".

Parece evidente, em singela leitura, que, sendo-lhe destinado artigo específico, ainda que apartada do rol dos demais ramos do MP,[205] a instituição do hoje denominado MPC teve assegurada a sua continuidade na organização político-administrativa do Estado brasileiro.

---

[204] Art. 47. O director representante do ministerio publico, perante o Tribunal de Contas, deve ser formado em direito, e compete-lhe:
§1º Requerer o que for a bem dos interesses da Fazenda Publica.
§2º Responder nos processos que lhe forem continuados.
§3º Dar parecer sobre os negocios a respeito dos quaes for ouvido o Tribunal, como órgão consultivo do Governo.
§4º Promover a revisão das contas em que houver erro, omissão, falsidade, ou duplicata em prejuizo da Fazenda.
§5º Communicar ao Ministerio da Fazenda qualquer dolo, falsidade, concussão ou peculato, que verificar haver o responsavel praticado no exercicio de suas funcções, para que possa instaurar-se o competente processo criminal.
§6º Promover a imposição de multa nos casos em que ella tenha logar.
Art. 48. Serão continuados ao director representante do ministerio publico:
§1º Os processos em que se tratar de applicar a prescripção.
§2º Os de levantamento de fianças.
§3º Os que accusarem erro, omissão, falsidade ou duplicata em prejuizo da Fazenda.
§4º Os processos em que o Tribunal, ou a repartição que os instaurar, descobrir a existencia de algum crime.
§5º As impugnações e recursos contra o julgamento do Tribunal.
§6º Os processos em que o relator julgar necessaria a audiencia fiscal.
Art. 49. Ao director representante do ministerio publico assiste o direito de promover, verbalmente ou por escripto, que lhe sejam continuados quaesquer outros processos de sua competencia, embora não comprehendidos no artigo antecedente.

[205] Art. 128. O Ministério Público abrange:
I – o Ministério Público da União, que compreende:
a) o Ministério Público Federal;
b) o Ministério Público do Trabalho;
c) o Ministério Público Militar;
d) o Ministério Público do Distrito Federal e Territórios;
II – os Ministérios Públicos dos Estados.

Todavia, mesmo já tendo decorrido, quando da promulgação da Constituição-Cidadã, quase um século de atuação ininterrupta desde sua criação, o MPC teve sua existência questionada pelo então PGR, após a edição da Lei Orgânica do TCU (nº 8.443/92),[206] na ADI nº 789. Julgada em 26.05.1994, nela se resolveu a questão, conforme ementa do acórdão, relatado pelo Ministro Celso de Mello, *verbis*:

> EMENTA – ADIN – LEI Nº 8.443/92 – MINISTÉRIO PÚBLICO JUNTO AO TCU – INSTITUIÇÃO QUE NÃO INTEGRA O MINISTÉRIO PÚBLICO DA UNIÃO – TAXATIVIDADE DO ROL INSCRITO NO ART. 128, I, DA CONSTITUIÇÃO – VINCULAÇÃO ADMINISTRATIVA A CORTE DE CONTAS – COMPETÊNCIA DO TCU PARA FAZER INSTAURAR O PROCESSO LEGISLATIVO CONCERNENTE A ESTRUTURAÇÃO ORGÂNICA DO MINISTÉRIO PÚBLICO QUE PERANTE ELE ATUA (CF, ART. 73, CAPUT, *IN FINE*)- MATÉRIA SUJEITA AO DOMÍNIO NORMATIVO DA LEGISLAÇÃO ORDINARIA – ENUMERAÇÃO EXAUSTIVA DAS HIPÓTESES CONSTITUCIONAIS DE REGRAMENTO MEDIANTE LEI COMPLEMENTAR – INTELIGENCIA DA NORMA INSCRITA NO ART. 130 DA CONSTITUIÇÃO – AÇÃO DIRETA IMPROCEDENTE.[207]

---

[206] Art. 80. O Ministério Público, junto ao Tribunal de Contas da União, ao qual se aplicam os princípios institucionais da unidade, da indivisibilidade e da independência funcional, compõe-se de um procurador-geral, três subprocuradores-gerais e quatro procuradores, nomeados pelo Presidente da República, dentre brasileiros, bacharéis em direito.

[207] O Ministério Público que atua perante o TCU qualifica-se como órgão de extração constitucional, eis que a sua existência jurídica resulta de expressa previsão normativa constante da Carta Política (art. 73, par. 2, I, e art. 130), sendo indiferente, para efeito de sua configuração jurídico-institucional, a circunstância de não constar do rol taxativo inscrito no art. 128, I, da Constituição, que define a estrutura orgânica do Ministério Público da União.

O Ministério Público junto ao TCU não dispõe de fisionomia institucional própria e, não obstante as expressivas garantias de ordem subjetiva concedidas aos seus Procuradores pela própria Constituição (art. 130), encontra-se consolidado na "intimidade estrutural" dessa Corte de Contas, que se acha investida – até mesmo em função do poder de autogoverno que lhe confere a Carta Política (art. 73, *caput, in fine*) – da prerrogativa de fazer instaurar o processo legislativo concernente a sua organização, a sua estruturação interna, a definição do seu quadro de pessoal e a criação dos cargos respectivos.

Só cabe lei complementar, no sistema de direito positivo brasileiro, quando formalmente reclamada a sua edição por norma constitucional explícita. A especificidade do Ministério Público que atua perante o TCU, e cuja existência se projeta num domínio institucional absolutamente diverso daquele em que se insere o Ministério Público da União, faz com que a regulação de sua organização, a discriminação de suas atribuições e a definição de seu estatuto sejam passíveis de veiculação mediante simples lei ordinária, eis que a edição de lei complementar e reclamada, no que concerne ao Parquet, tão somente para a disciplinação normativa do Ministério Público comum (CF, art. 128, par. 5).

A cláusula de garantia inscrita no art. 130 da Constituição não se reveste de conteúdo orgânico-institucional. Acha-se vocacionada, no âmbito de sua destinação tutelar, a proteger os membros do Ministério Público especial no relevante desempenho de suas funções

Ainda assim, persistiu a atuação, junto a diversas cortes de contas, do MP comum, e não, como sinalizado pelo STF, do MPC. Inúmeras decisões determinaram a cessação de tal oficiar, pela essencialidade da instituição ao controle externo,[208] das quais se destaca a referente ao TCE-MG, proferida na ADI n° 2068, assim ementada:

MINISTÉRIO PÚBLICO – TRIBUNAL DE CONTAS. A teor do disposto no artigo 130 da Constituição Federal, o Ministério Público junto ao Tribunal de Contas consubstancia quadro diverso do Ministério Público comum. Daí a suspensão, no artigo 124 da Constituição do Estado de Minas Gerais – no que preceitua que "o Ministério Público junto ao Tribunal de Contas e do Tribunal de Justiça Militar será exercido por Procurador de Justiça integrante do Ministério Público Estadual" – da expressão "... junto ao Tribunal de Contas e...", isso ante a relevância do pedido formulado, bem como em face do precedente revelado na apreciação de medida acauteladora na Ação Direta de Inconstitucionalidade n° 1.545/SE, relatada pelo Ministro Octavio Gallotti, com acórdão publicado no Diário da Justiça de 24 de outubro de 1997.

Finalmente, depois de reiteradas decisões do STF nesse sentido, tais como as relativas aos TCEs da Bahia, São Paulo e Rio de Janeiro, o CNMP editou, em 2007, a Resolução n° 22, determinando a solução da controvérsia, através da cessação definitiva de exercício de funções ministeriais junto aos tribunais de contas pelo MP de atuação judicial.[209]

---

perante os Tribunais de Contas. Esse preceito da Lei Fundamental da Republica submete os integrantes do MP junto aos Tribunais de Contas ao mesmo estatuto jurídico que rege, no que concerne a direitos, vedações e forma de investidura no cargo, os membros do Ministério Público comum.

[208] Não se está aqui a falar sobre o Ministério Público especial como cláusula pétrea decorrente de sua ligação direta com as Cortes de Contas [...] mas, sim, de um Ministério Público, ele próprio, órgão essencial ao perfeito funcionamento do controle externo incumbindo-lhe a defesa da ordem jurídica, do regime democrático e dos interesses sociais e individuais indisponíveis (CHEKER, Monique. *Ministério Público junto ao Tribunal de Contas*. Belo Horizonte: Fórum, 2009. p. 131).

[209] [...] Art. 1° – Os membros do Ministério Público Estadual que oficiam perante Tribunais de Contas, com atribuições próprias do Ministério Público de Contas, deverão retornar ao Ministério Público Estadual nos seguintes prazos, contados da publicação desta resolução: §2° – No Estado onde não há Ministério Público de Contas criado por lei, o prazo para o retorno é de um ano e meio.
§3° – No Estado onde há Ministério Público de Contas criado por lei, sem, contudo, ter ocorrido o provimento dos respectivos cargos, o prazo para retorno é de um ano.
§4° – No Estado onde há Ministério Público de Contas com os respectivos cargos já providos, o prazo para retorno é de seis meses.

A partir dessa decisão do CNMP, agasalhando a já então pacificada jurisprudência do STF, consolidou-se a instituição do MPC, sendo progressivamente implantado junto aos Tribunais de Contas, estando hoje presente em 32 dos 33 órgãos de controle externo do Brasil. Somente o Tribunal de Contas do Município de São Paulo tem se recusado a implantar o *parquet* especializado no seu âmbito, situação já submetida ao STF pelo PGR, através da ADPF n° 272,[210] na qual é pedido que:

> [...] seja determinado ao Tribunal de Contas do Estado de São Paulo e à Câmara Municipal paulistana que procedam à adequação da legislação municipal ao modelo constitucionalmente estabelecido no que diz respeito à criação e atuação do Ministério Público especial junto ao Tribunal de Contas.

3.5.2 Pelo Poder Legislativo

As vagas com escolha a cargo do Poder Legislativo – seis (no caso do TCU) ou quatro (tratando-se de TCE ou TCM) – não possuem restrição, no perfil do candidato, que não a do preenchimento dos requisitos constitucionais, não decorrendo, do fato de a indicação caber a parlamentares, que deva, necessariamente, ser um deles o contemplado.

Entretanto, pode-se afirmar, mesmo de forma empírica, que essa, historicamente, tem sido a prática dominante. Isso, por si só, não fere qualquer regra expressa, desde que a escolha – repita-se – dê-se em consonância com os requisitos constitucionais.

Como observa Odete Medauar:

---

§5° – Os Procuradores-Gerais de Justiça dos Estados deverão comunicar aos Presidentes dos Tribunais de Contas a cessação das atividades dos membros do Ministério Público Estadual naquelas Cortes, nos termos desta resolução.

§6° – Nos Estados sem Ministério Público de Contas criado por lei, e naqueles onde foram criados mas não foram implementados com o provimento dos respectivos cargos, o Procurador-Geral de Justiça deverá comunicar esta resolução aos Presidentes dos Tribunais de Contas e demais autoridades competentes para a criação e/ou pelo provimento dos cargos do Ministério Público de Contas. [...].

BRASIL. Conselho Nacional do Ministério Público. *Resolução n° 22, de 20 de agosto de 2007.* Determina e estabelece prazos para o fim das atividades dos membros dos Ministérios Públicos Estaduais perante Tribunais de Contas. Disponível em: http://www.cnmp.mp.br/portal_2015/atos-e-normas/norma/490/. Acesso em 14 dez. 2016.

[210] Aguarda julgamento, tendo sido proposta em 05.02.2013 e incluída, em 26.08.2016, na Pauta n° 52 daquela Corte Suprema.

A escolha da maioria dos componentes pelo Poder Legislativo guarda lógica, pois o controle externo cabe a este Poder. No entanto, oferece o risco da reiteração da prática de escolha de políticos pouco interessados na função de controle.[211]

Já em relação aos princípios da impessoalidade e da moralidade, entende-se questionável que possa ficar assegurada sua plena observância ao recair a escolha do Poder Legislativo em um de seus membros. Não parecem prestigiados tais princípios quando um dos encarregados da escolha – já que componente do colegiado ao qual essa incumbe – pode vir a ser, mercê da indicação de seus pares, o próprio escolhido.

Calha analogia com a "quarentena" imposta, exemplificativamente, a membros do Poder Judiciário e do Ministério Público – por três anos –, que ficam impedidos, após aposentadoria ou exoneração, de advogar perante o tribunal ou juízo no qual oficiavam.[212]

A razão dessa restrição a direito se encontra nos princípios constitucionais da Administração Pública, principalmente nos da moralidade e da impessoalidade, potencialmente expostas a lesões decorrentes dos vínculos remanescentes do convívio – de regra, por longo período – entre colegas de toga.

Também cabe invocar o paralelo com o período de seis meses, no serviço público federal, após afastamento do cargo, em que fica configurado conflito de interesses,[213] por exemplo, na conduta de prestar serviço ou aceitar cargo em entidade com a qual o servidor se relacionava *propter officium*.

---

[211] MEDAUAR, Odete. *Direito administrativo moderno*. 12. ed. rev. e atual. São Paulo: Revista dos Tribunais, 2008. p. 156.

[212] Arts. 95, V, e 128, §6º da CF.

[213] Art. 6º Configura conflito de interesses após o exercício de cargo ou emprego no âmbito do Poder Executivo federal: [...]
II – no período de 6 (seis) meses, contado da data da dispensa, exoneração, destituição, demissão ou aposentadoria, salvo quando expressamente autorizado, conforme o caso, pela Comissão de Ética Pública ou pela Controladoria-Geral da União:
a) prestar, direta ou indiretamente, qualquer tipo de serviço a pessoa física ou jurídica com quem tenha estabelecido relacionamento relevante em razão do exercício do cargo ou emprego;
b) aceitar cargo de administrador ou conselheiro ou estabelecer vínculo profissional com pessoa física ou jurídica que desempenhe atividade relacionada à área de competência do cargo ou emprego ocupado;
c) celebrar com órgãos ou entidades do Poder Executivo federal contratos de serviço, consultoria, assessoramento ou atividades similares, vinculados, ainda que indiretamente, ao órgão ou entidade em que tenha ocupado o cargo ou emprego; ou
d) intervir, direta ou indiretamente, em favor de interesse privado perante órgão ou entidade em que haja ocupado cargo ou emprego ou com o qual tenha estabelecido relacionamento relevante em razão do exercício do cargo ou emprego.

Percebe-se, nos dois casos, que os princípios da impessoalidade, especialmente, e da moralidade são acolhidos através das vedações impostas, restringindo-se, temporariamente, os direitos individuais ao acesso a cargos, empregos e funções públicas (CF, 37-I) e ao trabalho (art. 6º da CF).

As situações apresentadas e a da indicação *inter pares* se apresentam análogas, aparentemente. Em todos os casos, ante a possibilidade de ferimento a princípios, deve-se optar, para protegê-los, pela restrição temporária a direitos cujo exercício os exponha a risco.

Assim, analisados os paradigmas da investidura nas cortes de contas, com ênfase no direito positivo em vigor no Brasil, passa-se, no capítulo a seguir, ao estudo das formas – administrativas, normativas e judiciais – de prevenção e repressão da inobservância dos requisitos constitucionais respectivos.

CAPÍTULO 4

CONTROLES DA INVESTIDURA

Inicialmente, importa notar que, das quatro exigências da norma, estudadas no capítulo anterior, ao menos três apresentam considerável grau de indeterminação[214] nos conceitos jurídicos delas constantes, a saber: "idoneidade moral", "reputação ilibada" e "notórios conhecimentos".

Impõe-se, portanto, antes de analisar as possibilidades e formas de controle de sua observância, identificar a eventual incidência de *discricionariedade* à espécie e a efetiva configuração de *conceitos jurídicos indeterminados*.[215]

Não sendo o escopo central deste trabalho a análise mais aprofundada de institutos do direito administrativo – e a discricionariedade é um dos principais[216] –, limitar-se-á, neste introito, a estabelecer

---

[214] Indeterminação que é provocada, na linguagem (não apenas jurídica), pela ambiguidade e vagueza das palavras, características bem diferenciadas por Marcelo Harger: "Vagueza não é o mesmo que ambiguidade. Na ambiguidade, não se sabe exatamente em que sentido se emprega uma certa palavra. Na vagueza, ao contrário, não há dúvidas em relação ao sentido. Sabe-se o sentido, mas não se sabe até onde vai a aplicação da palavra". (HARGER, Marcelo. A discricionariedade e os conceitos jurídicos indeterminados. *Revista dos Tribunais*, São Paulo, v. 756, p. 11-36, out. 1998).

[215] Ou, para alguns, conceitos legais indeterminados, como observa García de Enterría, ao frisar que tais conceitos não são uma construção teórica, mas uma técnica empregada pelas leis, referindo que "algunos autores alemanes prefieren utilizar, en vez de esta fórmula abstractizante de conceptos jurídicos indeterminados, la más específica de *unbestimmte Gesetzesbegriffe*, conceptos 'legales' indeterminados'". (GARCÍA DE ENTERRÍA, Eduardo. *Democracia, jueces y control de la administración*. 5. ed. Madrid: Thomson Civitas, 2000. p. 147).

[216] O mestre espanhol, ao referir que a discricionariedade é, para alguns, o tema central da matéria, cita o administrativista norte-americano Bernard Schwartz, que chegou mesmo a dizer: "*Indeed, what is administrative law about if not the control of discretion?*" (GARCÍA DE ENTERRÍA, Eduardo. *Democracia, jueces y control de la administración*. 5. ed. Madrid: Thomson Civitas, 2000. p. 47, em itálico no original).

conceitos e distinções conectados com a temática abordada, dizente com os atos de investidura nos tribunais de contas. O magistério de Almiro do Couto e Silva, também quanto a este tema, é lapidar. Baseado na doutrina administrativista alemã, conceitua o poder discricionário como o "poder de escolha que, dentro dos limites legalmente estabelecidos, tem o agente do Estado entre duas ou mais alternativas, na realização da ação estatal".[217]

A discricionariedade na edição de ato administrativo (também chamada de poder discricionário do agente administrativo) e a indeterminação de conceito jurídico são categorias relacionadas – confundidas, mesmo, amiúde[218] –, porém distintas,[219] assim como diversos seus campos de aplicação, como ensina o Professor Almiro, apontando Tezner[220] como "quem, primeiro, na verdade, estabeleceu o discrime entre poder discricionário e conceitos jurídicos indeterminados".[221]

Sobre esses, prossegue a lição, o mestre gaúcho, com a assertiva de que o "conceito jurídico indeterminado, exatamente por ser vago e impreciso, pode ser preenchido por vários conteúdos diversos[222] [...]

---

[217] COUTO E SILVA, Almiro Régis Matos do. Poder discricionário no direito administrativo brasileiro. *In*: COUTO E SILVA, Almiro Régis Matos do. *Conceitos fundamentais do direito no Estado Constitucional*. São Paulo: Malheiros, 2015. p. 171.

[218] "[...] encontram-se na doutrina setores importantes que vislumbram nos conceitos jurídicos indeterminados uma espécie de discricionariedade, bem como outros setores, não menos importantes, que rechaçam tal condição". (MAFFINI, Rafael. Discricionariedade administrativa: controle de exercício e controle de atribuição. *Revista Síntese Direito Administrativo*, São Paulo, v. 76, p. 12, 2012).

[219] "O problema da discricionariedade, embora possa conectar-se com os conceitos jurídicos indeterminados, com estes não se confunde, pois apenas certos tipos de conceitos concedem ao administrador uma margem de atuação". (SICCA, Gerson dos Santos. *Discricionariedade administrativa*: conceitos indeterminados e aplicação. Curitiba: Juruá, 2011. p. 155).

[220] Friedrich Tezner, administrativista austríaco que, segundo recorda Sérgio Guerra, estabeleceu debate com seu compatriota Edmund Bernatzik (defensor da incidência de discricionariedade na integração de conceitos jurídicos indeterminados), do qual "remanesce, no Direito, o confronto entre a teoria da multivalência e a teoria da univocidade. A primeira sustenta que, na interpretação e aplicação dos conceitos jurídicos indeterminados, constantes das leis, são possíveis várias decisões certas, confundindo-se com a função discricionária, e a segunda defende que só existe uma única solução correta na interpretação desses conceitos, sendo, portanto, uma variação da função vinculada". (GUERRA, Sérgio. *Discricionariedade, regulação e reflexividade*: uma nova teoria sobre as escolhas administrativas. 3. ed. rev. e atual. Belo Horizonte: Fórum, 2015. p. 51-52).

[221] COUTO E SILVA, Almiro Régis Matos do. Poder discricionário no direito administrativo brasileiro. *In*: COUTO E SILVA, Almiro Régis Matos do. *Conceitos fundamentais do direito no Estado Constitucional*. São Paulo: Malheiros, 2015. p. 175.

[222] Como explica Chaïm Perelman: "Levando em conta a infinita variedade das circunstâncias, o fato de que não é capaz de prever tudo e regulamentar tudo com precisão, admitindo que regras rígidas se aplicam penosamente a situações variáveis, o legislador pode introduzir deliberadamente, no texto da lei, noções com conteúdo variável, vago, indeterminado, tais como a equidade, o razoável, a ordem pública, a falta grave, juiz". (PERELMAN, Chaïm.

em contraste com outros conceitos jurídicos definidos e exatos".[223] Exemplifica, estes últimos, com "velocidade de 80 Km horários" e "prazo de 24 horas". Aqueles, com "falta grave" e "conduta desonrosa" (as quais classifica como conceitos de valor[224] ou normativos); "perigo" e "noite" (enquadrados como conceitos empíricos).

Celso Antônio Bandeira de Mello, em monografia clássica tratando da questão, diferencia a intelecção legal – na atividade interpretativa dos conceitos vagos – do ato volitivo de optar, com base em conveniência e oportunidade (tocantes ao mérito do ato), por uma entre duas ou mais condutas possíveis, embora entenda, conectando os institutos,[225] que "[s]eria equivocado supor que não se propõe questão de discricionariedade ante o tema dos conceitos vagos".[226]

Definindo o conceito jurídico indeterminado como técnica de elaboração normativa, Jessé Torres Pereira Júnior observa que a "tendência, que simplifica a questão e acomoda os controles, é confundir-se o conceito indeterminado com a discrição do agir, supondo ambos defesos à análise por autoridade externa".[227] A isso contrapõe haver "diferença perceptível quando se separam os dois elementos essenciais da estrutura de toda norma, que são o fato e o efeito jurídico atribuído ao fato",[228] para concluir, invocando o magistério de José Carlos Barbosa Moreira, que os "conceitos indeterminados integram

---

As noções com conteúdo variável em direito. *In*: PERELMAN, Chaïm. *Ética e direito*. São Paulo: Martins Fontes, 2005. p. 662).

[223] COUTO E SILVA, Almiro Régis Matos do. *Poder discricionário no direito administrativo brasileiro*. *In*: COUTO E SILVA, Almiro Régis Matos do. *Conceitos fundamentais do direito no Estado Constitucional*. São Paulo: Malheiros, 2015. p. 175.

[224] Em relação aos quais, conforme Regina Helena Costa: "[...] portanto, diante de discricionariedade, o controle judicial é apenas um controle de contornos, de limites, sob pena de, se assim não for, substituir-se a discricionariedade administrativa pela judicial". (COSTA, Regina Helena. Conceitos jurídicos indeterminados e discricionariedade administrativa. *Justitia*, São Paulo, v. 145, p. 53, 1989. Disponível em: http://bdjur.stj.jus.br/jspui/bitstream/2011/25672/conceitos_juridicos_indeterminados_discricionariedade.pdf. Acesso em 28 jan. 2017).

[225] Contrariamente à doutrina de Lúcia Valle Figueiredo, que afirma: "A existência de conceitos indeterminados não traz – e não pode trazer – discricionariedade para o juízo de subsunção. Conceitos indeterminados há que não prescindem, para sua determinação, de certa carga valorativa, como por exemplo, 'estado de necessidade', 'pobre', 'pai de família'". (FIGUEIREDO, Lúcia Valle. *Controle da administração pública*. São Paulo: Revista dos Tribunais, 1991. p. 45).

[226] BANDEIRA DE MELLO, Celso Antônio. *Discricionariedade e controle jurisdicional*. 2. ed. São Paulo: Malheiros, 1993. p. 24.

[227] PEREIRA JUNIOR, Jessé Torres. *Controle judicial da administração pública*: da legalidade estrita à lógica do razoável. 2. ed. Belo Horizonte: Fórum, 2006. p. 69.

[228] PEREIRA JUNIOR, Jessé Torres. *Controle judicial da administração pública*: da legalidade estrita à lógica do razoável. 2. ed. Belo Horizonte: Fórum, 2006.

GERALDO COSTA DA CAMINO
A INVESTIDURA NO TRIBUNAL DE CONTAS

a descrição do fato; a discricionariedade se situa no campo dos efeitos jurídicos do fato".[229]

Já Gustavo Binenbojm entende, após classificar os atos administrativos conforme o grau de sua vinculação à juridicidade, estarem os referentes a nomeações em categoria intermediária, mediando os atos vinculados por regras e os diretamente ligados a princípios:

> [...] *atos vinculados por conceitos jurídicos indeterminados*, [...] por sua vagueza e alto grau de abstração, proporcionam um grau intermediário de vinculação à juridicidade. Em virtude de sua estrutura peculiar, eles exigem *valorações* ou *avaliações técnicas* dos administradores como condição para sua concretização. Assim, ao realizar a escolha de um nome para indicar ao Supremo Tribunal Federal, o Presidente da República deverá avaliar se os seus prediletos, além de terem mais que 35 anos, satisfazem ao binômio *reputação ilibada* e *notório saber*.

Defende o autor, em sequência, que, embora não caiba controle judicial para verificar se "a escolha correta foi feita" (grifo no original), "cumprirá ao juiz, se provocado a fazê-lo, procurar desenhar os círculos da certeza positiva, da certeza negativa e da zona de penumbra[230] ou incerteza, em relação à escolha já feita" (grifo do autor), ficando o julgador restrito a "afastar as soluções manifestamente incorretas".

Assim Karl Engisch, que, com base na doutrina de Phillipp Heck, distingue o núcleo e o halo presentes nos conceitos jurídicos indeterminados, dessa forma os definindo:

> Sempre que temos uma noção clara do conteúdo e da extensão dum conceito, estamos no domínio do núcleo conceitual. Onde as dúvidas começam, começa o halo do conceito. Que numa noite sem luar, pelas vinte e quatro horas, nos espaços não iluminados, domina a escuridão

---

[229] PEREIRA JUNIOR, Jessé Torres. *Controle judicial da administração pública*: da legalidade estrita à lógica do razoável. 2. ed. Belo Horizonte: Fórum, 2006.

[230] "[...] mesmo que vagos, fluidos ou imprecisos, os conceitos utilizados no pressuposto da norma na situação fática por ela descrita, isto é, no 'motivo legal') ou na finalidade, têm algum conteúdo mínimo indiscutível. De qualquer deles se pode dizer que compreendem uma zona de certeza positiva, dentro da qual ninguém duvidaria do cabimento da aplicação da palavra que os designa e uma zona de certeza negativa em que seria certo que por ela não estaria abrigado. As dúvidas só tem cabida no intervalo entre ambas. Isso significa que em inúmeros casos será induvidoso [...] que dado cidadão *tem reputação ilibada ou não a tem; que possui ou não notável saber* [...] (PEREIRA JUNIOR, Jessé Torres. *Controle judicial da administração pública*: da legalidade estrita à lógica do razoável. 2. ed. Belo Horizonte: Fórum, 2006. p. 29).

CAPÍTULO 4
CONTROLES DA INVESTIDURA | 113

na nossa latitude, é uma coisa clara; dúvidas fazem já surgir as horas do crepúsculo.[231]

Mariano Bacigalupo, sobre o tema, ao analisar julgado do Tribunal Supremo espanhol, que desacolheu recurso contra nomeação imotivada de magistrado, constante de lista tríplice, para presidente de tribunal provincial, defendeu a necessidade de motivação[232] [233] de ato discricionário como o examinado.

Esse mesmo autor espanhol, posteriormente, em crítica a uma decisão similar, embora com fundamentação diversa, da mesma corte,[234] referente à nomeação de um membro do MP, cita doutrina alemã acerca

---

[231] ENGISCH, Karl. *Introdução ao pensamento jurídico*. 6. ed. Lisboa: Calouste Gulbenkian, 1988. p. 209.

[232] "[...] una cosa es que en el marco de un determinado procedimiento selectivo la valoración de los méritos alegados por los aspirantes no sea reglada, sino discrecional (como sucede, sin duda, en el caso que nos ocupa, en el que, en efecto, corresponde exclusivamente al CGPJ acordar qué méritos se valorarán y cómo se valorarán; por ejemplo, en los supuestos de provisión discrecional de destinos de la Carrera Judicial no tiene por qué ser el número escalafonal de los aspirantes un mérito determinante o siquiera un mérito a valorar) y otra muy distinta que el CGPJ pueda, a la hora de formular sus propuestas de nombramiento para la provisión de cargos judiciales de designación discrecional, prescindir totalmente de tomar en consideración los méritos alegados por los aspirantes, por entenderse que aquéllas pueden obedecer sólo a motivos de confianza (por cierto, qué tipo de confianza: ¿acaso política, profesional-corporativa, personal?...). [...] parece obvio que para poder determinar si en la selección de los candidatos se han marginado o no los méritos de éstos habrá que conocer qué méritos tomó en consideración el órgano selectivo y cómo los valoró en relación con cada uno de los aspirantes. Es éste, precisamente, el contenido necesario de la motivación exigible en los nombramientos –administrativos o judiciales (distinto es el caso de los nombramientos políticos)– de carácter discrecional (en los que la discrecionalidad, insisto, no radica en poder elegir entre fundar el nombramiento en una valoración de los méritos de los aspirantes o fundarlo sólo en motivos de confianza que ni siquiera resulta necesario exteriorizar, sino tan sólo en el carácter no reglado de aquella valoración, de la que, no obstante ello, en modo alguno cabe prescindir). De ahí que no se pueda compartir la afirmación contenida en la sentencia –verdaderamente sorprendente dado su carácter claramente regresivo respecto de la tónica general (en lo esencial, bastante avanzada) que viene manteniendo la moderna jurisprudencia del Tribunal Supremo en materia de control y motivación del ejercicio de potestades discrecionales [...]". (BACIGALUPO, Mariano. En torno a la motivación de los actos discrecionales emanados de órganos colegiados: ¿Debe el Consejo General del Poder Judicial motivar los nombramientos judiciales de carácter discrecional?. *Revista Española de Derecho Administrativo*, Madrid, n. 107, 2000).

[233] Ainda quanto à imperiosidade de os atos administrativos serem devidamente – leia-se materialmente – motivados, importante o registro da posição de Juarez Freitas: [...] não se aceita motivação débil, pois se exige uma justificação congruente, salvo se se tratar de atos de mero expediente, autodecifráveis e naqueles excepcionais casos em que a Constituição admitir falta de motivação (exemplo: nomeação para cargos em comissão). Todos, porém, devem ser, no mínimo, motiváveis, vale dizer, passíveis de aprovação no teste de racionalidade intersubjetiva, coibida toda e qualquer arbitrariedade, inclusive a do controle. (FREITAS, Juarez. *Direito fundamental à boa administração pública*. 3. ed. ref. e aum. São Paulo: Malheiros, 2014. p. 25).

[234] STS – Sala 3ª, Sección 7ª – de 12 de diciembre de 2000.

dos conceitos jurídicos indeterminados e afirma que "discrecional es también el margen de apreciación del que goza la Administración cuando aplica tales conceptos".[235]

Em sua tese de doutorado, Bacigalupo não diferencia, qualitativamente, os conceitos indeterminados, na sua zona de incerteza, e a discricionariedade. Justifica a assertiva no fato de ambos ocorrerem "en el ámbito del supuesto de hecho normativo"[236] e se tratarem de "operaciones de integración normativa de naturaleza volitiva y no cognitiva".[237]

Cabe referir acórdão do TRF5 – em ACP na qual o MPF pedia que a OAB, nas indicações que lhe competem, referentes ao "quinto" constitucional nos tribunais, fosse compelida a adotar os critérios da promoção por merecimento da Magistratura e do Ministério Público –, no qual foi transcrito parecer do *parquet* em segundo grau, que destaca:

> É bem verdade que a aferição desses dois critérios ("notório saber jurídico" e "reputação ilibada"), de que fala o art. 94 da Constituição Federal, enquanto conceitos jurídicos indeterminados, sempre poderá resvalar numa indesejável subjetividade, quando da escolha do quinto constitucional pela carreira advocatícia, mas o mesmo – e aí a ironia que, irrefletidamente, cerca a proposição do autor da ação – se pode dizer daqueles outros requisitos (desempenho, presteza e produtividade no exercício profissional ou frequência e aproveitamento em cursos oficiais ou de aperfeiçoamento) inerentes à promoção por merecimento dos membros da Magistratura e do Ministério Público, a que faz menção o art. 93, II, "c", CF (já na nova redação da EC n° 45/04). De resto, desse mal igualmente padece, a se invocar um exemplo mais eloquente, a própria escolha dos membros do Pretório Excelso, na medida em que, ao se trabalhar com conceitos igualmente indeterminados, daí advém um juízo discricionário que só ao Chefe do Executivo Federal é dado avaliar, por isso mesmo, de difícil sindicabilidade.[238]

---

[235] BACIGALUPO, Mariano. De nuevo sobre la motivación de los nombramientos discrecionales en las carreras judicial y fiscal. *Diario La Ley*, Madrid, v. 2, Sección Doctrina, Ref. D-61, 2001.

[236] BACIGALUPO, Mariano. *La discrecionalidad administrativa*: estructura normativa, control judicial y límites constitucionales de su atribución. Madrid: Marcial Pons, 1997. p. 204.

[237] BACIGALUPO, Mariano. *La discrecionalidad administrativa*: estructura normativa, control judicial y límites constitucionales de su atribución. Madrid: Marcial Pons, 1997.

[238] BRASIL. Tribunal Regional Federal da 5ª Região. Segunda Turma. *AC n° 465759/CE*. Relator: Desembargador Federal Francisco Barros Dias. Sessão de 18 ago. 2009. *DJe* 8 set. 2009. Disponível em: http://www.trf5.gov.br/archive/2009/09/200781000055672_20090909. pdf. Acesso em 29 jan. 2017.

Na jurisprudência do STF, paradigmático é o voto do Ministro Eros Grau, em questão envolvendo processo administrativo disciplinar que resultara em demissão de servidor público, no qual destacou a desvinculação entre discricionariedade e "interpretação/aplicação" de conceitos indeterminados, para concluir estar esta sujeita a controle judicial, conforme os excertos a seguir:

> [...] a discricionariedade, bem ao contrário do que sustenta a doutrina mais antiga, não é conseqüência da utilização, nos textos normativos, de "conceitos indeterminados". Só há efetivamente discricionariedade quando expressamente atribuída, pela norma jurídica válida, à autoridade administrativa, essa margem de decisão à margem da lei. [...] a discricionariedade resulta de expressa atribuição normativa à autoridade administrativa, e não da circunstância de serem ambíguos, equívocos ou suscetíveis de receberem especificações diversas os vocábulos usados nos textos normativos, dos quais resultam, por obra da interpretação, as normas jurídicas. Comete erro quem confunde discricionariedade e interpretação do direito. [...] Os atos administrativos que envolvem a aplicação de "conceitos indeterminados" estão sujeitos ao exame e controle do Poder Judiciário. "Indeterminado" o termo do conceito – e mesmo e especialmente porque ele é contingente, variando no tempo e no espaço, eis que em verdade não é conceito, mas noção a sua interpretação [interpretação = aplicação] reclama a escolha de uma, entre várias interpretações possíveis, em cada caso, de modo que essa escolha seja apresentada como adequada. [...] sempre, em cada caso, na interpretação, sobretudo de textos normativos que veiculem "conceitos indeterminados" [vale dizer, noções], inexiste uma interpretação verdadeira [única correta]; a única interpretação correta – que haveria, então, de ser exata – é objetivamente incognoscível (é, *in concreto*, incognoscível).[239]

A seu turno, Maria Sylvia Zanella di Pietro, em sua obra monográfica sobre o assunto, examina, a partir da distinção entre conceitos de experiência e conceitos de valor, se em relação a estes se concebe discricionariedade, exemplificando com caso que vem ao encontro do presente estudo:

> Figure-se a hipótese em que a Constituição exige notório saber jurídico para o provimento de determinados cargos. A análise do currículo poderá levar o aplicador da norma a uma zona de certeza, positiva ou

---

[239] BRASIL. Supremo Tribunal Federal. *RMS n° 24699*. Primeira Turma. Relator: Min. Eros Grau. J. em: 30 nov. 2004. *DJ* 1 jul. 2005. Disponível em: http://redir.stf.jus.br/paginadorpub/paginador.jsp?docTP=AC&docID=370238. Acesso em 5 fev. 2017.

negativa, ou, ao contrário, o deixará em uma zona cinzenta, em que reste certa margem de apreciação; neste caso, diante de uma decisão devidamente motivada em razões de razoabilidade ou aceitabilidade, haverá discricionariedade, a ser respeitada pelo Poder Judiciário. São hipóteses em que é maior a dificuldade em definir onde termina a interpretação e começa a discricionariedade. [...] Onde houver simples interpretação, caberá ao Poder Judiciário a palavra final; onde houver discricionariedade, a decisão administrativa será definitiva e não poderá ser invalidada judicialmente.[240]

É a partir desses delineamentos dos institutos envolvidos que se deve abordar o controle das investiduras. Situar a ação dos agentes envolvidos nesse processo, desvelando em que ponto dele, e em que intensidade, incide discricionariedade,[241] ou se mais se está a falar da interpretação de conceitos jurídicos indeterminados,[242] é fundamental para estabelecer a legitimidade e os limites desse mesmo controle.[243]

---

[240] DI PIETRO, Maria Sílvia Zanella. *Discricionariedade administrativa na Constituição de 1988.* 3. ed. São Paulo: Atlas, 2012. p. 119.

[241] Circunstância que, por si só, não impossibilita o controle sobre o ato respectivo, como defendido por Dennis Galligan: "[...] the *accountability*, within the public law model, of officials for their *discretionary* decisions has to be *extended*. [...] supplemented by other devices which increase accountability for the way discretion actually is exercised. [...] The diversity of those devices and techniques can be matched by equally diverse sets of institutions, ranging from Parliament and committees of Parliament, to *administrative tribunals* and officials like the Ombudsman, and to the courts". (GALLIGAN, D. J. *Discretionary powers*: a legal study of official discretion. Oxford: Clarendon, 1986. p. 96. (Grifou-se).

[242] Conceitos cujo emprego pelos juízes, no Brasil, deve ser motivado, de acordo com o art. 489 do novo CPC: "São elementos essenciais da sentença: [...] §1º Não se considera fundamentada qualquer decisão judicial, seja ela interlocutória, sentença ou acórdão, que: [...] II – empregar conceitos jurídicos indeterminados, sem explicar o motivo concreto de sua incidência no caso".

[243] "Quando a discricionariedade administrativa se deixa contaminar pelo patrimonialismo (na sua confusão entre o público e o privado) e pelo personalismo, falha rotundamente. Com efeito, o patrimonialismo personalista, no exercício do poder, é exatamente o maior inimigo do controle da qualidade de fundamentação das decisões administrativas. [...] Não se está a pedir ao Poder Judiciário o controle dos juízos de conveniência propriamente, mas o escrutínio da imparcialidade aberta e da *solidez das motivações obrigatórias*, é dizer, a vigilância quanto aos aspectos jurídicos que dizem respeito à compatibilidade do ato administrativo e de seus impactos com a impessoalidade, a eficiência, a eficácia e a sustentabilidade. Quer dizer, *não se podem admitir*, nesta altura, *ações* (ou omissões) exclusivamente políticas e *imunes ao controle*, seja porque se vincula o administrador aos motivos que ofertar e seja porque existem enviesamentos que costumam infirmar a impessoalidade de partida". (FREITAS, Juarez. *Direito fundamental à boa administração pública.* 3. ed. ref. e aum. São Paulo: Malheiros, 2014. p. 48. (Grifou-se).

CAPÍTULO 4
CONTROLES DA INVESTIDURA | 117

A distinção[244] entre discricionariedade e indeterminação de conceitos jurídicos é importante, também, para, como leciona Andreas Krell:

> [...] mostrar que muitos atos discricionários da Administração Pública brasileira permitem e merecem um maior controle por parte dos tribunais, especialmente as decisões que estão baseadas na interpretação de conceitos normativo-objetivos e de experiência.[245]

Rumo ao final desse item vale mais uma vez a lição de Bacigalupo, que, ao tratar das nomeações de livre designação em cargos públicos, observou, em face das omissões da lei a que se referia:

> [...] el único control posible es negativo, es decir, un control limitado a la comprobación de si el nombramiento ha infringido o no derechos de terceros o principios constitucionales o generales del Derecho, tales como la interdicción de la arbitrariedad o los principios de igualdad, mérito y capacidad (control del ejercicio de la potestade discrecional).[246]

Conclui-se o ponto afirmando: a escolha do nomeado é discricionária; vinculada, porém, é a escolha[247] do conjunto de pessoas elegíveis para tal nomeação. É dizer, a autoridade nomeante pode escolher qualquer pessoa, desde que esta integre o leque de possíveis alternativas

---

[244] Novamente, convém trazer a lume o magistério de Rafael Maffini, que, após oferecer, dentre os exemplos de conceitos jurídicos indeterminados o notório saber e a conduta ilibada, assevera: "Não se podendo confundir uma escolha com uma interpretação, também não se apresenta possível a confusão entre a discricionariedade e os conceitos jurídicos indeterminados. [...] no que diz com conceitos jurídicos indeterminados, tratando-se de questão de interpretação jurídica (não de escolha administrativa), o controle jurisdicional tem a plena sindicabilidade da correção de tal interpretação, por se tratar de questão de validade da ação administrativa". (MAFFINI, Rafael. *Elementos de direito administrativo*: atualizado até a Lei nº 13.303/2016 – Estatuto das Estatais. Porto Alegre: Livraria do Advogado, 2016. p. 71-72).

[245] KRELL, Andreas J. *Discricionariedade administrativa e conceitos legais indeterminados*: limites do controle judicial no âmbito dos interesses difusos. 2. ed. rev., atual. e ampl. Porto Alegre: Livraria do Advogado, 2013. p. 51.

[246] BACIGALUPO, Mariano. De nuevo sobre la motivación de los nombramientos discrecionales en las carreras judicial y fiscal. *Diario La Ley*, Madrid, v. 2, Sección Doctrina, Ref. D-61, 2001.

[247] Ou, tomando emprestadas as precisas palavras do Ministro Paulo Brossard, "a nomeação dos membros do Tribunal de Contas pelo Governador do Estado não é ato discricionário, mas ato administrativo vinculado a determinados critérios, quais sejam: ser brasileiro de comprovada idoneidade e notório saber. A esses critérios está vinculado o Governador do Estado, que se não observados fica sujeito à correção judicial". (BRASIL. Supremo Tribunal Federal. *RE nº 167137/TO*. Segunda Turma. Relator Min. Paulo Brossard. Sessão de 18 out. 1994. DJ 25 nov. 1994. Disponível em: http://redir.stf.jus.br/paginadorpub/paginador. jsp?docTP=AC&docID=216383. Acesso em 16 nov. 2016).

a seu alcance. Leque balizado pelos princípios[248] e pelos requisitos que as condicionam, ainda que sob a indeterminação dos conceitos jurídicos que os definem (aos requisitos). Estes serão concretizados no confronto casuístico entre a interpretação a ser a eles dada e os atributos do indicado, os quais devem, sim, ser sindicados,[249] como hipótese fática que constituem.

4.1 Controle preventivo

Entende-se por controle preventivo aquele conjunto de medidas, especialmente as tomadas no âmbito dos parlamentos e dos tribunais de contas, que visam a, em estabelecendo normas e procedimentos, prevenir a ocorrência de desrespeito aos requisitos constitucionais para investidura nas cortes.

4.1.1 Editais de vacância e chamamento

Tem-se como primeira medida no sentido de controle dos requisitos a expedição de edital, por parte do Poder ao qual incumba a indicação à vaga aberta, de cientificação de vacância e chamamento de postulantes à vaga, no qual já seja informado o rol de exigências para provimento do cargo, bem como explicitada a respectiva forma de comprovação.

---

[248] Conforme a lição de Patrícia Baptista: "Os princípios, segundo Oscar Dias Vilhena, permitem uma densificação do ambiente decisório do administrador, em decorrência da imposição de pautas de valoração a serem seguidas. Operam, por isso, de modo muito mais eficaz no controle da Administração do que as tentativas, em regra baldadas, de supressão do espaço discricionário pela regulação excessiva e minuciosa do comportamento dos agentes do Estado. [...] Na inexistência de uma norma precisa ou dentro dos limites por esta estabelecidos, julgador e administrador encontram-se, ainda assim, vinculados e limitados à aplicação dos princípios". (BAPTISTA, Patrícia. *Transformações do direito administrativo*. Rio de Janeiro: Renovar, 2003. p. 91).

[249] Submetidos ao princípio da realidade, como aponta a doutrina de Diogo de Figueiredo Moreira Neto: "Sob o padrão da realidade, os comandos da Administração, sejam abstratos ou concretos, devem apresentar sempre condições objetivas de serem efetivamente cumpridos em favor da sociedade a que se destinam". (MOREIRA NETO, Diogo de Figueiredo. *Legitimidade e discricionariedade*: novas reflexões sobre os limites e controle da discricionariedade 3. ed. rev. e atual. Rio de Janeiro: Forense, 1998. p. 54).

4.1.1.1 Piauí

O Poder Legislativo do Piauí fez constar de seu Regimento Interno, no art. 217, que, aberta vaga no Tribunal de Contas, a Assembleia "publicará edital destinado à habilitação dos interessados", o que ocorreu pela vez primeira em 2015.[250]

---

[250] A MESA DIRETORA DA ASSEMBLEIA LEGISLATIVA DO ESTADO DO PIAUÍ, conforme o disposto no art. 88, §1º da Constituição Estadual; art. 218, parágrafo único; art. 219 e seus parágrafos, do Regimento Interno (Resolução 429, de 15 de dezembro de 2010), informa a quem interessar possa que se encontra aberta a inscrição de habilitação de candidato para preenchimento de 1 (uma) vaga para o cargo de Conselheiro do Tribunal de Contas do Estado do Piauí, conforme cronograma:
I – recebimento de inscrição: 27.03.2015 à 15.04.2015
II – requisitos básicos:
a) ser brasileiro;
b) possuir mais de trinta e cinco e menos de sessenta e cinco anos de idade;
c) ser portador de idoneidade moral e reputação ilibada;
d) possuir saber jurídico, contábil, econômico, financeiro ou de administração pública;
e) possuir mais de dez anos de exercício de função pública relevante ou de efetiva atividade profissional, que exija conhecimentos mencionados na alínea anterior.
III – Documentação exigida no ato da inscrição: a) Cópia do documento de identificação com validade em todo território nacional; b) Cópia da inscrição no Cadastro de Pessoa Física, se este não vier identificado no documento de identidade; c) Comprovante de quitação com o serviço militar, se o candidato for do sexo masculino; d) Currículo completo, acompanhado da respectiva documentação que comprove mais de dez anos de exercício de função pública relevante ou de efetiva atividade profissional; e) Cópia de comprovante de residência; f) Cópia da última declaração anual de ajuste do imposto de renda e declaração de bens do candidato.
IV – DAS DISPOSIÇÕES FINAIS a) No ato da inscrição o interessado deverá apresentar currículo por ele assinado, acompanhado da respectiva documentação exigida neste edital, no horário das 8:00 às 14:00 horas, na Secretaria Geral da Mesa Diretora da Assembléia Legislativa do Estado do Piauí;
b) Após análise pela Comissão, composta por 02 procuradores da ALEPI e 02 Deputados, todos indicados pelo Presidente da Assembléia, designada para auxiliar os serviços da Mesa Diretora, esta decidirá sobre o deferimento ou não das candidaturas registradas, no prazo de 05 (cinco) dias, após o termino das inscrições;
c) No caso de indeferimento de candidatura, o interessado prejudicado poderá interpor recurso, perante a Mesa Diretora, no horário das 08:00h às 14:00h, no prazo de 03 (três) dias, a contar da publicação, no Diário da Assembléia Legislativa e no Diário Oficial do Estado do Piauí, do ato da Mesa que apreciou as candidaturas registradas;
d) A Mesa Diretora, no prazo de 02 (dois) dias, emitirá ato final nominando os candidatos aptos a participarem da sabatina do certame;
e) A divulgação da relação definitiva dos candidatos inscritos e aptos a concorrerem ao cargo de Conselheiro do Tribunal de Contas do Estado do Piauí – TCE/PI será publicada no Diário da Assembléia Legislativa, no Diário Oficial do Estado do Piauí e no site: www.alepi.pi.gov.br;
f) O Presidente da ALEPI, na forma do art. 219 do Regimento Interno deste Poder Legislativo, marcará sessão especial, com antecedência mínima de 02 (dois) dias, a ser divulgada no site da ALEPI (www.alepi.pi.gov.br), não podendo a sessão especial ocorrer nos dias de sexta, sábado, domingo e feriados, para argüição dos candidatos cuja candidatura foi deferida;
g) A argüição será feita na ordem estabelecida por sorteio, procedendo-se, em seguida, à votação, em escrutínio secreto e cédula única;

4.1.1.2 Alagoas

Em 2012, uma vez aberta vaga de Conselheiro no TCE de Alagoas, a Assembleia Legislativa fez publicar "Edital de Convocação", tornando pública a vacância e convocando os interessados que se considerassem detentores dos requisitos para a investidura à inscrição para arguição pública naquele Poder Legislativo.

Os candidatos considerados aptos seriam, de acordo com o regramento estampado no Edital, submetidos à escolha dos deputados, em sessão pública extraordinária, convocada exclusivamente para tal finalidade.

4.1.2 Regulamentos

A necessidade de regular os procedimentos de investidura dos membros das cortes, notadamente o de posse perante os tribunais, foi reconhecida pela própria ATRICON. A entidade associativa, que congrega nacionalmente ministros e conselheiros, orientou-os no sentido de não "dar posse àquele que for indicado para os cargos de Ministro ou Conselheiro que não preencha os requisitos constitucionais".[251] Essa é uma de suas diretrizes de controle externo, as quais, embora não tenham caráter vinculante em face dos órgãos integrados por seus associados,

---

h) Será escolhido o candidato que obtiver a maioria absoluta dos votos;
i) Não alcançando nenhum dos candidatos, a maioria absoluta dos votos, será feito novo escrutino com os dois candidatos mais votados, processando-se a escolha por maioria simples;
j) Em caso de empate, a escolha recairá no mais idoso; [...].

[251] 20. Recusar-se a dar posse àquele que for indicado para os cargos de Ministro ou Conselheiro que não preencha os requisitos constitucionais, especialmente os seguintes:
a. os parâmetros definidos no art. 1º da Lei Complementar nº 64/1990, com a redação dada pela Lei Complementar nº 135/2010, como condição mínima de reputação ilibada e idoneidade moral;
b. a apresentação, juntamente com o curriculum, de certidão dos distribuidores criminais das Justiças Federal, Estadual ou do Distrito Federal e Militar dos lugares em que haja residido nos últimos 5 (cinco) anos; de folha de antecedentes da Polícia Federal e da Polícia Civil Estadual ou do Distrito Federal, onde haja residido nos últimos 5 (cinco) anos; e de declaração de que não teve contas julgadas irregulares por Tribunal de Contas do País;
c. comprovação de mais de dez anos de exercício de função ou de efetiva atividade profissional que exija os notórios conhecimentos jurídicos, contábeis, econômicos e financeiros ou de administração. (ASSOCIAÇÃO DOS MEMBROS DOS TRIBUNAIS DE CONTAS DO BRASIL. *Resolução ATRICON nº 03/2014*. Diretrizes de controle externo. Composição, organização e funcionamento dos Tribunais de Contas do Brasil: adequação ao modelo constitucional. Disponível em: http://www.atricon.org.br/wp-content/uploads/2014/08/ANEXOUNICO_RESOLUCAOATRICON_-03-2014.pdf. Acesso em 2 nov. 2016).

cumprem importante papel uniformizador de procedimentos, sendo usualmente observadas.

4.1.2.1 Tribunal de Contas do Estado do Rio Grande do Sul

No âmbito da corte de contas gaúcha, logo após o oferecimento de representação do MPC contra posse de conselheiro nomeado após indicação da Assembleia Legislativa, foi editada a Resolução n° 874/2009, visando a regulamentar "os procedimentos relativos à comprovação dos requisitos de posse no cargo de Conselheiro do Tribunal de Contas e o procedimento de elaboração das listas tríplices de que trata o artigo 73, §2°, inciso I, da Constituição Federal".[252]

4.1.2.2 Rio de Janeiro – Regimento Interno da Assembleia Legislativa

O Poder Legislativo fluminense estabeleceu, regimentalmente, sistemática para processamento de escolha dos membros do TCE-RJ que lhe cabe indicar, inclusive determinando a publicação de "edital para recebimento dos nomes dos postulantes".[253]

---

[252] [...] Art. 1° Antes de ser dada posse no cargo de Conselheiro do Tribunal de Contas do Estado, o empossando deverá comprovar, no prazo previsto no artigo 7° da Lei Estadual n° 11.424/2000, o atendimento aos requisitos contidos no §1° do artigo 73 da Constituição Federal, a serem verificados pela Presidência do Tribunal.
§1° O requisito constante no inciso I será satisfeito pela apresentação de documento hábil a comprovar a idade do empossando.
§2° O requisito constante no inciso II será satisfeito pela apresentação de certidões forenses, do domicílio do empossando, no âmbito estadual e federal, e, quando exigível, por aquela competente para processamento em face de prerrogativa de foro, comprobatórias da inexistência de condenação criminal ou restrição para o exercício de função, no âmbito da Justiça Eleitoral.
§3° Os requisitos constantes nos incisos III e IV serão satisfeitos pela apresentação de certidões comprobatórias fornecidas pelo órgão de controle do exercício de atividade profissional ou o órgão ou entidade onde foi exercida a função. [...] (RIO GRANDE DO SUL. Tribunal de Contas. *Resolução n° 874, de 2009*. Publicada em 8 out. 2010. Regulamenta os procedimentos relativos à comprovação dos requisitos de posse no cargo de Conselheiro do Tribunal de Contas e o procedimento de elaboração das listas tríplices de que trata o artigo 73, §2°, inciso I, da Constituição Federal. Disponível em: http://www1.tce.rs.gov. br/aplicprod/f?p=50202:4NOP4_CD_LEGISLACAO:304327. Acesso em 2 nov. 2016).

[253] Art. 241 – Na forma do inciso II do §2° do art. 128 da Constituição do Estado, a escolha para nomeação dos Conselheiros do Tribunal de Contas obedecerá às seguintes normas:
I – recebido o expediente de comunicação de existência de vaga(s), a Mesa Diretora o publicará no prazo de até cinco dias úteis;

4.1.2.3 Câmara dos Deputados. PEC nº 329/2013[254]

Tramitam inúmeras Propostas de Emenda à Constituição pretendendo dispor sobre a composição dos Tribunais de Contas, desde as que instituem concurso público[255] para o provimento de seus cargos às que suprimem a vitaliciedade em sua ocupação para introduzir o mandato[256] em seu desempenho.

Destaca-se, pela pertinência da abordagem quanto aos requisitos para investidura, a PEC nº 329/2013, de autoria do Deputado Francisco Praciano, que, a fim de objetivar minimamente a aferição da idoneidade moral e da reputação ilibada, veda a escolha de cidadãos inelegíveis nos

---

[254] II – decorrido o prazo de trinta dias, a contar da publicação de que trata o inciso anterior, a Mesa Diretora publicará edital para recebimento dos nomes dos postulantes, acompanhados das provas de habilitação profissional exigidas pela Constituição do Estado, durante o prazo de dez dias úteis;
III – decorrido o prazo de até cinco dias úteis após o recebimento das postulações, a Mesa Diretora, em reunião especificamente marcada, processará os pedidos, distribuindo-os entre seus membros para relatar, excetuando-se o Presidente;
IV – os relatores designados apresentarão seus pareceres no prazo de três dias úteis; [...]
IX – no prazo de até quinze dias úteis, decorridos do maior prazo de que trata o Inciso VII, será realizada sessão especial para eleição pelo Plenário do(s) nome(s) indicados pela Mesa Diretora, com a tomada nominal de voto em aberto, cabendo discussão, encaminhamento de votação e justificação de voto na forma regimental;
X – O(s) nome(s) do(s) escolhido(s) será(ão) encaminhado(s) ao Governador no prazo de até cinco dias úteis, para nomeação(ões).

[254] [...] Aproximadamente 25% dos membros dos Tribunais de Contas estaduais não possuem a formação adequada para exercer a função. Mas o problema mais grave, porém, é o estreito vínculo mantido e cultivado entre muitos dos membros nomeados para essas Cortes e as forças políticas responsáveis pelas suas nomeações. Estudo elaborado pelo Instituto Ethos, intitulado Sistema de Integridade nos Estados Brasileiros, identifica na falta de independência dos colegiados dos Tribunais de Contas elemento de comprometimento da boa governança nos Estados brasileiros. De acordo com recentes matérias jornalísticas publicadas em grandes veículos de comunicação do país, cerca de 15% dos Conselheiros brasileiros são investigados por crimes ou atos de improbidade. (BRASIL. Câmara dos Deputados. *Proposta de Emenda à Constituição nº 329, de 2013*. Altera a forma de composição dos Tribunais de Contas; submete os membros do Ministério Público de Contas ao Conselho Nacional do Ministério Público – CNMP e os Conselheiros e Ministros dos Tribunais de Contas ao Conselho Nacional de Justiça – CNJ e dá outras providências. Disponível em: http://www.camara.gov.br/proposicoesWeb/fichadetramitacao?idProposicao=597232. Acesso em 3 nov. 2016). [...].
II – idoneidade moral e reputação ilibada, sendo vedada a escolha de quem tenha sido condenado, em decisão transitada em julgado ou proferida por órgão judicial colegiado, pelos crimes e atos que tornem o cidadão inelegível para cargos públicos, conforme definido na lei complementar a que se refere o §9º do art. 14 desta Constituição Federal; [...].
IV – mais de dez anos de exercício de função ou de efetiva atividade profissional que exija formação em nível superior em área de conhecimento mencionada no inciso anterior. [...].

[255] Na Câmara dos Deputados, por exemplo, as PECs de nºs 205/2012, 303/2013 e 339/2013. No Senado Federal, as numeradas como nº 52/2015, 7/2014 e 15/2007.

[256] Como a PEC nº 276/2016, na Câmara dos Deputados.

termos da lei complementar referida pelo art. 14, §9º, da Constituição (hoje consolidada na LC nº 135/2010, chamada de "Lei da Ficha Limpa"). Assim, "quem tenha sido condenado, em decisão transitada em julgado ou proferida por órgão judicial colegiado, pelos crimes e atos que tornem o cidadão inelegível para cargos públicos", não poderá, se aprovada a PEC, ser investido nos cargos de Ministro e Conselheiro de Tribunal de Contas.

No entender do proponente da alteração constitucional, conforme consta da justificação da PEC, o problema mais grave em relação à investidura nos Tribunais de Contas "[...] é o estreito vínculo mantido e cultivado entre muitos membros nomeados [...] e as forças políticas responsáveis pelas suas nomeações".

4.1.2.4 Senado Federal. Projeto de Resolução nº 44, de 2007[257]

A partir da constatação da inexistência de critérios para aferição do atendimento, por parte dos indicados para os cargos submetidos à aprovação do Senado, dos requisitos constitucionais para o seu exercício,

---

[257] Insere parágrafos no art. 383 do Regimento Interno do Senado Federal para prever as informações a serem colhidas pelas comissões, sobre os indicados para exercer os cargos de que trata o art. 52, III e IV, da Constituição.
[...] §1º As informações obtidas na forma dos incisos I a IV do caput destinam-se a fornecer elementos de convicção aos membros da comissão sobre:
I – a observância, pelo candidato, dos requisitos constitucionais e legais específicos para o exercício do cargo;
II – a compatibilidade entre as atribuições e responsabilidades do cargo a ser provido e a experiência profissional e acadêmica do candidato, bem como sua capacidade técnica;
III – a idoneidade moral do candidato e a inexistência de impedimentos de ordem ética ao exercício do cargo para o qual foi indicado;
IV – a qualidade da atuação anterior do indicado no cargo, quando se tratar de recondução.
§2º A votação na comissão somente terá início quando, encerrada a argüição, as informações prestadas forem consideradas, pela maioria de seus membros, suficientes ao esclarecimento do colegiado sobre a matéria constante do §1º deste artigo". (NR) [...]
JUSTIFICAÇÃO
[...] o desiderato do Constituinte de 1988, quando houve por bem submeter à apreciação do Senado Federal a escolha de determinadas autoridades realizada pelo Chefe do Poder Executivo. Ora, não há sentido em atribuir a esta Casa tal múnus, senão para possibilitar o efetivo controle das indicações, de modo a se evitar a nomeação de pessoas que não preencham os requisitos de capacidade técnica e idoneidade moral necessários ao exercício de elevadas funções no Estado brasileiro. [...] Assim, a comissão incumbida de ofertar parecer à indicação deverá colher dados que permitam a seus membros formar juízo acerca: (i) da observância, pelo candidato, dos requisitos constitucionais e legais específicos para o exercício do cargo; (ii) da compatibilidade entre as atribuições e responsabilidades do cargo a ser provido e a experiência profissional e acadêmica do candidato, bem como sua capacidade técnica; (iii) da idoneidade moral do candidato e da existência ou não de impedimentos de ordem ética ao exercício do cargo para o qual ele é indicado; (iv) da qualidade da atuação anterior do indicado no cargo, quando se tratar de recondução.

foi proposto Projeto de Resolução para incluí-los no Regimento Interno daquela casa.

Merecem ser registradas as menções ao exame da "compatibilidade entre as atribuições e responsabilidades do cargo a ser provido e a experiência profissional e acadêmica do candidato, bem como sua capacidade técnica", e ao escrutínio da "idoneidade moral do candidato e da existência ou não de impedimentos de ordem ética ao exercício do cargo".

4.1.2.5 Câmara dos Deputados. Proposta de Decreto Legislativo nº 1580, de 2014[258]

A proposta inova em relação aos aspectos éticos incidentes na investidura nos Tribunais de Contas ao estabelecer – provavelmente

---

BRASIL. Senado Federal. *Projeto de Resolução nº 44, de 2007*. Insere parágrafos no art. 383 do Regimento Interno do Senado Federal para prever as informações a serem colhidas pelas comissões, sobre os indicados para exercer os cargos de que trata o art. 52, III e IV, da Constituição. Disponível em: http://www25.senado.leg.br/web/atividade/materias/-/materia/82105. Acesso em 28 nov. 2016.

[258] "§2º Para fins do disposto no art. 73, §1º, incisos II, III e IV da Constituição Federal serão:
I – considerados, no mínimo, os critérios objetivos fixados pelo órgão de que trata o art. 103-B da Constituição Federal para ingresso na magistratura nacional, sem prejuízo de outros critérios necessários à apuração da idoneidade moral e da reputação ilibada e demais requisitos essenciais ao exercício da função judicante na esfera de controle externo definidos neste Decreto Legislativo e na legislação concernente;
II – exigidos mais de dez anos de exercício de função ou de efetiva atividade profissional que requeira notórios conhecimentos jurídicos, contábeis, econômicos e financeiros ou de administração pública, mediante, inclusive, comprovação de, pelo menos, conclusão de graduação ou pós-graduação nas respectivas áreas específicas.
§3º Observado o disposto no art. 93, inciso I da Constituição Federal, o Conselho Federal da Ordem dos Advogados do Brasil e até três representantes da sociedade civil participarão da audiência de arguição pública obrigatória de que trata este Decreto Legislativo.
JUSTIFICAÇÃO
Este anteprojeto de decreto legislativo foi elaborado pela Associação Nacional dos Auditores de Controle Externo dos Tribunais de Contas do Brasil (ANTC) [...] Há consenso de que o processo de indicação e escolha dos membros das Cortes de Contas carece de aperfeiçoamento, constituindo uma das principais demandas da sociedade civil. Atualmente, tramitam no Congresso Nacional algumas Propostas de Emenda Constitucional para alterar o artigo 73. O clamor por esse aperfeiçoamento está consignado na 9ª Diretriz mais votada do Caderno que reúne as 80 propostas selecionadas na 1ª Conferência Nacional de Transparência e Controle Social (CONSOCIAL) realizada em 2012, evento que mobilizou diretamente mais de 150 mil cidadãos representados por cerca de 1,2 mil delegados na etapa nacional, que ocorreu em Brasília entre 18 e 20 de maio de 2012. A Diretriz se refere à 'Prevenção da Corrupção', por meio da qual os cidadãos pedem o fortalecimento dos órgãos de controle mediante "mudanças de critérios para a indicação de conselheiros dos tribunais de contas da União e dos estados".
BRASIL. Câmara dos Deputados. *Proposta de Decreto Legislativo nº 1580, de 2014*. Altera o Decreto Legislativo nº 6, de 1993, que regulamenta a escolha de Ministros do Tribunal de Contas da União pelo Congresso Nacional. Disponível em: http://www.camara.gov.br/proposicoesWeb/prop_mostrarintegra?codteor=1287613&filename=PDC+1580/2014. Acesso em 28 nov. 2016.

CAPÍTULO 4
CONTROLES DA INVESTIDURA | 125

buscando substrato nos §§3° e 4° do art. 73 da Constituição[259] – os mesmos critérios utilizados pelo CNJ para ingresso na magistratura nacional.[260] Já quanto aos aspectos técnicos, o projeto pretende que a comprovação[261] dos notórios conhecimentos, dentre outros meios, não prescinda da apresentação de diploma de graduação ou pós-graduação nas áreas de conhecimento elencadas.

4.1.2.6 Rio Grande do Sul. Assembleia Legislativa. Projeto de Resolução n° 22, de 2009[262]

Referida proposta, que não logrou aprovação, previa a institucionalização de prática que vige informalmente, pelo que se

---

[259] Que equiparam (em termos de garantias e impedimentos, por exemplo), ministros e auditores do TCU a, respectivamente, ministros do STJ e juízes de TRF.

[260] Resolução n° 75, de 12 de maio de 2009: "Art. 5° O concurso desenvolver-se-á sucessivamente de acordo com as seguintes etapas: [...] III – terceira etapa – de caráter eliminatório, com as seguintes fases:
a) sindicância da vida pregressa e investigação social; [...]".

[261] Ou, mais apropriadamente, *a demonstração* dos notórios conhecimentos, já que, como se aponta neste trabalho, a publicidade é inerente ao atributo da notoriedade.

[262] "Art. 223-A As quatro indicações para a função de Conselheiro do Tribunal de Contas do Estado que competem à Assembléia Legislativa do Estado nos termos do §2° do art. 73 da Constituição Federal, obedecerão aos requisitos previstos nos incisos I, II, III e IV do §1° do art. 73, combinado com o art. 75, da Constituição Federal, e também aos seguintes critérios:
I – observância do princípio da representação pluripartidária entre as quatro Bancadas que tiverem obtido maior número de votos na última eleição da legislatura em que ocorrer vacância de cargo de Conselheiro;
II – fica vedada a indicação de mais de uma representação de Bancada partidária;
III – fica vedada a indicação de representação de Bancada partidária que já tenha indicado Conselheiro que componha o Tribunal de Contas do Estado".
Justificativa [...] Ocorre que não há no Regimento Interno desta Casa, e nem em nenhuma outra legislação, critérios que norteiem as indicações que competem à Assembléia Legislativa. O Poder Legislativo é composto por Deputados que representam o povo rio-grandense, eleitos pelo sistema proporcional. Os Deputados eleitos constituem Bancadas parlamentares que representam Partidos Políticos no Parlamento, as quais, respeitada a proporcionalidade, possuem prerrogativas, direitos e obrigações estabelecidos no Regimento Interno. Então, a proposta que se apresenta busca dar transparência às indicações que competem à Assembleia Legislativa. Adota-se o critério da representação popular estabelecida pelas urnas em cada eleição. Foi este o acordo que norteou a escolha da Presidência da Assembléia Legislativa na atual legislatura. [...] Assim, a proposta que se apresenta mantém a tradição desta Casa nas indicações para o TCE, mas confere transparência ao processo com respeito à representação pluripartidária na composição do órgão. De outra parte, cabe ressaltar que a proposta não determina que a indicação recaia sobre Deputados Estaduais, podendo recair sobre outras pessoas que também tenham reconhecida competência técnica e experiência administrativa. A proposta permite que possam ser contemplados tanto agentes políticos que atendam aos requisitos constitucionais, quanto outros cidadãos que também se enquadrem nessas exigências. Ademais, a indicação na forma proposta não afasta a necessidade de comprovação dos requisitos constitucionais para o cargo de Conselheiro do TCE e nem a argüição pública, a qual devem se submeter os indicados, na forma estabelecida pela Constituição e pelo

noticia,[263] há longo tempo, consistente no rodízio, entre partidos com representação significativa na Assembleia Legislativa, de indicações ao Tribunal de Contas. Não se verifica justificativa lógica para que assim se proceda. Ainda que se veja a indicação como compreendida no espaço de discricionariedade reservado aos deputados, ela deve satisfazer todos os requisitos constitucionais.

A se manter a praxe de as nomeações contemplarem os próprios parlamentares responsáveis pela escolha, impõe-se reflexão acerca dos efeitos que adviriam da repartição das mesmas entre as maiores bancadas da Assembleia Legislativa. Não é crível que tal se prenda à necessidade, porventura identificada por alguns, de se pretender replicada nos Tribunais a correlação de forças políticas reinante no Parlamento, o que implicaria indevida instrumentalização da função de controle, em ofensa ao dever de prestar contas e, via reflexa, ao princípio republicano.

Situação assemelhada à cogitada anteriormente foi detectada por García de Enterría na esfera pública espanhola, identificando-a com um tipo de clientelismo,

> [...] especialmente a través de la tendencia de los *partidos* dominantes a *penetrar* todos los ámbitos de la vida estatal y social [...] en los sucesivos *niveles de la Administración*, hasta haberse consolidada una verdadera *regresión de la independencia, neutralidad y objetividad* de los *funcionarios*, hoy gobernados en buena parte más que por la regla constitucional del 'mérito y capacidad' (art. 23), por el criterio de la *'confianza' política,*

Regimento Interno desta Casa. Desta forma, a proposta busca a evitar que a ausência de transparência e de critérios objetivos para a composição do Tribunal de Contas venham a abalar sua credibilidade. A proposta visa precipuamente ao fortalecimento de Instituição tão importante para o Estado. [...].

[263] A julgar por notícia publicada no jornal Correio do Povo, de Porto Alegre, em 15.06.2011, que diz: "O acordo para incluir no regimento interno da Assembleia o critério de rodízio entre as quatro maiores bancadas para a indicação de conselheiros ao Tribunal de Contas do Estado (TCE) poderá ser assinado hoje, desde que o governador Tarso Genro atenda aos apelos do PDT. Pelo acordo informal que vigora atualmente na Casa, onde o PT é historicamente excluído do processo, o PDT nomearia o deputado Adroaldo Loureiro para a vaga do conselheiro Victor Faccioni, que se aposentará nos próximos meses. Contudo, com a assinatura do novo acordo, o PT, por ser a maior bancada, será incluído no sistema de rodízio e fará a primeira indicação, tomando o espaço que seria dos pedetistas". (CORREIO DO POVO. *PDT espera indicação de Loureiro ao TCE*. 15 jun. 2011. Disponível em: http://www.correiodopovo.com.br/Noticias/?Noticia=305338. Acesso em 13 fev. 2017).

CAPÍTULO 4
CONTROLES DA INVESTIDURA | 127

desde el *ingreso* a la provisión de cargos y a la *promoción* de carrera.[264] (Sem grifos no original).

Conclui, o grande administrativista, afirmando que essa prática é também perceptível em relação a órgãos constitucionais configurados a partir da premissa de independência substancial em sua atuação, como o Conselho Geral do Poder Judiciário e o Tribunal Constitucional, "con la tendencia, no amparada ciertamente en la Constitución, de *imponer en su composición el sistema de cuotas de partidos*".[265] (Grifou-se).

4.1.2.7 Mato Grosso. Assembleia Legislativa. Projeto de Resolução nº 120/2015[266]

O Parlamento mato-grossense, se aprovado o projeto em tela, disporá de critérios dotados de relativa objetividade para valorar os atributos dos candidatos a conselheiro do TCE. No terreno ético, serão exigidas certidões negativas criminais e de improbidade, bem como dos cartórios de protestos. Quanto ao viés técnico, deverão ser

---

[264] GARCÍA DE ENTERRÍA, Eduardo. *Democracia, jueces y control de la administración*. 5. ed. Madrid: Thomson Civitas, 2000. p. 93-94.

[265] GARCÍA DE ENTERRÍA, Eduardo. *Democracia, jueces y control de la administración*. 5. ed. Madrid: Thomson Civitas, 2000. p. 95.

[266] Art. 353-A a escolha do Conselheiro do Tribunal de Contas do Estado a que se refere o art. 49 da Constituição Estadual, obedecerá o seguinte: [...]
Art. 353-B – O requerimento de que trata o inciso II do artigo anterior deverá ser instruído com:
I – "curriculum vitae" simplificado;
II – cópia de documentação pessoal;
III – certidões negativas de ações criminais da justiça comum e da Justiça Federal do domicílio e da residência do candidato;
IV – certidões negativas dos cartórios de protestos ou do distribuidor do domicílio e da residência do candidato;
V – estudos, publicações técnicas, títulos, entre outros, relativos à área de conhecimento do candidato ou comprovante de atuação como agente público em qualquer esfera do poder público por prazo igual ou superior a 4 (quatro) anos;
VI – certidão de improbidade.
Parágrafo único – Recebido o requerimento pela Mesa da Assembléia, esta analisará os documentos referidos neste artigo e, atendidos os requisitos estabelecidos no §1º do art. 49 da Constituição do Estado, deferirá aquele cuja documentação esteja completa. [...]
Art. 353-D o parecer da Comissão de Constituição e Justiça e Redação deverá ser conjunto com todos os pedidos de indicação e será colocada em ordem do dia, para deliberação do Plenário.
§1º – Havendo mais de 2 (dois) candidatos, os 2 (dois) mais votados no primeiro escrutínio submeter-se-ão ao segundo escrutínio, decidindo-se a escolha por maioria simples de votos.
§2º – Em caso de empate, a escolha recairá sobre o candidato mais idoso.

juntados "estudos, publicações técnicas, títulos, entre outros", capazes de demonstrar a notoriedade dos conhecimentos exigidos.

4.2 Controle repressivo

Como controle repressivo se quer representar o elenco das medidas, sejam aquelas encetadas ainda durante os procedimentos de investidura, sejam as procedidas após os mesmos, destinadas a corrigir vícios neles detectados.

4.2.1 Intraprocedimental

A primeira forma de controle do atendimento dos requisitos constitucionais é a intraprocedimental, assim entendida, como sugere o nome, aquela que se dá no curso dos procedimentos de indicação, aprovação da escolha, nomeação e posse do postulante a cargo de membro de Tribunal de Contas.

4.2.1.1 Impugnações

Ao longo do *iter* referido, quer mediante previsão normativa, quer com base no direito constitucional de petição, qualquer cidadão pode impugnar, motivadamente, o nome de postulante à magistratura de contas, cabendo ao órgão ou autoridade a que se tenha dirigido a impugnação, com ou sem previsão normativa específica, respondê-la, também com a devida motivação, mantendo a indicação ou a afastando.

4.2.1.2 Manifestações do MPC

Sendo o fiscal da lei perante o Tribunal de Contas, deve o *parquet* especializado tomar as medidas cabíveis para que também na investidura dos membros da corte perante a qual oficia seja a ordem jurídica respeitada. Exemplos dessa atuação são as (1) representações para que o tribunal não dê posse a nomeado que não preencha os requisitos e (2) pareceres em processos de admissão nos quais se requeira a desconstituição do ato de posse dado por irregular.

CAPÍTULO 4
CONTROLES DA INVESTIDURA | 129

4.2.1.2.1 Rio Grande do Sul. Representação contra posse de conselheiro

Em 2009, tendo sido escolhido um deputado estadual para vaga de conselheiro, foi o mesmo submetido à respectiva sabatina na Assembleia Legislativa. Questionado acerca dos princípios constitucionais da administração pública, insculpidos, como cediço, no *caput* do art. 37 da Carta, nada disse. Tal fato, aliado à ausência de notoriedade dos conhecimentos exigidos para o cargo, levou o MPC a representar[267] contra a sua posse.

4.2.1.2.2 Espírito Santo. Parecer em processo de admissão de conselheiro

Mesmo concretizada a posse do membro do Tribunal de Contas, é possível, ainda, o controle de sua juridicidade em sede de processo na própria corte, quando da apreciação, para fins de registro, do respectivo ato de admissão. Assim, opinando pela negativa de registro ao ato, o

---

[267] IV – Por fim, é de se referir a recente iniciativa da Corte de Contas no sentido de regulamentar o processo de verificação do atendimento dos requisitos constitucionais para ingresso no Colegiado de Contas por parte de nomeado para a eventual vaga.

O instrumento é valioso, pois contribui para a transparência do procedimento e auxilia na compreensão da impositiva observância dos pressupostos estabelecidos pela Constituição Federal, ainda que se entenda que a deliberação do Egrégio Plenário tenha resultado em normativo insuficiente para o fim esperado. Tal circunstância, porém, certamente provocará a elaboração de novos estudos e proposições visando ao aprimoramento da medida.

De qualquer forma, é de se ressaltar que a existência de regulação interna do Tribunal de Contas do Rio Grande do Sul, em termos cuja adequação pode ser questionada, ou mesmo a sua ausência, não afasta a obrigatoriedade do atendimento aos requisitos constitucionais relativos ao provimento de vaga no Conselho. Tampouco inviabiliza a verificação devida, que, no caso, sobressai sem maior esforço investigativo evidenciando o desatendimento aos requisitos exigidos para o preenchimento da vaga existente.

V – Importa considerar, nesse contexto, o claro desatendimento aos comandos constitucionais pertinentes à escolha de membro da Corte de Contas, constituindo o *fumus boni juris*, e as implicações danosas ao estado de direito, bem como ao Erário, decorrentes da consumação do processo de escolha, caracterizando o *periculum in mora*, a demandar a atuação diligente e precavida da Autoridade encarregada da prática do ato de posse do indicado à vaga de Conselheiro.

VI – Isto posto, o Ministério Público de Contas requer a Vossa Excelência que:

1º) cautelarmente, suspenda a Sessão Especial de posse, marcada para o dia 16.12.2009, até que seja possível ao Colegiado iniciar e concluir exame da indicação do Senhor Marco Peixoto para a vaga de Conselheiro do Tribunal de Contas;

2º) submeta à apreciação do Egrégio Plenário a indicação do Senhor Marco Peixoto para a vaga de Conselheiro do Tribunal de Contas, para que se delibere no sentido de que não restaram atendidos os requisitos constitucionais exigidos para a titulação do cargo, negando-se, em definitivo, posse ao nomeado.

MPC pugnou pelo seu desfazimento, em face da inobservância dos requisitos constitucionais[268] da idoneidade moral e da reputação ilibada para a investidura.

---

[268] "[...] ação de improbidade administrativa [...] ainda em trâmite, na qual o senhor Sérgio Manoel Nader Borges é acusado de perceber R\$30.000,00 como pagamento por seu voto para assegurar a reeleição de José Carlos Gratz à Presidência da Assembleia Legislativa, valor este proveniente de recursos públicos desviados em esquema fraudulento de aquisição de créditos tributários de ICMS entre Samarco Mineração S/A e Escelsa. Observa-se, também, surpreendentemente, que Sérgio Manoel Nader Borges restou condenado por ato de improbidade administrativa pelo Juízo da 1ª Vara da Fazenda Pública Estadual de Vitória, cuja sentença veio a ser confirmada pelo egrégio Tribunal de Justiça do Estado do Espírito Santo [...] A condenação supra é decorrência da comprovação de que o Conselheiro recebeu indevidamente valores de diárias para manter apoio ao então Presidente da Assembleia Legislativa para reconduzir-se neste cargo. Esses fatos, por si só, são suficientes para demonstrar que o Sr. Sérgio Manoel Nader Borges não atende à exigência de idoneidade moral e reputação ilibada, consoante preceitua o art. 74, §1°, "b", da Constituição Estadual c/c art. 73, §1°, da Constituição Federal, o que torna o ato de nomeação absolutamente nulo. [...] Como já asseverado em linhas acima, respeitada a independência e autonomia institucional, todos os Poderes e Órgãos atores intervenientes no processo de escolha de ministro e conselheiro do tribunal de contas devem avaliar a observância dos requisitos legais e constitucionais para investidura no cargo. Assim, efetuada a escolha (Poder Legislativo) e/ou indicação (Poder Executivo) e nomeação (Poder Executivo, em regra) do ministro ou do conselheiro, faz-se também necessário, para fins de registro, o exame da legalidade do respectivo ato de admissão pelo Tribunal de Contas, consoante art. 71, III, da Constituição Federal, haja vista que nenhuma situação foi excepcionada. O conjunto de normas transcrito, interpretado à luz dos princípios de hermenêutica constitucionais acima citados, permite inferir que, ainda que a nomeação de um ministro ou conselheiro de tribunal de contas decorra de um procedimento complexo, envolvendo mais de um Poder – independentes e autônomos – o ato de nomeação deve passar pelo crivo do tribunal de contas para exame de sua legalidade, inclusive no tocante à avaliação dos requisitos exigíveis para o exercício do cargo, entre eles idoneidade moral, reputação ilibada, notórios conhecimentos jurídicos, contábeis, econômicos e financeiros ou de administração pública. [...] tendo em vista a máxima de que não pode existir contradição entre normas constitucionais e a de que uma norma constitucional não invalida outra de mesma estatura, conclui-se que, embora o ato de nomeação e posse do conselheiro já lhe garanta uma série de direitos, tais como a percepção da remuneração, a contagem do tempo de serviço, o período aquisitivo de férias, a condição de servidor público para fins penais entre outros (efeitos preliminares ou prodrômicos), não lhe confere a vitaliciedade prevista no art. 95, II, da CF, pois se trata de efeito típico do ato, que só é produzido pela concessão de registro pelo tribunal de contas, que lhe dará eficácia absoluta. [...] Assim sendo, negado o registro ao ato, mister o seu desfazimento pela autoridade nomeante, cessando-se, imediatamente, todos os seus efeitos, bem assim a declaração de vacância do cargo, porquanto não gozava, ainda, o Conselheiro da aludida vitaliciedade. [...]". (ESPÍRITO SANTO. Ministério Público de Contas. 2ª Procuradoria Especial de Contas. *Parecer MPC n° 1515/2014*. Manifestação no Processo TC n° 9098/2013. Admissão de Conselheiro no TCE. Emissores Procuradores Luís Henrique Anastácio da Silva, Luciano Vieira e Heron Carlos de Oliveira. 2014. Disponível em: http://www.mpc. es.gov.br/wp-content/uploads/2014/07/Parecer-MPC-1515-2014-no-processo-TC-9098-2013-Admiss%C3%A3o-S%C3%A9rgio-Borges.pdf. Acesso em 4 dez. 2016).

4.2.2 Extraprocedimental

Após esgotados os meios intraprocedimentais – ou mesmo em paralelo à sua implementação –, restam medidas judiciais capazes de restabelecer a legalidade na composição dos tribunais de contas. A esse feixe de medidas, portanto, deu-se, aqui, a denominação de controle extraprocedimental de investidura.

4.2.2.1 Ação Civil Pública (ACP)

Usualmente proposta pelo MP judicial, por vezes em litisconsórcio com o MPC, a ACP ataca os atos em desacordo com os requisitos constitucionais, em face, no mais das vezes, de ofensa aos princípios da moralidade e da impessoalidade. Referidas ações buscam provimento jurisdicional para o desfazimento de tais atos, como a seguir se exemplifica.

4.2.2.1.1 Amapá

No estado do Amapá, o MP ajuizou ACP contra nomeação de conselheiro que respondia a diversos processos em juízo. O *parquet*, a partir desse fato, apontava como ausentes, em relação ao magistrado de contas, os atributos da idoneidade moral e da reputação ilibada. Indeferida a liminar em primeiro grau, em sede de agravo a desembargadora relatora concedeu a tutela antecipada recursal, em decisão que destacou o alto nível das exigências morais para a ocupação do cargo de conselheiro.[269]

---

[269] [...] Assim, idoneidade moral ratifica que o seu detentor goza de um conjunto de atributos que o recomendam à consideração pública afetos à respeitabilidade, dignidade, honra, honestidade e correção, os quais, por sua vez, lhe conferem a reputação imaculada. Dessa forma, ao consultar o nome de Michel Houat Harb, popularmente conhecido como Michel JK, no sistema de gestão processual eletrônica, vislumbrei que este é réu em uma Ação Penal originária dessa Corte [...] cuja denúncia, que imputa o cometimento dos crimes de peculato, lavagem de dinheiro, falsidade ideológica e formação de quadrilha, já foi recebida pelo Tribunal Pleno. Além disso, é réu nas Ações Civis Públicas por Ato de Improbidade Administrativa nº [...], nº [...] e nº [...], sendo que, neste último, já foi condenado pelo Juízo da 6ª Vara Cível e de Fazenda Pública. O conjunto de tais ações, com certo grau de cognição judicial, em uma delas inclusive exauriente, ainda que não transitadas em julgado, embora não seja fundamento para afastar a presunção de inocência, tem força satisfatória para, no mínimo, colocar em xeque a idoneidade moral e reputação do cidadão, cujo nome foi indicado e aprovado para o cargo. Saliento que não é a intenção desta Relatora lançar juízo prejudicial sobre o indicado à composição da Corte de Contas, nem tratá-lo como se culpado fosse nas ações acima enumeradas, pois, assim, incorreria em ofensa patente ao princípio

Posteriormente, foi a decisão suspensa pelo então Presidente do STF, Min. Ricardo Lewandowski,[270] com a invocação da "aplicação do princípio da presunção de inocência à esfera extrapenal".[271]

4.2.2.1.2 Rio Grande do Norte

Na ACP, o MPRN postulou o afastamento cautelar do cargo de conselheiro e a anulação dos atos de escolha, nomeação e posse do demandado, uma vez que o mesmo, por contar com ao menos 23

---

da presunção de inocência. Entretanto, o cargo em exame deve ser ocupado por cidadão brasileiro que possua notório zelo pela probidade administrativa [...] Não é que se exija do Conselheiro uma conduta que não desse azo a críticas ou suspeitas, mas enquanto agente político, em carreira típica de Estado, submete-se a exame mais acurado, com requisitos mais rígidos e detalhados, decorrentes, inclusive, das vantagens, prerrogativas e deveres que exercerá. Desse modo, a condição jurídica daquele que compõe o Tribunal de Contas, que desempenha um papel estrutural no Estado, não pode ser comparada aos dos servidores públicos em geral, os quais cumprem papel instrumental, daí porque a norma constitucional exige muito mais do que a primariedade ou a inexistência de ações judiciais transitadas em julgado contra si para o desempenho da função. Requer, além disso, idoneidade moral e reputação ilibada. Nesse ponto, friso que a Constituição não é permeada de termos levianos ou inúteis, todas as suas normas têm uma finalidade estrita, de forma tal que é possível concluir que há patente diferença nas consequências jurídicas da aplicação do princípio da presunção de inocência e dos conceitos jurídicos indeterminados ora em exame. [...] Aliás, a título de argumentação secundária e inerente a uma reflexão de proporcionalidade no caso concreto, ainda que a medida evidenciasse eventual afastamento do princípio da presunção da inocência, tal situação ocorreria em decorrência da preponderância do princípio da moralidade administrativa e da supremacia do interesse público primário, acobertada pelo Poder Geral de Cautela que é dado ao Julgador. Assim, com tais fundamentos, concedo parcialmente a tutela antecipada recursal, para determinar que o Tribunal de Contas se abstenha de dar posse a Michel Houat Harb no cargo de Conselheiro daquele Tribunal, até o julgamento do mérito do presente recurso ou da Ação de origem. (Grifou-se). AMAPÁ. Tribunal de Justiça. *AI nº 1613-75.2015.8.03*. Câmara única. Relatora: Desª. Stella Simonne Ramos. Decisão interlocutória de 16 out. 2015. *DJE* nº 000189/2015, 19 out. 2015.

[270] Na SL nº 936, julgada em 16.05.2016, assentando que "o Plenário deste Supremo Tribunal, no julgamento da ADPF 144/DF, reafirmou sua orientação jurisprudencial no sentido da aplicação do princípio da presunção de inocência à esfera extrapenal, de modo a impedir a aplicação, pelo Poder Judiciário, de medidas restritivas de direito, em processos penais e não penais, anteriormente ao trânsito em julgado da decisão condenatória, ressalvadas, é claro, as exceções constitucionalmente previstas, que não se aplicam ao presente caso". (BRASIL. Supremo Tribunal Federal. *SL nº 936*. Presidência. Prolator: Min. Ricardo Lewandowski. Decisão 12 maio 2016. *DJ* 16 maio 2016. Disponível em: http://www.stf.jus.br/portal/jurisprudencia/listarJurisprudencia.asp?s1=%28SL%24%2ESCLA%2E+E+936%2 ENUME%2E%29+E+S%2EPRES%2E&base=basePresidencia&url=http://tinyurl.com/ns6bn2s. Acesso em 4 dez. 2016).

[271] Em aparente contradição com o que decidido por aquela corte, três meses antes, pela relativização de tal princípio ao admitir prisão após decisão de segundo grau em sentença penal condenatória, restrição evidentemente mais gravosa que a do direito a ocupar determinado cargo público.

CAPÍTULO 4
CONTROLES DA INVESTIDURA | 133

(vinte e três) processos/procedimentos instaurados em seu desfavor, não preencheria os requisitos de idoneidade moral e reputação ilibada.

Argumentou, a promotora de justiça signatária, que, orientada pela moralidade administrativa, "a legitimidade para ocupar um cargo de fiscal das contas públicas pressupõe um agente político isento, íntegro, que esteja livre de qualquer tipo de desonra comprometedora do exercício lídimo de suas funções".[272]

4.2.2.1.3 Rio de Janeiro

O MP/RJ ajuizou ACP atacando, por vício de nulidade, em face da não comprovação de idoneidade moral e reputação ilibada, o ato de nomeação de ex-deputado estadual para o cargo de Conselheiro do TCE daquele estado. Foi concedida medida liminar que determinou ao Presidente do Tribunal de Contas que se abstivesse de dar posse ao nomeado. Os processos foram, então, reunidos por conexão. No mérito, a sentença foi procedente, declarando nulo o respectivo decreto de nomeação de José Leite Nader, mantida em grau de apelação. Todavia, em sede de embargos infringentes, foi a mesma reformada, assegurando-se posse ao ex-deputado, com o argumento, dentre outros, de que "o controle judicial não abrange os atos pelos quais os demais poderes desempenham as suas funções próprias e típicas, que são funções políticas".[273]

4.2.2.2 Ação Popular (AP)

Mercê do crescente engajamento da população no controle social[274] da administração pública, também em relação à investidura nos tribunais de contas, cada vez mais frequentemente, cidadãos – individualmente

---

[272] RIO GRANDE DO NORTE. Ministério Público. *Ação Civil Pública*. Disponível em: http:// www.mp.rn.gov.br/controle/file/a%C3%A7%C3%A3otcedoc.pdf. Acesso em 4 fev. 2017.

[273] Excerto de transcrição do acórdão, citado na decisão do então Presidente do STF, Ministro Marco Aurélio, em 15.08.2002, ao indeferir o pedido de suspensão formulado pelo MP/RJ na Pet n° 1508.

[274] De fundamental papel no Estado de Direito Democrático, a merecer constante estímulo por parte dos Poderes, mesmo não se ignorando que, como adverte Ingeborg Maus, "o controle, também, dos inúmeros atos estatais isolados [...] simplesmente extrapola qualquer capacidade imaginável de atenção ou até participação dos cidadãos ativos. Não existe substituto para o controle da atuação estatal através de premissas decisórias gerais de legislação democrática". (MAUS, Ingeborg. *O direito e a política*: teoria da democracia. Belo Horizonte: Del Rey, 2009. p. 185).

ou em grupo, por iniciativa própria ou catalisados por organizações da sociedade civil –, têm ajuizado ações populares no resguardo da moralidade administrativa. Exemplifica-se a seguir:

4.2.2.2.1 TCU

Em 2004, após indicação, em vaga no Tribunal de Contas da União destinada à escolha pelo Congresso Nacional, suscitou-se controvérsia tal que até o então Presidente daquela Corte anunciou,[275] publicamente, que não daria posse ao nomeado para o cargo de Ministro, por não considerar atendidos os requisitos de investidura estabelecidos pela Constituição Federal.

Ocorrera, então, a escolha de Senador que respondia perante o Supremo Tribunal Federal por suspeita de desvio de financiamento do Banco Nacional de Desenvolvimento Econômico e Social – BNDES – para empresa de sua família, de acordo com denúncia oferecida pela PGR.

A indicação do Senado Federal, afinal não confirmada pela Câmara dos Deputados, provocou fortes reações. Uma delas, a propositura de Ação Popular, na qual foi concedida liminar, sendo digno de destaque o trecho da decisão que vai transcrito a seguir:

> [...] Nesse prumo, a primeira consideração que se faz é acerca da possibilidade de o Poder Judiciário aferir a presença, ou, ao contrário, a ausência dos requisitos previstos no citado §1º do art. 73 da CF/88.
> Sendo ato vinculado, o Judiciário, quando provocado, inclusive por ação popular, não só pode como deve aferir a existência dos requisitos expressamente exigidos pela norma constitucional. Essa exigência, por expressa, é vinculada e deve ser obrigatoriamente observada pelos envolvidos no processo de escolha.
> Repita-se: outro não pode ser o comportamento dos agentes envolvidos no processo de escolha que não indicar alguém que detenha todos os

---

[275] Conforme matéria "Presidente do TCU critica apressada reforma política", veiculada no sítio de notícias *clicRBS*, em 27.06.2005: "O presidente do TCU também informou que não dará posse ao senador Luís Otávio (PMDB-Pará), que foi indicado pelo Senado a uma vaga no Tribunal. O senador está sendo acusado de desviar dinheiro público no seu Estado e sua indicação fere a Constituição. – Não pretendo dar posse porque fere a Constituição. Há problemas ali no que se refere a parte ética e que é uma exigência constitucional. E ele está sendo processado no Supremo Tribunal Federal e no TCU". (MOTTA, Adilson. *Presidente do TCU critica apressada reforma política 27 maio 2005*. Disponível em: http:// www.clicrbs.com.br/especiais/jsp/default.jsp?newsID=a886150.htm&template=3847. dwt&section=Not%EDcias&espid=23. Acesso em 21 fev. 2017).

requisitos expressamente exigidos no referido dispositivo constitucional. [...].

É *possível o aferimento*, no caso concreto, se o aplicador da norma agiu dentro dos *limites* que lhe foram conferidos para *aplicar a norma* que contém, em sua hipótese, um *conceito indeterminado*. E esse aferimento se dá com *a análise objetiva dos pressupostos fáticos* relacionados, ou subsumidos, à norma, como, inclusive, já foi dito pelo STF.[276] (Grifou-se).

4.2.2.2.2 Distrito Federal

Após a deflagração, em 2009, pela Polícia Federal, da Operação Caixa de Pandora (investigação sobre suposto esquema de corrupção no Governo do Distrito Federal), foi ajuizada ação popular contra a investidura como conselheiro do TCDF de um dos investigados. A sentença declarou a nulidade dos atos de indicação, aprovação, nomeação e posse,[277] em face do desatendimento do requisito de idoneidade moral, por fatos, à época de sua indicação, ainda desconhecidos publicamente.

---

[276] Processo n° 2003.34.00.029866-8.

[277] O caso em análise não consiste precisamente em determinar se o réu Domingos Lamoglia de Sales Dias teria, de fato, cometido os delitos que lhe são imputados, pois a presente via acionária não é o meio adequado para tanto, mormente se considerada a existência, nesta 2ª Vara da Fazenda Pública do Distrito Federal, de Ação de Improbidade Administrativa para tanto (autos n° 188.322-4/2011). A questão refere-se, sim, à ocorrência, à época da indicação, nomeação e posse do indigitado demandado, de fatos que poderiam atribuir a qualidade de "não idôneo" ao réu, malferindo assim tanto o disposto no art. 82, §1°, da LODF, quanto o preceito igualmente textual delineado no art. 37, caput, da Constituição Federal, no que se reporta aos princípios que regem a Administração Pública, isso sem olvidar do disposto no art. 73, §2°, do Texto Magno, relativamente aos requisitos objetivos indispensáveis à validade do ato administrativo de nomeação respectiva, quais sejam a nacionalidade brasileira, o critério etário, e, quanto ao mais, os requisitos deontológicos da idoneidade moral e reputação ilibada, ao lado de outros elementos de ordem técnica como conhecimento jurídico, contábil, econômico e financeiro, sem olvidar da demonstração da prática do exercício de 10 (dez) anos de função ou efetiva atividade profissional que demande a utilização dos conhecimentos acima mencionados. [...]. No caso em exame, no entanto, os atos de indicação, nomeação e posse do réu Domingo Lamoglia ao referido cargo deram-se de modo bastante peculiar, demonstrando pouco apego às formalidades legais indispensáveis a sua higidez. Em 22 de setembro de 2009 foi comunicada a vacância de um cargo de Conselheiro do TCDF (fl. 143). No dia 23 de setembro de 2009 (fl. 784), o demandado fora sabatinado na Comissão de Constituição e Justiça e na Comissão de Economia e Orçamento da CLDF, tendo sido a nomeação aprovada no Plenário da Câmara Legislativa no dia 24 do mesmo mês, logo, um dia após. No dia 25 subsequente deu-se a publicação formal do decreto legislativo que consubstanciou dita nomeação, na mesma data da posse. O detalhe é que no dia 24 do mesmo mês foi autuado o Inquérito Policial antecedente da Ação Penal n° 707/DF (2009/0188666-5), como consta no sítio informatizado do STJ (fls. 420 a 466) (https://ww2.stj.jus.br/processo/pesquisa/?num_registro=20090188665), atribuindo ao mencionado réu a prática de atos gravíssimos que atentam contra a moralidade administrativa e os valores propugnados nos artigos 5°, inc. LXXIII e 37, caput, ambos da Constituição Federal, imputando ao réu Domingos Lamoglia de Sales Dias a prática dos delitos penais adiante alinhados. [...].

4.2.2.2.3 Santa Catarina

Em face da assunção, por um dentista, de cargo de conselheiro do TCE-SC, foi proposta ação popular imputando ao nomeado o não atendimento do requisito de notórios conhecimentos. A respectiva sentença[278] destacou a essencialidade dos conhecimentos técnicos para o cargo.

A vinculação atual do réu Domingos Lamoglia a processo criminal que versa sobre crimes que têm como sujeito passivo o interesse primário da Administração Pública, notadamente quanto à defesa do erário, demonstra que não poderia ele ter sido considerado idôneo para o efeito de sua nomeação ao elevado Cargo de Conselheiro do TCDF, pois naquela época já estava envolvido, ao menos indiciariamente, juntamente com outros atores da "Operação Caixa de Pandora", no mais grave episódio de corrupção de que se tem notícia no âmbito do Governo do Distrito Federal. [...]. Demais disso, é bom sublinhar a existência de duas situações jurídicas distintas, sendo a primeira delas a reveladora da posição do réu, em tese, em um processo criminal e suas prerrogativas constitucionais, dentro de uma percepção garantista; a outra, bastante diferente e inconfundível com a primeira, é a questão alusiva aos requisitos necessários, previstos na Constituição Federal e na LODF, para que alguém possa ser nomeado e empossado em um Tribunal de Contas, órgão colegiado a quem foi incumbida a relevantíssima prática dos atos de controle da legitimidade e legalidade da gestão administrativa dos poderes constituídos. Assim, com respaldo na argumentação acima expendida e diante dos elementos probatórios coligidos aos autos, notadamente os constantes às fls. 148-171, 173, 174-220, 221-418, 419-466, 468-579, 580-706, 743, 784 (mídia) e 1453-1460 (este último tratando-se de cópia de depoimento de testemunha ouvida nos autos do processo nº 188.322-4/2011, trazida aos autos pelo próprio advogado do réu), pode-se afirmar que a permanência do demandando Domingos Lamoglia de Sales Dias no cargo de Conselheiro do TCDF, além de atentatória à moralidade pública, é espúria, por ter sido gerada por ato absolutamente inválido, cuidando-se de caso de inegável nulidade. Por isso, o pedido inicial deve ser julgado procedente. Assim sendo, julgo o pedido procedente para: 1) declarar a nulidade dos atos de indicação, aprovação, nomeação e posse do réu Domingos Lamoglia de Sales Dias ao cargo de Conselheiro do Tribunal de Contas do Distrito Federal; 2) condenar o réu à devolução dos valores por ele recebidos a título de subsídios e demais vantagens pecuniárias, a contar da data de seu afastamento do TCDF, como for apurado por cálculos. (DISTRITO FEDERAL. Segunda Vara da Fazenda Pública. *Ação Popular nº 14911-0/2014.* Juiz de Direito Álvaro Ciarlini. Julgada em: 18 dez. 2014. Disponível em: http://www.tjdft.jus.br/institucional/imprensa/noticias/arquivos/sentenca-domingos-lamoglia. Acesso em 29 nov. 2016).

[278] 7. Um dentista foi nomeado para ser Conselheiro do Tribunal de Contas. Estava na faculdade e lia nos livros de direito constitucional uma passagem que era tida por bizarra: médico fora, no começo da República, nomeado para o Supremo Tribunal Federal. Isso ilustrava porque se passara a exigir que os tais magistrados tivessem "notável saber jurídico" para assumir o posto. Barata Ribeiro, hoje é mais lembrado por nominar rua no Rio de Janeiro, mas teve seu nome recusado pelo Senado por não ter conhecimentos jurídicos, ainda que já estivesse no exercício do cargo. [...] *O cargo de conselheiro não reclama apenas tirocínio.* Pessoas de boa índole e argutas existem às mancheias. Mas a posição discutida é muito técnica. [...] Na rotina funcional em Varas da Fazenda (são quase 17 anos com essa competência exclusiva) tenho que ler rotineiramente decisões do Tribunal de Contas. E como é angustiante compreender os pareceres que os precedem, as auditorias realizadas e mesmo as deliberações do colegiado do TCE! São coisas intangíveis, em sua maioria, para um leigo. Por isso que a Constituição Federal, ao falar dos ministros que compõem o Tribunal de Contas da União, exige que tenham "notórios conhecimentos jurídicos, contábeis, econômicos e financeiros ou de administração pública". A defesa sustenta que,

4.2.2.2.4 Espírito Santo

Interessante discussão se deu acerca da nomeação de agente político para o TCE-ES. À época de sua investidura, o conselheiro em questão não respondia a ação penal. Após anos de exercício do mesmo no cargo, entretanto, o MPF ofereceu notícia-crime ao STJ, referente a fatos anteriores à posse do denunciado no TCE. A Corte Superior concluiu pelo arquivamento da notícia, em função de reconhecer a prescrição da pretensão punitiva.

Ainda assim, com base em "prova emprestada" daqueles autos, o julgador da ação popular proposta contra o conselheiro considerou os fatos neles referidos como bastantes para afastar a idoneidade moral e a reputação ilibada do membro da corte de contas. A sentença,[279] advinda

---

tendo exercido muitos cargos públicos, o réu é expert nas questões de administração pública. Não é verdade. Inexiste, o que é certo, a exigência de nenhuma formação especial para o exercício de quaisquer dos cargos desempenhados anteriormente pelo réu. Bastava ser alfabetizado. Não se exigiam prerrogativas em especial porque naquelas situações (no Poder Executivo ou no Poder Legislativo) era suficiente realmente a escolha popular, ou a nomeação pelo Chefe do Poder Executivo. Lá poderia estar qualquer um. Grosso modo, basta ter idade bastante e gozo dos direitos políticos para ser prefeito, vereador, secretário ou deputado. É evidente que isso traria, depois, experiência de vida e mesmo profissional ao titular do cargo. Mas nem de longe o converteria em um especialista nessas áreas. Não fosse assim, um rábula poderia ser juiz, do mesmo modo que um dedicado servidor do Poder Judiciário, sem ser formado em Direito, poderia ansiar ser ministro do Supremo Tribunal Federal. A Constituição deseja alguém que tenha aptidão técnica. Isso, hoje, é revelado, antes de mais nada, pela *titulação superior na área* correspondente. É simplesmente impossível que *alguém que não tenha o adestramento* nas áreas antes nominadas possa desempenhar de forma autêntica as atribuições que lhe serão exigidas. *Ou se limitará a opinar nos casos em que surjam debates de índole mais genérica, ou se limitará a seguir um voto alheio ou a referendar o que órgãos de assessoramento fizeram*. A pessoa, dito de outro modo, deve ser formada em direito, contabilidade, economia ou administração pública. Não se pode presumir que um dentista tenha conhecimentos bastantes para tais misteres. Ele apenas poderá compreender os debates quando houver as questões políticas de praxe, que levarão não a um julgamento imparcial, mas à eleição de critérios pessoais de decisão. Não casualmente, o art. 73 da Constituição dita quanto aos ministros do TCU (e isso vale para os TCEs) "mais de dez anos de exercício de função ou de efetiva atividade profissional que exija os conhecimentos" mencionados. (Grifou-se).

[279] Nesse contexto, observa-se que a gravação feita pelo interlocutor no caso concreto (Sr. Silvério) teria sido, em tese, prova suficiente para, de acordo com recente posicionamento jurisprudencial, ensejar a condenação criminal do Requerido Marcos Miranda Madureira. Não quero com isso dizer que estou revendo o mérito criminal do fato, até porque já houve Decisão de instância superior favorável ao ora Requerido, transitada em julgado, em sede de Habeas Corpus. O objeto da presente Ação Popular, registre-se, é diverso, ainda que decorrente do mesmo fato-base. Esta Ação Popular cuida, na essência, do espectro civil-administrativo da conduta do Requerido Marcos Miranda Madureira, sem que isso signifique rediscussão da matéria penal. Em outras palavras: ainda que <<contrariamente à tese predominante no STJ e STF>> se advogue a tese de prova ilícita para efeitos penais na gravação por interlocutor, é importante assinalar que aquela gravação é, sim, suficientemente hábil para: Revelar a preexistente dissociação objetiva e pontual aos conceitos de conteúdo indeterminado da

doze anos após a posse do conselheiro no cargo, declarou sua nulidade, com efeitos *ex nunc*, ao argumento de que ele "flagrado cometendo desvios objetivos à probidade e moralidade pública, muito embora sem condenação penal por força da prescrição, não reúne os atributos necessários que lhe autorizem a nomeação ao cargo de Conselheiro".

4.2.2.2.5 Alagoas

Em relação à nomeação de conselheira para o TCE-AL, ação popular apontou inobservância de requisitos. A decisão interlocutória[280]

"idoneidade moral" e da "reputação ilibada" do Requerido Marcos Miranda Madureira, em afronta ao quanto disposto na alínea "b" do §1° do art. 74 da Constituição Estadual. Admissível meritoriamente, portanto, a impetração da presente Ação Popular, com o propósito de decretar a nulidade da nomeação do Requerido, por se tratar de ato lesivo à moralidade administrativa (CR, art. 5°, inc. LXIX). Equivale dizer que o cidadão flagrado cometendo desvios objetivos à probidade e moralidade pública, muito embora sem condenação penal por força da prescrição, não reúne os atributos necessários que lhe autorizem a nomeação ao cargo de Conselheiro do Tribunal de Contas do Espírito Santo. A presente Ação Popular, nesse contexto, merece ter seu pedido principal acolhido, no sentido de anular a nomeação do Requerido. Quanto aos efeitos da nulidade, entendo que depois de aproximadamente doze anos de atuação como Conselheiro do TCEES, a concessão ordinária de eficácia *ex tunc* importaria em manifesto prejuízo ao desenvolvimento institucional do TCEES. Isso porque a atribuição de efeito retroativo importaria na desconstituição de todos os atos administrativos, pareceres, decisões e julgamentos que deles tenha participado o Requerido Marcos Miranda Madureira, o que ensejaria uma crise institucional e jurídica no TCEES, com reflexos na esfera dos Poderes Constituídos do Estado e Municípios componentes, ao longo de todo esse tempo. Justamente por conta disso, é que o efeito principal deste julgado <<nulidade da nomeação>> somente produzirá efeito a partir do trânsito em julgado. Quanto aos Requeridos José Carlos Gratz e José Ignácio Ferreira, o julgamento da lide e desconstituição judicial do ato administrativo hostilizado não desafiam a análise meritória de suas condutas, tampouco se lhes exige ato para execução do comando sentencial, senão ao próprio Estado do Espírito Santo e Tribunal de Contas do Espírito Santo. 3. Conclusão. Em face do exposto, ao julgar o processo com resolução de mérito nos moldes do art. 269, inc. I, do CPC, ACOLHO PARCIALMENTE os pedidos iniciais, no que, para tanto: DECRETO A NULIDADE, com eficácia *ex nunc*, do ato de nomeação do Requerido Marcos Miranda Madureira ao cargo de Conselheiro do Tribunal de Contas do Espírito Santo (Decreto n° 931-S, DIOES 24.10.2000), devendo este órgão e o Estado do Espírito Santo diligenciarem quanto ao provimento da vaga ociosa. Como eventual Recurso de Apelação eventualmente manejado pelo Requerido será, *ope legis*, recebido com efeito meramente devolutivo (art. 19, 2ª parte, da Lei n° 4.717/65): AFASTO provisoriamente o Sr. Marcos Miranda Madureira do cargo de Conselheiro do Tribunal de Contas do Estado do Espírito Santo, até final julgamento desta Ação Popular; sem prejuízo de subsídio e vantagens durante o afastamento.

[280] Os requisitos objetivos, determinados, insertos na Constituição estadual são aqueles dos incisos I e IV do supracitado artigo 95, quais sejam, idade superior a trinta e cinco anos e inferior a sessenta e cinco e mais de dez anos de exercício de função pública ou de efetiva atividade profissional que exija conhecimentos jurídicos, contábeis, econômicos e financeiros ou de administração pública. [...] No entanto, no que tange aos 'notórios conhecimentos jurídicos, contábeis, econômicos e financeiros ou de administração pública', entendo de forma diversa. De fato, antes de mais nada, importante frisar que, a meu ver, para a comprovação dos notórios conhecimentos, o diploma universitário não é nem necessário, nem suficiente.

que expediu medida liminar, sustando a nomeação, considerou atendidas as exigências de notórios conhecimentos e de mais de dez anos de exercício ou atividade respectiva. Importa notar a distinção feita entre notabilidade e notoriedade.

4.2.2.3 Reclamação

Em 2008, o Governador, à época, do Paraná, hoje Senador, Roberto Requião, nomeou seu irmão, Maurício Requião, para o cargo de Conselheiro do TCE-PR. Proposta ação popular, foi a liminar indeferida, tendo sido interposta Reclamação no STF, por violação à Súmula Vinculante nº 13, que veda o nepotismo na administração pública. Também na Corte Suprema se deu indeferimento da medida cautelar pleiteada, decisão contra qual se ingressou com agravo regimental.

Reconsiderando o seu entendimento inicial, o relator, Min. Ricardo Lewandowski, apresentou voto pela concessão de medida cautelar, conforme excertos que se seguem:

Ou seja, é possível que o indicado possua notório saber sem que tenha uma habilitação formal e, por outro lado, é possível que, a despeito de possuir um diploma de graduação, não ostente o notório saber. Desta forma, a análise da presença do notório conhecimento passa pela dissecação inicialmente semântica do requisito. Notório, segundo o Dicionário Houaiss da Língua Portuguesa, seria aquilo: 1) amplamente conhecido, sabido; 2) que se mostra evidente, manifesto, público e 3) que é do conhecimento de todos, que não precisa ser provado. Na lição do Professor e Desembargador federal aposentado Hugo de Brito Machado (grifos nossos): "Há quem faça distinção entre o notório saber e o notável saber. Notável é expressão valorativa. Diz a efetiva qualidade positiva do saber de alguém em determinada área do conhecimento. É qualidade do saber que merece atenção, respeito e aplauso. Pode até ainda não ter sido notado, nem aplaudido, mas merece ser notado, respeitado e aplaudido. Notável digno de apreço ou louvor (Novo Aurélio, pág. 1417). Já notório é o que é público, conhecido de todos (Novo Aurélio, pág. 1418). Notório, portanto, é o que é notado, é conhecido, referido, respeitado e aplaudido, com ou sem merecimento. A palavra *notável* implica avaliação de qualidade, envolve sempre o subjetivismo do avaliador. Já a palavra *notório* indica algo objetivamente observado e que pode por isto mesmo ser comprovado. Desta forma, notório, ao contrário do notável, não envolve aferição da qualidade do saber, mas, apenas, de sua evidência e publicidade". [...] Desta forma, entendo presente a plausibilidade do direito autoral por considerar, nesta análise preliminar, não preenchidos, pela ré Maria Cleide Costa Beserra, pelo menos dois dos quatro requisitos constitucionais para o ingresso no Conselho do Tribunal de Contas do Estado de Alagoas, quais sejam, 1) notórios conhecimentos jurídicos, contábeis, econômicos e financeiros ou de administração pública e 2) mais de dez anos de exercício de função pública ou de efetiva atividade profissional que exija os conhecimentos mencionados no item anterior. [...] Diante do exposto, DEFIRO A LIMINAR REQUERIDA, para suspender a eficácia do Decreto Legislativo nº 422 e do Decreto de Nomeação publicado em 17 de julho de 2008, referentes ao provimento do cargo de Conselheiro do Tribunal de Contas do Estado de Alagoas. (Grifou-se).

[...] Cumpre registrar o açodamento, no mínimo suspeito, dos atos levados a cabo naquela Casa de Leis para ultimar o processo seletivo que indica, quando menos, a tentativa de burlar os princípios de publicidade e impessoalidade que, dentre outros, regem a administração pública [...] a aprovação de Maurício Requião de Mello e Silva para o referido cargo, segundo consta dos documentos juntados aos autos, deu-se antes mesmo de escoado integralmente o prazo aberto pela Assembleia Legislativa para a inscrição de candidatos ao cargo [...] a nomeação do irmão, pelo Governador do Estado, para ocupar o cargo de Conselheiro do TCE, agente incumbido pela Constituição de fiscalizar as contas do nomeante, está a sugerir, ao menos neste exame preliminar da matéria, afronta aos mais elementares princípios republicanos.

4.3 Preventivo-repressivo

As medidas definidas como preventivo-repressivas são aquelas que, ao buscar corrigir situações desviantes das normas, em casos concretos, visam à extensão do que for decidido pontualmente para a generalidade das investiduras, já ocorridas ou por ocorrer, logrando, assim, efeito também preventivo, e não apenas repressivo, sobre os respectivos procedimentos.

4.3.1 Inefetividade do controle

As reiteradas desconsiderações dos requisitos constitucionais para a investidura nos tribunais de contas, por vezes em face de injunções políticas[281] nos procedimentos de indicação, aprovação, nomeação e posse dos postulantes aos respectivos cargos, outras por personalismos na escolha, são capazes de produzir – e, em boa medida, produzem – inefetividade no controle.[282]

---

[281] É o diagnóstico do Conselheiro do TCE-SC Adircélio de Moraes Ferreira Júnior: "A partir do momento em que o *caráter político* passa a ser o *determinante na escolha* dos juízes de contas públicas, *a legitimidade* da jurisdição e do controle das contas públicas fica severamente *comprometida*, deixando vulnerável o exercício substantivo do controle externo sobre a administração pública". (FERREIRA JÚNIOR, Adircélio de Moraes Ferreira Júnior. *O bom controle público e as cortes de contas como tribunais da boa governança*. Dissertação (Mestrado em Direito) – Faculdade de Direito, Universidade Federal de Santa Catarina, Florianópolis, 2015. p. 125, grifou-se).

[282] Como assegura o mesmo autor: "Parece claro que a *baixa efetividade dos Tribunais de Contas no Brasil guarda relação direta com as nomeações de seus membros*, que ao longo do tempo, não raras vezes, não observaram o antigo, porém atual, alerta feito pela "Águia de Haia" e *nem sempre respeitaram os requisitos constitucionais* previstos na CRFB/88. Não que se resuma a isso, mas, ao que parece, esta questão está na raiz da *disfunção crônica* que atinge as *Cortes*

CAPÍTULO 4
CONTROLES DA INVESTIDURA | 141

O descumprimento dos parâmetros exigidos para o desempenho da relevante função fiscalizadora pode levar a que essa não se materialize, restando reduzida a seu aspecto meramente formal.[283] É que, por questões éticas (se desatendidos os requisitos de idoneidade moral e reputação ilibada) ou técnicas[284] (acaso ausentes os requisitos de notórios conhecimentos e de dez anos de experiência em atividade ou função que os exija), assoma como plausível a incapacidade do ministro ou conselheiro para o regular exercício do cargo.

Em outras palavras: se quem exerce a função de controle o faz – presumivelmente, ao menos, se não preenchidos os requisitos constitucionais para tanto – sem reunir condições (técnicas ou morais) de bem o fazer, aquela função não se efetiva. Cumprir-se-ia, nessa hipótese, apenas uma formalidade no exercício da função de controle. Este, sem agentes materialmente capazes de exercê-lo, não é controle efetivo, senão simulacro de controle, sem outra utilidade que a de pretensamente legitimar a ação de seus controlados. Seria a concretização do vaticínio de Ruy Barbosa, que já advertia, ao propor a criação do Tribunal de Contas, sobre o "risco de converter-se em instituição de ornato aparatoso e inútil".[285]

Há no Congresso Nacional ao menos três Propostas de Emenda à Constituição com o fim de criar o Conselho Nacional dos Tribunais de Contas, destinado a, nos moldes do CNJ e do CNMP, controlar a atividade administrativa e financeira dos Tribunais de Contas, bem como o cumprimento dos deveres funcionais de seus membros e dos

---

de Contas". (FERREIRA JÚNIOR, Adircélio de Moraes Ferreira Júnior. *O bom controle público e as cortes de contas como tribunais da boa governança*. Dissertação (Mestrado em Direito) – Faculdade de Direito, Universidade Federal de Santa Catarina, Florianópolis, 2015. p. 120, grifou-se).

[283] Como faz refletir a pertinente observação da hoje Conselheira do TCE-RJ Marianna Montebello Willeman: "[...] esse modelo de definição do corpo deliberativo dos Tribunais de Contas não tem se revelado capaz de evitar a contaminação política de tais órgãos, pondo em xeque a própria credibilidade do sistema de controle". (WILLEMAN, Marianna Montebello. Desconfiança institucionalizada, democracia monitorada e Instituições Superiores de Controle no Brasil. *Revista de Direito Administrativo*, Rio de Janeiro, v. 263, p. 221-250, mai./ ago. 2013. p. 247).

[284] De resto, inobservadas, muitas vezes, já nas nomeações em comissionamento, como destacado pelo Professor Bruno Miragem: "[...] o exercício do *poder discricionário* pela autoridade responsável pelo *provimento do cargo em comissão*, não raro *desborda* da exigência de *critérios técnicos para adoção*, por vezes em caráter exclusivo, de *critérios de proximidade política* para escolha dos respectivos servidores". (MIRAGEM, Bruno. *A nova administração pública e o direito administrativo*. São Paulo: Revista dos Tribunais, 2011. p. 294, grifou-se).

[285] Exposição de Motivos ao Decreto nº 966-A, de 07.11.1890.

integrantes do respectivo Ministério Público de Contas.[286] Da leitura de suas justificativas, pode-se depreender a possível procedência de boa parte das críticas dirigidas ao órgão de controle externo.[287]

Diante da notória crise financeira atravessada pelo país, nos três níveis federativos, estudos[288] e reportagens têm sido produzidos com o intuito de identificar suas causas mediatas e remotas, não apenas aquelas imediatas, já tão debatidas publicamente. Referidas abordagens convergem quanto ao papel desempenhado pelas cortes de contas ao longo do processo que resultou na atual situação.

Reportagem relativamente recente do jornal O Globo, por exemplo, intitulada "TCEs aprovaram contas de estados em calamidade financeira",[289] aponta a complacência de cortes em face de gestões

---

[286] Em relação ao qual, uma vez que o modelo proposto pode colidir com a independência funcional de seus membros, tramitam duas outras PECs, uma criando o Conselho Nacional do Ministério Público de Contas (PEC nª 463/2010, de autoria do saudoso Deputado Mendes Ribeiro Filho) e outra submetendo os procuradores de contas ao CNMP (PEC nº 42/2013, protagonizada pelo então Senador Wellington Dias).

[287] "É cediço que o funcionamento dos *Tribunais de Contas* no Brasil está exposto a *críticas*, não só pela *excessiva contaminação política* que se registra quando da [sic] suas *composições* como também pela *permeabilidade* que vem apresentando *aos grupos de pressão*, muitas vezes *representativos de interesses escusos.* [...]". (PEC nº 6/2013, Senador Eduardo Amorim).

"[...] medida tendente a solucionar *vários problemas que atormentam a sociedade* [...] tornando a atividade destes tribunais mais eficiente, célere, eficaz e conferindo maior moralização à Administração do Poder Público". (PEC nº 30/2007, Senador Renato Casagrande).

"[...] resgatar a confiança e a credibilidade das *Cortes de Contas, invariavelmente falidas nos seus propósitos, envoltas pela cooptação da vontade política*, em total descrédito dos seus ideais. Destarte, para que não seja negado ao povo o importante papel que cumpre as Cortes de Contas, ao menos no campo teórico, é necessário o resgate da ingerência e *moldá-las com os princípios republicanos e democráticos*, assegurando-lhes o fiel cumprimento da vontade constitucional". (PEC nº 28/2007 Câmara, Vital do Rêgo).

[288] Dentre eles, artigo que analisou o controle externo exercido pelo TCE-PR sobre a execução orçamentária em face do que concluiu que "o descompasso entre planejamento e execução não logrou força para que o Tribunal desaprovasse qualquer das contas anuais por essa razão, o que evidencia que a falta de congruência ainda é tratada com complacência pelo controle externo". (HENRICHS, Joanni Aparecida; BLANSKI, Márcia Beatriz Scheiner; OLIVEIRA, Antônio Gonçalves de. A evolução do controle e avaliação do plano plurianual no governo do estado do Paraná no período de 2007 a 2012: determinações e recomendações do controle externo. *Perspectivas em Gestão & Conhecimento*, João Pessoa, v. 6, n. 2, p. 153-187, jul./dez. 2016. Disponível em: periodicos.ufpb.br/index.php/pgc/article/download/17935/16525. Acesso em 19 fev. 2017).

[289] Destaca-se: "Para o cientista político Marco Antônio Teixeira, professor da Fundação Getúlio Vargas que estuda a atuação dos tribunais de contas, os órgãos ficaram à margem do debate sobre a crise financeira dos estados: – A impressão é que os tribunais de contas não se deram conta do problema quando ele poderia ser controlado. [...] As contas dos governos são analisadas nos TCEs por sete conselheiros, em sua maioria nomeados por indicação dos governadores, e enviadas para julgamento final nas assembleias legislativas. [...] Levantamento realizado em 2014 pela ONG Transparência Brasil mostrou que 80% dos conselheiros de tribunais de contas pelo país ocuparam anteriormente cargos políticos. – Se o *tribunal* tem um corpo que é *muito próximo do governador* de plantão, isso *pode livrá-lo de*

CAPÍTULO 4
CONTROLES DA INVESTIDURA | 143

governamentais desconformes à Lei de Responsabilidade Fiscal, creditando-a à proximidade política entre controladores e controlados.

4.3.1.1 Princípio da impessoalidade

Uma das causas aventadas para a parcial inefetividade da atuação dos Tribunais de Contas é a inobservância do princípio da impessoalidade na investidura em seus cargos, circunstância que pode, em tese, repercutir na atuação dos membros assim nomeados.

Exemplifica-se: o Promotor de Justiça Fernando Aurvalle Krebs ajuizou, conforme notícia publicada no sítio institucional do Ministério Público do Estado de Goiás,[290] em 2013, ação civil por improbidade administrativa contra Conselheiro do TCE daquele estado, com base, inclusive, em "gravações noticiadas pela imprensa e não desmentidas pelo réu [sic]", que, segundo aquele combativo membro do MP goiano, denotariam ferimento, especialmente, aos princípios da impessoalidade e da moralidade, conforme os seguintes excertos da petição inicial:

[...] o Conselheiro [...] dialoga com o Governador [...] demonstrando relação íntima e de amizade, inclusive, pondo-se a afirmar que agirá em relação a todo aquele que se puser contrariamente aos anseios do chefe do executivo goiano [...] a postos, segundo ele mesmo alega, para agir em benefício do suposto representado, nem que para isso adote medidas contra aqueles que deveria preservar. Vejamos o que fora divulgado pela imprensa: [...] 'Aí eu quero te dizer que eu vou... Esses nego aí que estão te sacaneando, você pode deixar eles comigo, viu. Já comecei a movimentar hoje. Depois, eu te falo pessoalmente. Viu, tá bom'. [...] 'Pode deixar, pessoal que tentou te sacanear não vai ficar incólume não,

---

dificuldade no julgamento das contas – afirma Teixeira, da FGV. [...] *As contas de 2015 do Rio foram aprovadas* por unanimidade, apenas com ressalvas. Na *classificação* sobre a situação fiscal divulgada em outubro pelo *Tesouro Nacional*, o estado ficou com *D*. As notas do Tesouro são dadas nos moldes das avaliações das agências internacionais de classificação de risco, e vão de A+ a D-. A nota A é para os estados que possuem situação fiscal excelente, e a D configura *desequilíbrio fiscal*. – *Onde estava o Tribunal de Contas* quando o Rio foi fazendo renúncia fiscal atrás de renúncia fiscal comprometendo o orçamento do estado? Se isso for analisado, talvez a gente encontre uma relação com a *condução coercitiva do presidente do TCE* – afirma Teixeira". (Grifou-se). (ROXO, Sérgio. *TCEs aprovaram contas de estados em calamidade financeira*: desequilíbrio fiscal de Rio, Minas, Goiás e Rio Grande do Sul foi ignorado. 26 dez. 2016. Disponível em: http://m.oglobo.globo.com/brasil/tces-aprovaram-contas-de-estados-em-calamidade-financeira-20691753. Acesso em 18 fev. 2017).

[290] MINISTÉRIO PÚBLICO DO ESTADO DE GOIÁS. *Promotor requer afastamento de conselheiro do TCE por atos de improbidade*. 4 mai. 2016. Disponível em: http://www.mpgo.mp.br/portal/noticia/promotor-requer-afastamento-de-conselheiro-do-tce-por-atos-de-improbidade#. WKk4628rLx4. Acesso em 19 fev. 2017.

tá. Pode deixar comigo'. [...] 'Eu devo isso tudo a você também, meu amigo'. Governador: 'Nós fazemos. Nós somos uns pelos outros aí'.[291]

Registra-se outro caso rumoroso, a sugerir, igualmente, que a impessoalidade tenha passado ao largo da investidura examinada, diz respeito a supostas irregularidades trazidas a lume no âmbito da denominada Operação Ararath, da Polícia Federal, levada a termo em 2014. No inquérito respectivo, segundo a autoridade policial, foram detectados indícios de que uma cadeira de conselheiro no TCE-MT fora "comprada".

Como desdobramento da investigação, autorizada na esfera penal pelo STJ, em virtude do possível envolvimento de autoridades com foro por prerrogativa de função, recentemente, em primeiro grau, por ali se tratar de improbidade administrativa, foi determinado,[292] quando do recebimento da ação, o afastamento de conselheiro que teria obtido sua nomeação mediante o pagamento de quatro milhões de reais, segundo o Ministério Público daquele estado.

4.3.1.2 Princípio da eficiência

De distinto ângulo de análise, é possível identificar julgamentos das cortes de contas que padecem de atecnia, nos quais, ao menos em tese, tal característica pode ser relacionada ao não atendimento, por parte do relator, dos requisitos constitucionais para investidura no cargo, especialmente os notórios conhecimentos jurídicos, contábeis, econômicos e financeiros ou de administração pública. Daí pode decorrer, ao lado de outros fatores, a ineficiência apontada em determinados Tribunais de Contas.[293]

---

[291] MINISTÉRIO PÚBLICO DO ESTADO DE GOIÁS. 57ª Promotoria de Justiça de Defesa do Patrimônio Público e Combate à Corrupção. *Petição inicial na Ação Civil de improbidade administrativa*, 2 mai. 2016. Disponível em: http://www.mpgo.mp.br/portal/arquivos/2016/05/04/17_55_03_147_AIA_FERRARI_2.pdf. Acesso em 19 fev. 2017.

[292] De acordo com notícia veiculada no sítio g1.com. (SOARES, Denise. *Juiz afasta conselheiro acusado de pagar R$4 milhões por vaga no TCE*. 11 jan. 2017. Disponível em: http://g1.globo.com/mato-grosso/noticia/2017/01/juiz-afasta-conselheiro-acusado-de-pagar-r-4-milhoes-por-vaga-no-tce.html. Acesso em 19 fev. 2017).

[293] É a análise procedida pelo Conselheiro do TCE-AL Anselmo Brito, ocupante de uma das vagas "técnicas" no colegiado (a destinada a auditor substituto de conselheiro): "[...] notória é a incapacidade do Órgão de Contas estadual em dar vazão à quantidade de processos que aqui adentram. Nos últimos cinco anos, com uma média de cerca de 15 mil processos, não se consegue finalizar nem 10% dessa quantidade. [...] Em pesquisa realizada para mestrado [...] foi identificado que num período de doze anos (2001 a 2012) o Tribunal de Contas teve o seguinte "desempenho" quanto à apreciação das contas dos 102 prefeitos

Outro fator que se supõe influa decisivamente na atuação por vezes ineficiente dos órgãos de controle – e que pode guardar relação com o perfil político (não necessariamente partidário) por eles em parte assumido, quiçá em função do tipo de investidura neles ocorrente – é a mitigação dos marcos regulatórios em sua atuação, sob a invocação, amiúde, de razões consequencialistas[294] de decidir.

Exemplo de decisão que parece assim se ter pautado foi a exarada pelo TCE-RS, em 2008, nos autos de processo administrativo de emissão de certidão, solicitada pela então Governadora do Estado, referente ao percentual orçamentário vinculado a ações e serviços públicos de saúde (ASPS).

O pedido apresentava, como justificativa de urgência,[295] a necessidade premente de aval da Secretaria do Tesouro Nacional – para cuja obtenção se fazia indispensável certificação, pelo TCE,[296] do cumprimento, pelo Estado, do gasto mínimo constitucional de 12%[297] da Receita Líquida de Impostos e Transferências em ASPS – a fim de contratar financiamento junto ao Banco Internacional para Reconstrução e Desenvolvimento (BIRD).

O entendimento do Estado, acolhido pelo TCE (contrariando parecer do MPC), era o de que as despesas com saneamento efetuadas pela Companhia Riograndense de Saneamento (CORSAN), no valor

---

e de 1.224 prestações de contas: em 10,46% desse total não há confirmação positiva nem negativa de que os prefeitos tenham prestado suas contas. 88,89% prestaram contas e 0,65%, de fato não prestaram, dos que prestaram contas, o Tribunal emitiu parecer prévio em apenas 29% dos casos, sendo que desse total, 88% pela aprovação das contas, 0,98% pela aprovação com ressalvas e apenas 2,04% pela reprovação". (BRITO, Anselmo. *Um conselheiro técnico num Tribunal de Contas político*: as vicissitudes e as agruras no TCE de Alagoas. Disponível em: http://jota.info/carreira/um-conselheiro-tecnico-num-tribunal-de-contas-politico-13012017?utm_source=JOTA+Full+List&utm_campaign=38fde9ae01-EMAIL_CAMPAIGN_2017_01_13&utm_medium=email&utm_term=0_5e71fd639b-38fde9ae01-380150729. Acesso em 19 fev. 2017).

[294] Constatação que não implica necessariamente juízo negativo de valor acerca dessa técnica decisória, senão à sua eventual invocação como pretenso fundamento de decisões que podem ser pautadas preponderantemente por razões políticas ou pessoais.

[295] Referida análise é regimentalmente procedida quando da prestação anual de contas do Governo, cujo parecer prévio é emitido sessenta dias após recebida tal prestação, o que ainda não ocorrera quando do pedido em tela, ensejando uma, até então, inédita "apreciação parcial" de contas.

[296] Portal do TCE-RS, em "Contas do Governador" (1995-2015). (TCE-TRIBUNAL DE CONTAS DO ESTADO DO RIO GRANDE DO SUL. *Relatório e parecer prévio sobre as contas do Governador do Estado*. Disponível em: http://www1.tce.rs.gov.br/portal/page/portal/tcers/consultas/contas_estaduais/contas_governador. Acesso em 3 mar. 2017).

[297] Cujo descumprimento ensejaria, em tese, a emissão de parecer prévio desfavorável à aprovação das contas do Governador do Estado, o que nunca ocorreu no TCE-RS, embora recomendada diversas vezes pelo MPC.

de mais de 785 milhões de reais, mesmo que remuneradas por tarifas cobradas de seus clientes, deveriam ser computadas como ASPS, a exemplo do que já faziam outros Estados, à míngua de lei complementar federal[298] que as definisse expressamente.

Assim, o gasto estadual com saúde, que fora de 6,72% em 2006, e que ficaria estabelecido, sem as despesas da CORSAN (enfim admitidas como ASPS), em 6,76% para 2007, passou a 13,42% naquele exercício, somente sendo corrigida essa modalidade de cálculo a partir das contas de governo de 2011, como determinado no julgamento da prestação governamental de 2009, em 2010.

Do voto do conselheiro relator, ao lado de considerações acerca da relação entre saúde e saneamento, da falta de regulamentação federal e do fato de outros estados admitirem a contabilização de despesas com saneamento, destaca-se, nas razões de decidir, um possível viés consequencialista, como anteriormente cogitado: "considerada a grave crise financeira, e a fim de resguardar os interesses do Estado, que não pode vir a ser penalizado por adotar um critério pendente de regulamentação pela União e uniformização entre os Entes federativos".

Influência política em tribunal[299] acusa Argelina Cheibub Figueiredo, em relação à atuação do corpo julgador do TCU, que considera usualmente dissociada das recomendações das áreas técnicas da corte:

> The *recommendations* contained in the reports prepared by the TCU's *technical personnel* are usually *not followed* by its board of ministers for *political reasons*. One example is a recent scandal related to the construction of a building for the Labour Courts in São Paulo, which was disclosed by a CPI formed by the Senate. The chief justice of the tribunal was proved to have embezzled more than 200 million Reais (over US$50 million) from the construction of the building. Irregularities in the expenditures for the construction had been detected and the TCU was notified in 1992, but only in 1998 did the TCU's board of ministers decide to include that construction in a list of illicit public works. In the course of the CPI, a PMDB senator was also proved to be involved with the construction of

---

[298] O projeto de lei complementar, então em trâmite, veio a ser aprovado e sancionado, convertendo-se na LC n° 141/2012, que vedou expressamente o cômputo de tais despesas como ASPS.

[299] Analisada sob a ótica federativa por Susan Rose-Ackerman: "If federal government monitors are credibly impartial, they can check the behavior of state and local governments whose own politicians would not have incentives to establish such oversight themselves". (ROSE-ACKERMAN, Susan; PALIFKA, Bonnie J. *Corruption and government*: causes, consequences, and reform. 2. ed. New York: Cambridge University Press, 2016. p. 396).

the building and, as a result of public outrage, he was the first senator in history to lose his mandate.[300] (Grifou-se).

4.3.2 Princípio sensível e inconstitucionalidade

Admitida a hipótese de sistemática ofensa ao princípio constitucional da prestação de contas, impõe-se analisar a possível qualificação de tal fato, conforme se conceba a natureza do princípio lesado, como descumprimento de preceito fundamental. Ato contínuo, em sendo verificada a identidade cogitada, insta contrastar a situação com aquela delineada pelo chamado ECI.

4.3.2.1 Dever de prestar contas

O dever de prestar contas está expresso, como já dito, no parágrafo único do art. 70 da Constituição, cujo teor convém novamente frisar:

> Prestará contas qualquer pessoa física ou jurídica, pública ou privada, que utilize, arrecade, guarde, gerencie ou administre dinheiros, bens e valores públicos ou pelos quais a União responda, ou que, em nome desta, assuma obrigações de natureza pecuniária.

A lesão ao dever de prestar de contas – ou princípio da prestação de contas – é causa de intervenção da União nos Estados, e destes nos Municípios, conforme dispõem os arts. 34, VII, "d" e 35, II da Constituição. Trata-se do denominado "princípio sensível", relacionado com a própria forma federativa, que é cláusula pétrea da Constituição.

Constitui-se, a par da evidente relação com o princípio republicano – uma vez que a prestação de contas concretiza a responsabilidade do agente público, fundamento da República[301] – como um dos preceitos fundamentais do ordenamento jurídico máximo, a desafiar, na sua

---

[300] FIGUEIREDO, Argelina Cheibub. The role of Congress as an agency of horizontal accountability: lessons from the Brazilian experience. *In*: MAINWARING, Scott; WELNA, Christopher. *Democratic accountability in Latin America*. New York: Oxford University Press, 2003. p. 185.

[301] É a lição de Geraldo Ataliba: "A noção de responsabilidade embebe todo o texto constitucional. Ela é inerente à república". (ATALIBA, Geraldo. *República e Constituição*. 3. ed. São Paulo: Malheiros, 2011. p. 76).

inobservância, o controle de constitucionalidade através de ADPF, como já exposto em representação ofertada ao PGR.[302]

4.3.2.2 Estado de coisas inconstitucional

Afigura-se cabível estabelecer analogia entre a sistemática desconsideração dos requisitos constitucionais para a investidura nos tribunais de contas – e a consequente lesão ao princípio da prestação de contas,

---

[302] No Estado Brasileiro, os Tribunais de Contas são órgãos que exercem funções de controle sobre a administração estatal, com encargos fiscalizatórios sobre a gestão pública na seara dos três Poderes, e, para tanto, detêm prerrogativas voltadas ao pleno exercício de suas tarefas. A fiscalização a que se submete o Poder Público obedece a uma série de regramentos de ordem constitucional, dentre eles os que dizem com a composição do Colegiado ao qual incumbe a apreciação de contas dos Gestores Públicos. E a capacitação de seus membros figura dentre as especiais condições asseguradas pela Carta Federal. Por isso, a ausência dos atributos expressamente exigidos pela Constituição impede a plena realização do controle sobre a atividade administrativa. O esvaziamento de instituição de controle mediante a indicação de membros cuja aptidão não foi devidamente demonstrada revela desprezo pelo princípio republicano, que subordina a ação do poder público aos interesses da sociedade, protegidos pela ordem constitucional. O controle externo atende a uma exigência de natureza constitucional consistente na prestação de contas por parte dos gestores públicos. A prestação de contas é princípio sensível da Constituição, inspirada, decerto, na Declaração de Direitos do Homem e do Cidadão de 26.08.1789, cujo artigo XV proclama: "A sociedade tem direito de solicitar prestação de contas a cada agente público da sua administração". Tamanha é a relevância desse dever, inserto no artigo 70 da CF, que seu descumprimento provoca a intervenção da União nos Estados e no Distrito Federal, bem como do Estado em seus Municípios (artigos 34, inc. VII, letra "d", e 35, inc. II, da CF). Assim, o dever de prestar contas confere consistência normativa ao preceito fundamental pertinente à forma republicana do Estado, garantindo a consecução do interesse público que orienta o ordenamento constitucional.
A prestação de contas – princípio sensível e, portanto, preceito fundamental da Constituição – integra o princípio republicano, em cuja essência se encontra a responsabilidade. A responsabilidade – que se expressa no dever de prestar contas – pressupõe dois sujeitos: o que presta contas e aquele a quem são prestadas. E somente se concretiza a prestação de contas quando a relação, além de formal, é materialmente efetivada. Portanto, não basta o agente público prestar contas ao órgão de controle se este apenas formalmente as verificar. Há de ser material, substancial, efetiva a verificação, procedida por órgão cujos integrantes detenham os conhecimentos exigidos constitucionalmente para o exercício da função do controle. Integrantes cuja legitimidade advenha de processo de escolha conforme à Constituição, que instituiu órgãos de controle externo técnicos, com membros cujos conhecimentos sejam notórios nas matérias que manejarão na judicatura. A lesão ao preceito fundamental da prestação de contas se verifica quando essa não se perfectibiliza. É o que ocorre, a toda evidência, quando o agente prestante se exime de seu dever. Mais importante para a presente postulação, todavia, é a hipótese de o órgão que a demanda não se desincumbir de seu encargo como devido, pela virtual atecnia de decisões de seu Colegiado ou por possíveis compromissos políticos decorrentes da forma de indicação.

CAPÍTULO 4
CONTROLES DA INVESTIDURA

149

ligado ao direito fundamental à boa administração pública,[303] [304] – e o denominado "estado de coisas inconstitucional".[305] (ECI).

Este conceito, desenvolvido pela jurisprudência constitucional colombiana, foi invocado pelo STF no julgamento da MC na ADPF 347,[306] que versa sobre ofensas aos direitos humanos no sistema carcerário brasileiro. Guardadas as devidas proporções – e o público e notório agravamento da crise nos presídios nacionais dispensa maior argumentação –, também a inefetividade do controle, ainda que parcial, ataca direitos fundamentais. Mais do que isso, parecem – e uma tese

---

[303] Englobando o "direito à administração pública proba". (FREITAS, Juarez. *Direito fundamental à boa administração pública*. 3. ed. ref. e aum. São Paulo: Malheiros, 2014. p. 22).

[304] "Outra linha de atuação possível para o poder público se tem traduzida no exercício mais claro e sistemático da prestação de contas, na lógica de que accountability se apresenta como um verdadeiro pressuposto da governança bem desenvolvida. O processo tende a ser retroalimentador: a decisão construída democraticamente, que é objeto da devida prestação de contas em relação a seus efeitos, fortalece a confiança no sistema e induz ao incremento da participação nas deliberações futuras". (VALLE, Vanice Regina Lírio do. *Direito fundamental à boa administração e governança*: democratizando a função administrativa. Tese (Pós-doutorado) – Escola Brasileira de Administração Pública e de Empresas, Fundação Getúlio Vargas, Rio de Janeiro, 2010. p. 201. Disponível em: http://bibliotecadigital.fgv. br/dspace/bitstream/handle/10438/6977/VANICE%20VALLE.pdf?sequence=1. Acesso em 15 dez. 2016).

[305] "[...] un intento de definición de ECI dialógico podría postularse a partir del siguiente enunciado: garantía constitucional mediante la que se integran dialógica, armónica y funcionalmente los distintos niveles del poder público bajo la dirección del máximo tribunal constitucional, para resolver casos de violaciones masivas y sistemáticas de derechos fundamentales cuya causa descansa en fallas institucionales de carácter estructural para las quales se requieren formulaciones de respuesta compleja, casi siempre asociadas con esquemas de política pública". (CÁRDENAS, Blanca Raquel. *Del estado de cosas inconstitucional (ECI) a la formulación de una garantía transubjetiva*. Bogotá: Universidad Externado de Colombia, 2016. p. 58).

[306] CUSTODIADO – INTEGRIDADE FÍSICA E MORAL – SISTEMA PENITENCIÁRIO – ARGUIÇÃO DE DESCUMPRIMENTO DE PRECEITO FUNDAMENTAL – ADEQUAÇÃO. Cabível é a arguição de descumprimento de preceito fundamental considerada a situação degradante das penitenciárias no Brasil. SISTEMA PENITENCIÁRIO NACIONAL – SUPERLOTAÇÃO CARCERÁRIA – CONDIÇÕES DESUMANAS DE CUSTÓDIA – VIOLAÇÃO MASSIVA DE DIREITOS FUNDAMENTAIS – FALHAS ESTRUTURAIS – ESTADO DE COISAS INCONSTITUCIONAL – CONFIGURAÇÃO. Presente quadro de violação massiva e persistente de direitos fundamentais, decorrente de falhas estruturais e falência de políticas públicas e cuja modificação depende de medidas abrangentes de natureza normativa, administrativa e orçamentária, deve o sistema penitenciário nacional ser caraterizado como "estado de coisas inconstitucional". FUNDO PENITENCIÁRIO NACIONAL – VERBAS – CONTINGENCIAMENTO. Ante a situação precária das penitenciárias, o interesse público direciona à liberação das verbas do Fundo Penitenciário Nacional. AUDIÊNCIA DE CUSTÓDIA – OBSERVÂNCIA OBRIGATÓRIA. Estão obrigados juízes e tribunais, observados os artigos 9.3 do Pacto dos Direitos Civis e Políticos e 7.5 da Convenção Interamericana de Direitos Humanos, a realizarem, em até noventa dias, audiência de custódia, viabilizando o comparecimento do preso perante a autoridade judiciária no prazo máximo de 24 horas, contado do momento da prisão. (Grifou-se).

específica seria necessária para comprovar a hipótese – guardar, ambas as situações, estreita relação de causa e efeito.

Como já abordado anteriormente, pode-se falar de um direito fundamental ao controle, derivado do direito à boa administração pública, o qual não se concretiza sem que essa seja devidamente fiscalizada. Mesmo indiretamente (e também em decorrência da governança eficaz, eficiente e efetiva a que aspira a sociedade), outros direitos fundamentais dependem da função de controle, como os relativos à segurança pública e à saúde. A proteção desses direitos exige a correta aplicação dos recursos orçamentários a tanto carreados, a ser assegurada mediante sua fiscalização, inclusive sob o enfoque operacional.

A analogia identificada com o ECI não se presta, aqui, a mero expediente de retórica, como que destinado a aumentar o ônus argumentativo para os que subestimam a situação de parcial inefetividade do controle externo no Brasil, senão sublinha sua gravidade e evidencia o descumprimento de preceito fundamental cuja arguição urge ser demandada.

Falta, como leciona Carlos Alexandre de Azevedo Campos, no ordenamento brasileiro, um "instrumento judicial [...] voltado à reconstrução de instituições em larga escala, que se encontram em mau funcionamento, [...] o que não impede sua criação pelo Supremo Tribunal Federal".[307]

Criação que, de resto, não poderia mesmo causar estranheza ao STF, uma vez que assim tem a Corte Suprema construído, em considerável medida, a jurisprudência de controle de constitucionalidade brasileira. Exemplo disso é a técnica da interpretação conforme a Constituição, desenvolvida a partir de construção jurisprudencial alemã.

Sabe-se que a importação de institutos jurídicos, especialmente de forma acrítica, pode produzir, ao contrário dos avanços pretendidos, disfunções no ordenamento que os recebe. Isso não impossibilita, entretanto, na esteira do autor antes citado, que a criação de um instrumento judicial inspirado – não copiado – em construção estrangeira, possa, desde que compatível com a ordem jurídica "importadora", ser de muita valia em seu aperfeiçoamento.

Haverá, decerto, em avançando o STF na configuração que venha a dar ao ECI, gradações em sua declaração, a partir das especificidades

---

[307] CAMPOS, Carlos Alexandre de Azevedo. *Estado de coisas inconstitucional*. Salvador: JusPodivm, 2016. p. 321.

das situações que a ele sejam equiparadas,[308] e variações nos comandos emanados das respectivas decisões.

É o que propõe, em certa medida, Vítor Costa Oliveira, ao analisar se o regime jurídico da radiodifusão audiovisual, à luz do direito fundamental à comunicação, configuraria um ECI, através do uso da analogia e da mescla da nova ferramenta com outras já existentes:

> [...] solução intermediária para hipótese de aplicação do conceito de estado de coisas inconstitucional ao sistema de radiodifusão televisiva [...] a técnica da inconstitucionalidade progressiva oferece uma resposta válida ao grau de cautela que se quer aqui propor. Supõe-se que, em diálogo institucional com os demais poderes, através do apelo, o tribunal poderia notificar da situação de inconstitucionalidade progressiva do sistema de radiodifusão nacional – melhor dizendo, do *estado de coisas em progressiva inconstitucionalidade* – tendo como condição resolutiva desta situação a manutenção do *status quo* da forma que se encontra. [...] Caso, mesmo com a interferência do tribunal, não haja aprimoramento positivo, a Corte deverá, aí sim, declarar, com todos os requisitos postos, o estado de coisas inconstitucional.[309] (Grifou-se).

4.3.3 Descumprimento de preceito fundamental

A arguição de descumprimento de preceito fundamental, importante instrumento de controle de constitucionalidade previsto no §1º do art. 102 da Constituição Federal, tem tido seus contornos progressivamente definidos, desde sua regulamentação, através da Lei nº 9.882, de 1999.

---

[308] O voto do relator da ADPF nº 347, Ministro Marco Aurélio, já cogita, embora antevendo dificuldades para sua definição, de casos outros de ECI: "Ante os pressupostos formulados pela Corte Constitucional da Colômbia para apontar a configuração do "estado de coisas inconstitucional", não seria possível indicar, com segurança, entre os muitos problemas de direitos enfrentados no Brasil, como saneamento básico, saúde pública, violência urbana, todos que se encaixariam nesse conceito. Todavia, as dificuldades em se definir o alcance maior do termo não impedem, tendo em conta o quadro relatado, seja consignada uma zona de certeza positiva: o sistema carcerário brasileiro enquadra-se na denominação de 'estado de coisas inconstitucional'". (BRASIL. Supremo Tribunal Federal. (BRASIL. Supremo Tribunal Federal. *ADPF nº 347 MC/DF*. Tribunal Pleno. Relator: Min. Marco Aurélio. Sessão de 9 set. 2015. *DJe* 19 fev. 2016. Disponível em: http://redir.stf.jus.br/paginadorpub/paginador.jsp?docTP=TP&docID=10300665. Acesso em 2 dez. 2016).

[309] OLIVEIRA, Vítor Costa. *O estado de coisas inconstitucional no direito fundamental à comunicação*: análise do regime jurídico da radiodifusão audiovisual no Brasil. Dissertação (Mestrado em Direito) – Faculdade de Direito, Universidade Federal de Sergipe, Aracaju, 2016. p. 109. Disponível em: https://bdtd.ufs.br/bitstream/tede/3028/2/VITOR_OLIVEIRA_COSTA. pdf. Acesso em 22 fev. 2017.

152 GERALDO COSTA DA CAMINO
A INVESTIDURA NO TRIBUNAL DE CONTAS

O princípio da subsidiariedade, deduzido do §1º do art. 4º ("Não será admitida argüição de descumprimento de preceito fundamental quando houver qualquer outro meio eficaz de sanar a lesividade"),[310] tem tido sua aplicação,[311] senão mitigada, associada ao princípio da máxima efetividade das normas constitucionais. Assim, o grau de eficácia do meio alternativo à ADPF – cuja existência a inviabilizaria, a ser interpretada literalmente a ressalva da lei – vem sendo relativizado,[312] de modo a revelar o potencial do alcance dessa arguição constitucional.

Neste sentido, veja-se a doutrina de Gilmar Mendes, em obra na qual comenta a referida lei, ao discorrer sobre o princípio da subsidiariedade da ADPF:

---

[310] Conforme observa Bruno Noura de Moraes Rêgo. "[...] o legislador, para garantir a existência das ADPFs [...] instituiu duas 'válvulas de escape' (existência de outro meio eficaz e relevância da questão constitucional)". (RÊGO, Bruno Noura de Moraes. *Argüição de descumprimento de preceito fundamental*. Porto Alegre: Fabris, 2003. p. 62).

[311] Inicialmente, como destacado por Edilson Pereira Nobre Júnior, o STF "vem [...] entendendo que o outro meio eficaz tanto pode se referir à possibilidade de ajuizamento de processos de ordem objetiva como subjetiva", ou seja, "tanto aos instrumentos de controle concentrado de constitucionalidade quanto aos demais meios judiciais que resguardam os direitos fundamentais". (NOBRE JÚNIOR, Edilson Pereira. *Direitos fundamentais e arguição de descumprimento de preceito fundamental*. Porto Alegre: Fabris, 2004. p. 109).

[312] "O princípio da subsidiariedade, vigente na análise de admissibilidade da ADPF, tem sua incidência mitigada quando a relevância dos preceitos lesados e a necessidade de solução abrangente assim recomendam, em face da transcendência do tema, como se depreende de voto do Ministro Gilmar Mendes, em questão de ordem apresentada na ADPF-54, *verbis*: A exceção mais expressiva reside talvez na possibilidade de o Procurador-Geral da República [...] propor a arguição de descumprimento a pedido de terceiro interessado, tendo em vista a proteção de situação específica. Ainda assim o ajuizamento da ação e sua admissão estarão vinculados, muito provavelmente, ao significado da solução da controvérsia para o ordenamento constitucional objetivo, e não à proteção judicial efetiva de uma situação singular. Na mesma senda é a lição de Luís Roberto Barroso: [...] É necessária, portanto, uma interpretação mais aberta e construtiva da regra da subsidiariedade. A questão central aqui parece estar na eficácia do "outro meio" referido na lei, isto é, no tipo de solução que é capaz de produzir. Considerando que a decisão da ADPF é dotada de caráter vinculante e contra todos, quando esses efeitos forem decisivos para o resultado que se deseja alcançar, dificilmente uma ação individual ou coletiva de natureza subjetiva poderá atingi-los. É exatamente a circunstância da matéria aqui suscitada, em que marcante o caráter transcendente da discussão, cujo deslinde diz menos com os casos concretos que demonstram a violação dos preceitos e mais com sua proteção definitiva e não incidental". (DA CAMINO, Geraldo Costa da; MIRON, Rafael Brum; ATHAYDE, José Gustavo. *Representação ao Procurador Geral da República*: investidura em cargo de membro de Tribunal de Contas. Procedimento. Indicação, Nomeação e Posse. Não comprovação de atendimento de requisitos constitucionais. Lesão a preceitos fundamentais. Princípio Republicano. Prestação de contas. Separação dos poderes. Representação. Solicitação de propositura de Arguição de Descumprimento de Preceito Fundamental. 2010. Disponível em: http://portal.mpc.rs.gov.br/portal/page/portal/MPC/informativos/Repres.ADPF. pdf. Acesso em 2 nov. 2016).

Assim sendo, é possível concluir que a simples existência de ações ou de outros recursos processuais – vias processuais ordinárias – não poderá servir de óbice à formulação da arguição de descumprimento. Ao contrário, tal como explicitado, a multiplicação de processos e decisões sobre um dado tema constitucional reclama, as mais das vezes, a utilização de um instrumento de feição concentrada, que permita a solução definitiva e abrangente da controvérsia. [...] Essa *leitura compreensiva da cláusula da subsidiariedade* contida no art. 4º, §1º, da Lei nº 9.882/99, parece solver, com superioridade, a controvérsia em torno da aplicação do princípio da exaustão das instâncias.[313] (Grifou-se).

André Ramos Tavares vai além, ao discorrer sobre o alcance da expressão "outro meio eficaz", aqui analisada, defendendo que interpretar restritivamente o referido dispositivo da lei da ADPF seria "amesquinhar-lhe a dignidade", e que:

> A interpretação válida da Lei só pode ser encontrada no sentido de considerar ter o legislador pretendido propiciar o cabimento da arguição *também* em todos os demais casos em que o descumprimento de preceito constitucional fundamental não possa ser sanado por não encontrar via adequada. (Grifo no original).

Também Gabriel Dias Marques da Cruz, ao comentar posicionamento de Nagib Slaibi Filho sobre o tema, critica a invocação da subsidiariedade em face de preceito fundamental, considerando "evidente a impropriedade de se tutelar aquilo que há de mais importante na Constituição através de uma ação que exige o esgotamento de outras medidas judiciais".[314]

É o caso de ADPF que pede do STF não somente que sane lesão causada por ato do poder público,[315] mas que fixe interpretação que, *pro*

---

[313] MENDES, Gilmar Ferreira. *Arguição de descumprimento de preceito fundamental*. 2. ed. São Paulo: Saraiva, 2011. p. 186.

[314] CRUZ, Gabriel Dias Marques da. *Arguição de descumprimento de preceito fundamental*: lineamentos básicos e revisão crítica no direito constitucional brasileiro. São Paulo: Malheiros, 2011. p. 98.

[315] "Os atos do poder público – que são sempre sindicáveis jurisdicionalmente, ainda que de caráter político – consubstanciados na indicação, nomeação e posse de membros de Tribunais de Contas, a exemplo do veto presidencial, devem ser devidamente fundamentados. Assim, como a quem veta não basta alegar contrariedade ao interesse público, impondo-se apontar os motivos de sua convicção, também na devida fundamentação deve se encontrar a demonstração dos requisitos constitucionais, em especial a explicitação da notoriedade dos conhecimentos exigidos. O Supremo Tribunal Federal, na questão de ordem apresentada pelo Ministro Néri da Silveira no julgamento da ADPF nº 1, decidiu não ser "enquadrável, em princípio, o veto, devidamente fundamentado, pendente de deliberação política do

futuro (transcendendo o ato concreto que enseja a arguição), evite novas ameaças ou lesões ao preceito fundamental invocado. Exemplifica-se com o pedido formulado pelo Senado Federal na ADPF n° 424, sem julgamento até a presente data, *verbis*:

> 160. *Seja dada interpretação conforme* a Constituição ao art. 13, incisos II e III, do Código de Processo Penal, *para declarar que eventual* decisão judicial ou diligência policial a ser cumprida nos próprios do Congresso Nacional (imunidade sede) somente seja executada depois de ratificada por Ministro do Supremo Tribunal Federal, mediante incidente próprio a ser processado na forma do Regimento Interno do STF, e feita a comunicação à Polícia do Senado Federal, com transferência do sigilo, se for o caso.
>
> 161. Sucessivamente, em caso de não acolhimento do pedido anterior, *seja dada interpretação conforme* a Constituição ao art. 13, incisos II e III, do Código de Processo Penal, para declarar que *eventual* decisão judicial ou diligência policial a ser cumprida nos próprios do Congresso Nacional seja executada pelo órgão da polícia legislativa competente, ou, ainda, pela Polícia Federal, neste caso mediante prévia autorização

---

Poder Legislativo – que pode, sempre, mantê-lo ou recusá-lo, – no conceito de 'ato do Poder Público', para os fins do art. 1°, da Lei n° 9882/1999". (Grifou-se). Já então, porém, sinalizava a Corte Suprema o futuro elastecimento do conceito de "ato do Poder Público" para os fins de proteção a preceito fundamental. A expressão grifada ("devidamente fundamentado") é a chave para tal abertura, uma vez que, ao qualificar o ato em tese como imune à arguição, exigiu-o devidamente fundamentado. Assim se deduz, a *contrario sensu*, fosse ausente ou indevida a fundamentação do ato, seria ele enquadrável na moldura da ADPF. Tal entendimento foi confirmado pelo Ministro Celso de Mello, relator da ADPF n° 45, promovida contra veto do Presidente da República a dispositivo da Lei de Diretrizes Orçamentárias que dispunha sobre ações e serviços públicos de saúde. Afirmando a "dimensão política da jurisdição constitucional", reconheceu que "a ação constitucional em referência, considerado o contexto em exame, qualifica-se como instrumento idôneo e apto a viabilizar a concretização de políticas públicas". *Mutatis mutandis*, é o caso da indicação ocorrida no Rio Grande do Sul, antes mencionada, em que se concretizou investidura de candidato à vaga de Conselheiro do Tribunal de Contas cujos conhecimentos, submetidos à verificação formal pela Assembleia Legislativa, simplesmente não foram demonstrados, inviabilizando, por consequência lógica, a aferição de sua impositiva notoriedade. Em tais circunstâncias, restou evidente o desatendimento às prescrições constitucionais e a lesão ao interesse coletivo, que decorre não apenas da própria divergência com o modelo legal, mas, substancialmente, do prejuízo causado ao controle da administração pública, a demandar reparação na seara jurisdicional". (DA CAMINO, Geraldo Costa da; MIRON, Rafael Brum; ATHAYDE, José Gustavo. *Representação ao Procurador Geral da República*: investidura em cargo de membro de Tribunal de Contas. Procedimento. Indicação, Nomeação e Posse. Não comprovação de atendimento de requisitos constitucionais. Lesão a preceitos fundamentais. Princípio Republicano. Prestação de contas. Separação dos poderes. Representação. Solicitação de propositura de Arguição de Descumprimento de Preceito Fundamental. 2010. Disponível em: http://portal.mpc.rs.gov. br/portal/page/portal/MPC/informativos/Repres.ADPF.pdf. Acesso em 2 nov. 2016).

do Presidente da Casa Legislativa respectiva ou de seu substituto legal, em caso de impedimento. [...] (Grifou-se).

Veja-se que, não se restringindo à correção de determinados atos do Poder Público, busca-se interpretação com viés normativo – sem adentrar na discussão de eventual invasão da competência legiferante reservada ao Poder Legislativo (em postura de ativismo judicial, que poderia, em tese, importar em lesão à separação de poderes).

Interessante precedente, neste sentido, surgiu no âmbito da ADPF nº 84. Discutiam-se os efeitos, durante sua vigência, de uma medida provisória, afinal rejeitada pelo Congresso. Para tanto, o autor invocava como preceitos fundamentais atingidos a separação de poderes, a igualdade, o direito social à previdência social e a ordem social. Foi negado seguimento à arguição, por ter entendido o relator, Min. Sepúlveda Pertence, que se tratava de pretensão de caráter subjetivo, inadequada ao caráter de controle concentrado de normas que teria a ADPF. Em sede de agravo regimental, o relator, que inicialmente mantinha a decisão, reformou-a em plenário, admitindo a arguição, após ponderação do Min. Gilmar Mendes, que disse:

> [...] a discussão, aqui, posta diz respeito à interpretação do artigo 62, §11, da Constituição. [...] Qual seria adequada interpretação dessa disposição constante do §11: se ele regularia apenas as relações neste período, portanto, evitaria o vácuo, ou se teria – digamos – o efeito, o condão de regular as situações, ainda que nas relações prospectivas.[316]

Note-se que, mesmo não tendo sido apontado o referido dispositivo como base para a ADPF, depreendeu-se da causa que esse era seu fundamento, e que o que se buscava, em verdade, era a fixação de uma tese pelo STF, com a "adequada interpretação" da norma do §11 do art. 62 da Constituição. Não bastasse a clareza da discussão havida, as

---

[316] BRASIL. Supremo Tribunal Federal. *ADPF nº 84 AgR/DF*. Tribunal Pleno. Relator: Min. Sepúlveda Pertence. Sessão de 31 maio 2006. *DJe* 27 out. 2006. Disponível em: http://redir. stf.jus.br/paginadorpub/paginador.jsp?docTP=AC&docID=388704. Acesso em 6 fev. 2017. EMENTA: Agravo regimental a que se dá provimento, para determinar o processo da ação de descumprimento de preceito fundamental, para melhor exame. Decisão: O Tribunal, por unanimidade, deu provimento ao agravo regimental. Votou a Presidente, Ministra Ellen Gracie. Ausentes, justificadamente, os Senhores Ministros Celso de Mello e Eros Grau. Plenário, 31.05.2006. Indexação: NECESSIDADE, SUBMISSÃO, JULGAMENTO, STF, TESE, POSSIBILIDADE, UTILIZAÇÃO, ADPF, INTERPRETAÇÃO, DISPOSITIVO CONSTITUCIONAL, REGULAÇÃO, RELAÇÃO JURÍDICA, DECORRÊNCIA, REJEIÇÃO, MEDIDA PROVISÓRIA, AUSÊNCIA, EDIÇÃO, DECRETO LEGISLATIVO, PERÍODO, VALIDADE, MEDIDA PROVISÓRIA, POSTERIORIDADE, REJEIÇÃO.

GERALDO COSTA DA CAMINO
A INVESTIDURA NO TRIBUNAL DE CONTAS

próprias palavras-chave da indexação do acórdão assim sinalizam: "[...] STF, TESE, POSSIBILIDADE, UTILIZAÇÃO, ADPF, INTERPRETAÇÃO, DISPOSITIVO CONSTITUCIONAL [...]".

Pedido análogo se formulou na já citada representação ao PGR acerca de investiduras nos tribunais de contas, nos seguintes termos:

> Em face dos fundamentos jurídicos e fáticos expostos, entende-se necessária, o que se solicita, a propositura de ADPF, a fim de que o Excelso STF *se pronuncie sobre a razoável interpretação* das disposições do artigo 73, §1º e incisos, da Constituição Federal, definindo a forma de demonstração do atendimento àquele comando constitucional e, por outra, estabelecendo quais os elementos impeditivos do reconhecimento da satisfação dos requisitos para investidura em cargo de Membro de Corte de Contas.[317] (Grifou-se).

Foi outro, entretanto, o entendimento da Vice-PGR, chancelado pelo PGR que arquivou a representação, ao argumento de que se tratava de "pedido de interpretação conforme a Constituição, tendo como objeto, de maneira idêntica, norma constitucional",[318] o que, no entender daquela autoridade, "representaria admitir que existe hierarquia entre normas constitucionais".[319]

Mais recentemente, no julgamento da ADPF nº 388,[320] tratando do desempenho de funções estranhas às de Ministério Público por membros

---

[317] DA CAMINO, Geraldo Costa da; MIRON, Rafael Brum; ATHAYDE, José Gustavo. *Representação ao Procurador Geral da República*: investidura em cargo de membro de Tribunal de Contas. Procedimento. Indicação, Nomeação e Posse. Não comprovação de atendimento de requisitos constitucionais. Lesão a preceitos fundamentais. Princípio Republicano. Prestação de contas. Separação dos poderes. Representação. Solicitação de propositura de Arguição de Descumprimento de Preceito Fundamental. 2010. Disponível em: http://portal.mpc.rs.gov.br/portal/page/portal/MPC/informativos/Repres.ADPF.pdf. Acesso em 2 nov. 2016.

[318] Possibilidade defendida por Paulo Ferreira da Cunha: "[...] a primeira grande regra hermenêutica, que pode parecer redundante, mas não o é, será a *interpretação da Constituição conforme a Constituição*. Na verdade, uma interpretação não sectorial ou sectorizada, e muito menos sectária, mas holística, global, e integrada e integradora". (CUNHA, Paulo Ferreira da. Princípios-tópicos de hermenêutica constitucional. *Revista Brasileira de Estudos Constitucionais*, Belo Horizonte, v. 1, n. 4, p. 13, out. 2007. Grifou-se).

[319] Discorda-se, respeitosamente – e sem querer aqui estabelecer um impertinente contraditório, dado o escopo do trabalho e seu caráter monológico –, da leitura feita do pedido por parte do órgão destinatário da representação, uma vez que esta não apontava inconstitucionalidade de norma constitucional, como expôs Otto Bachof em obra referencial sobre o tema (Normas constitucionais inconstitucionais?), mas a necessidade de ser explicitado o seu sentido.

[320] BRASIL. Supremo Tribunal Federal. *ADPF nº 388*. Tribunal Pleno. Relator Min. Gilmar Mendes. Sessão de 9 mar. 2016. *DJe* 1 ago. 2016. Disponível em: http://redir.stf.jus.br/paginadorpub/paginador.jsp?docTP=TP&docID=1133851. Acesso em 2 dez. 2016.

CAPÍTULO 4
CONTROLES DA INVESTIDURA | 157

da instituição, ficou ainda mais evidente o avanço na configuração desse instrumento de controle de constitucionalidade. A detalhada ementa[321] do julgado é capaz, por si só, de bem explicitar significativa expansão nos contornos da ADPF.

Importantes parâmetros para o manejo da arguição são estampados no acórdão referido anteriormente, dizentes com as hipóteses aqui levantadas, a saber:

(1) todo princípio sensível – capaz de ensejar intervenção federal nos estados ou destes nos municípios, o que afeta o princípio federativo – é considerado um preceito fundamental (como o dever de prestar contas ou princípio da prestação de contas);

(2) meio eficaz é aquele que solve a controvérsia constitucional de forma ampla, geral e imediata (o que mitiga o princípio da subsidiariedade da ADPF, que poderia ser invocado para não conhecer arguição contra nomeação de membro

---

[321] Constitucional. Arguição de descumprimento de preceito fundamental. Membros do Ministério Público. Vedação: art. 128, §5°, II, "d". 2. ADPF: Parâmetro de controle. Inegável qualidade de preceitos fundamentais da ordem constitucional dos direitos e garantias fundamentais (art. 5°, dentre outros), dos princípios protegidos por cláusula pétrea (art. 60, §4°, da CF) e dos "princípios sensíveis" (art. 34, VII). A lesão a preceito fundamental configurar-se-á, também, com ofensa a disposições que confiram densidade normativa ou significado específico a um desses princípios. Caso concreto: alegação de violação a uma regra constitucional – vedação a promotores e procuradores da República do exercício de "qualquer outra função pública, salvo uma de magistério" (art. 128, §5°, II, "d") –, reputada amparada nos preceitos fundamentais da independência dos poderes – art. 2°, art. 60, §4°, III – e da independência funcional do Ministério Público – art. 127, §1°. Configuração de potencial lesão a preceito fundamental. Ação admissível. 3. Subsidiariedade – art. 4°, §1°, da Lei n° 9.882/99. Meio eficaz de sanar a lesão é aquele apto a solver a controvérsia constitucional relevante de forma ampla, geral e imediata. No juízo de subsidiariedade há de se ter em vista, especialmente, os demais processos objetivos já consolidados no sistema constitucional. Relevância do interesse público como critério para justificar a admissão da arguição de descumprimento. Caso concreto: Institucionalização de prática aparentemente contrária à Constituição. Arguição contra a norma e a prática com base nela institucionalizada, além de atos concretos já praticados. Controle objetivo e subjetivo em uma mesma ação. Cabimento da ADPF. Precedentes. [...] 9. Entendimento do CNMP afrontoso à Constituição Federal e à jurisprudência do STF. O Conselho não agiu em conformidade com sua missão de interpretar a Constituição e, por meio de seus próprios atos normativos, atribuir-lhes densidade. Pelo contrário, se propôs a mudar a Constituição, com base em seus próprios atos. 10. Art. 128, §5°, II, "d". Vedação que não constitui uma regra isolada no ordenamento jurídico. Concretização da independência funcional do Ministério Público – art. 127, §1°. A independência do Parquet é uma decorrência da independência dos poderes – art. 2°, art. 60, §4°, 11. Ação julgada procedente em parte, para estabelecer a interpretação de que membros do Ministério Público não podem ocupar cargos públicos, fora do âmbito da Instituição, salvo cargo de professor e funções de magistério, e declarar a inconstitucionalidade da Resolução n° 72/2011, do CNMP. Outrossim, determinada a exoneração dos ocupantes de cargos em desconformidade com a interpretação fixada, no prazo de até vinte dias após a publicação da ata deste julgamento. (Grifou-se).

de Tribunal de Contas atacável em ação específica, cuja solução não ostenta aqueles atributos);

(3) interesse público relevante é causa de mitigação do princípio da subsidiariedade da ADPF;

(4) a institucionalização de uma prática inconstitucional, a partir de equivocada interpretação da norma, permite que a decisão da ADPF abarque, simultaneamente, controle objetivo e subjetivo,

(4.1) fixando tese que estabeleça a correta interpretação e

(4.2) afetando os atos

(4.2.1) atacados na ação e

(4.2.2) outros praticados em desconformidade com a tese firmada.

Por fim, o STF, de forma mais explícita, em ainda mais recente decisão, proferida na ADPF n° 339,[322] deixou patente o caráter de transcendência e abstração desse instrumento. Na arguição, que atacava ato omissivo do Governador do Piauí, o qual não vinha repassando os duodécimos orçamentários destinados à Defensoria Pública, a Corte fixou tese genérica, em extrapolação dos limites postos pelo autor da ação, estabelecendo a correta interpretação dos arts. 134, §2° e 168 da Constituição Federal.[323]

---

[322] BRASIL. Supremo Tribunal Federal. *ADPF n° 339/PI*. Tribunal Pleno. Relator: Min. Luiz Fux. Sessão de 18 maio 2016. *DJe* 1 ago. 2016. Disponível em: http://redir.stf.jus.br/paginadorpub/paginador.jsp?docTP=TP&docID=11402259. Acesso em 6 fev. 2017.

[323] Ementa: ARGUIÇÃO POR DESCUMPRIMENTO DE PRECEITO FUNDAMENTAL. *ATO DO GOVERNADOR DO ESTADO DO PIAUÍ* CONSISTENTE NO NÃO REPASSE DE DUODÉCIMOS ORÇAMENTÁRIOS À DEFENSORIA PÚBLICA ESTADUAL. AÇÃO PROPOSTA PELA ASSOCIAÇÃO NACIONAL DE DEFENSORES PÚBLICOS – ANADEP. ART. 103, IX, DA CRFB/88. LEGITIMIDADE ATIVA. PERTINÊNCIA TEMÁTICA CARACTERIZADA. PRINCÍPIO DA SUBSIDIARIEDADE ATENDIDO. PRECEDENTES. CABIMENTO DA AÇÃO. DEFENSORIA PÚBLICA. AUTONOMIA FUNCIONAL, ADMINISTRATIVA E ORÇAMENTÁRIA. *ART. 134, §2°, DA CRFB/88*. REPASSES ORÇAMENTÁRIOS QUE DEVEM SE DAR PELO CHEFE DO PODER EXECUTIVO SOB A FORMA DE DUODÉCIMOS E ATÉ O DIA VINTE DE CADA MÊS. *ART. 168* DA CRFB/88. IMPOSSIBILIDADE DE RETENÇÃO, PELO GOVERNADOR DE ESTADO, DE PARCELAS DAS DOTAÇÕES ORÇAMENTÁRIAS DESTINADAS À DEFENSORIA PÚBLICA ESTADUAL, ASSIM TAMBÉM AO PODER JUDICIÁRIO, AO PODER LEGISLATIVO E AO MINISTÉRIO PÚBLICO. DESCUMPRIMENTO DE PRECEITO FUNDAMENTAL CARACTERIZADO. ARGUIÇÃO JULGADA PROCEDENTE PARA A *FIXAÇÃO DE TESE*. 1. Às Defensorias Públicas Estaduais são asseguradas autonomia funcional e administrativa, bem como a prerrogativa de formulação de sua própria proposta orçamentária (art. 134, §2°, da CRFB/88), por força da Constituição da República, após a Emenda Constitucional n° 45/2004. 2. O repasse dos recursos correspondentes destinados à Defensoria Pública, ao Poder Judiciário, ao Poder Legislativo e ao Ministério Público sob a forma de duodécimos e até o dia 20 de cada mês (art. 168 da CRFB/88) é imposição constitucional; atuando o Executivo

A postulação de que o STF corrigisse equivocada interpretação constitucional constou expressamente da petição inicial da ADPF n° 402, de rumorosa repercussão, acerca da impossibilidade de que réus em ação penal perante a Corte Suprema integrem a linha sucessória da Presidência da República. Tendo sido requerente o partido Rede Sustentabilidade, cujo advogado para a causa é o festejado professor Daniel Sarmento, a peça inaugural da arguição estampou "como ato do Poder Público lesivo a preceitos fundamentais a interpretação constitucional e a prática institucional, prevalentes na Câmara dos Deputados",[324] para, em seguida, deixar patentes os seus contornos:

> O objetivo da ação – frise-se bem – não é apenas sanar a lesão a preceitos fundamentais da Constituição ocorrida no referido caso concreto. O caso evidencia a prevalência de uma interpretação equivocada da Constituição no âmbito do Parlamento brasileiro. Pretende-se afastar essa interpretação, fixando com eficácia vinculante o entendimento de que é incompatível com Constituição a assunção e o exercício dos cargos que estão na linha de substituição do Presidente da República por pessoas

---

apenas como órgão arrecadador dos recursos orçamentários, os quais, todavia, a ele não pertencem.

3. O repasse dos duodécimos das verbas orçamentárias destinadas ao Poder Legislativo, ao Poder Judiciário, ao Ministério Público e à Defensoria Pública quando retidos pelo Governador do Estado constitui prática indevida em flagrante violação aos preceitos fundamentais esculpidos na CRFB/88. Precedentes: AO n° 1.935, rel. Min. Marco Aurélio, DJe de 26.9.2014; ADPF n° 307-MC-Ref, rel. Min. Dias Toffoli, Tribunal Pleno, DJe de 27.3.2014; MS n° 23.267, rel. Min. Gilmar Mendes, Tribunal Pleno, DJ de 16.5.2003; ADI n° 732-MC, rel. Min. Celso de Mello, Tribunal Pleno, DJ de 21.8.1992; MS n° 21.450, rel. Min. Octavio Gallotti, Tribunal Pleno, Dj de 5.6.1992; ADI n° 37-MC, rel. Min. Francisco Rezek, Tribunal Pleno, DJ de 23.6.1989.

4. O princípio da *subsidiariedade*, ínsito ao cabimento da ADPF, resta atendido diante da *inexistência*, para a Associação autora, de *outro instrumento processual igualmente eficaz ao atendimento célere* da tutela constitucional pretendida. Precedentes: ADPF n° 307-MC-Ref, rel. Min. Dias Toffoli, Tribunal Pleno, DJe de 27.3.2014; ADPF n° 187, rel. Min. Celso de Mello, Tribunal Pleno, DJ de 29.5.2014.

5. A Associação Nacional de Defensores Públicos é parte legítima a provocar a fiscalização abstrata de constitucionalidade (art. 103, IX, da CRFB/88). Precedentes: ADPF n° 307-MC-Ref, rel. Min. Dias Toffoli, DJe de 27.3.2014; ADI n° 4.270, rel. Min. Joaquim Barbosa, DJe de 28.9.2012; ADI n° 2.903, rel. min. Celso de Mello, DJe 19.09.2008.

6. Arguição por descumprimento de preceito fundamental julgada procedente, para *fixar a seguinte tese*: "É dever constitucional do Poder Executivo o repasse, sob a forma de duodécimos e até o dia 20 de cada mês (art. 168 da CRFB/88), da integralidade dos recursos orçamentários destinados a outros Poderes e órgãos constitucionalmente autônomos, como o Ministério Público e a Defensoria Pública, conforme previsão da respectiva Lei Orçamentária Anual".

[324] SARMENTO, Daniel *et al. Petição inicial na ADPF n° 402, 3 maio 2016*. Disponível em: http://redir.stf.jus.br/estfvisualizadorpub/jsp/consultarprocessoeletronico/ConsultarProcessoEletronico.jsf?seqobjetoincidente=4975492. Acesso em 25 fev. 2017.

que sejam réus em ações penais perante o Supremo Tribunal Federal, admitidas pela própria Corte Suprema.[325]

Em sede de liminar, que determinara o afastamento do presidente do Senado Federal, o STF negou referendo no particular quanto à medida concedida, assentando, porém, no que aqui interessa, que "os substitutos eventuais do Presidente da República [...] caso ostentem a posição de réus criminais [...] ficarão unicamente impossibilitados de exercer o ofício de Presidente da República".[326]

Mais uma vez, por conseguinte, a ADPF obtém provimento jurisdicional que extrapola o caso concreto levado à análise do STF, para dispor *pro futuro* e de forma geral acerca da interpretação dada às normas examinadas. Embora a arguição tratasse apenas, *in concretu*, da situação do Presidente do Senado Federal, a Corte dispôs acerca de todas as autoridades componentes da linha sucessória do Presidente da República, fixando a tese a ser observada, no objeto da ADPF específica e a partir de seu julgamento, em hipóteses análogas porventura ocorrentes.

Quanto à qualificação de preceito fundamental ser aplicável aos denominados "princípios sensíveis", a doutrina acompanha o entendimento jurisprudencial referido em (1), como bem demonstra a obra de André Ramos Tavares:

> No ordenamento constitucional brasileiro certos princípios e regras são praticamente indicados de maneira expressa como fundamentais, o que não desautoriza a inserção de outros nessa mesma categoria de normas fundamentais. [...] É o caso dos denominados princípios sensíveis que geram a medida excepcional da intervenção federal ou estadual. [...] Não pode pairar dúvida de que aqueles "princípios sensíveis" fazem parte dos preceitos fundamentais, acima indicados, dada sua importância para a organização do poder [...].[327]

Assim também Gilmar Mendes, que, atribuindo significado a "preceito fundamental", destaca que "não se poderá deixar de atribuir essa qualificação aos demais princípios protegidos pela cláusula pétrea",

---

[325] SARMENTO, Daniel *et al*. *Petição inicial na ADPF n° 402, 3 maio 2016*. Disponível em: http://redir.stf.jus.br/estfvisualizadorpub/jsp/consultarprocessoeletronico/ConsultarProcessoEletronico.jsf?seqobjetoincidente=4975492. Acesso em 25 fev. 2017.

[326] BRASIL. Supremo Tribunal Federal. ADPF n° 402. Plenário. Relator: Min. Marco Aurélio. J. em 01 fev. 2017. *DJ* em 06 fev. 2017. Disponível em: http://www.stf.jus.br/portal/processo/verProcessoAndamento.asp. Acesso em 25 fev. 2017.

[327] TAVARES, André Ramos. *Tratado da argüição de preceito fundamental*. São Paulo: Saraiva, 2001.

dentre os quais o princípio federativo, sendo que "a própria Constituição explicita os chamados 'princípios sensíveis', cuja violação pode dar ensejo à decretação de intervenção federal nos Estados-Membros".[328] Como dito, podem ser identificadas duas possíveis vertentes de descumprimento de preceito fundamental relativas ao tema em estudo. Uma, em concreto, a do virtual ECI provocado pela sistemática desconsideração dos requisitos constitucionais em investiduras preponderante ou exclusivamente lastreadas em relações políticas ou pessoais. Outra, em abstrato, a das investiduras nas quais é admitida, de forma inconstitucional, alternatividade nos notórios conhecimentos exigidos.

Na própria ADPF n° 347, paradigma do ECI no Brasil, o Ministro Gilmar Mendes ressalvou que conhecia da arguição, mas que o faria igualmente ainda que não reconhecesse o ECI como incidente ao caso examinado:

> Reconhecer o cabimento da ADPF, tendo em vista esse seu objeto plástico e amplo. [...] não tenho dúvida quanto ao cabimento dessa ação, ainda que eu não me animasse, desde já, a subscrever a ideia ou a aceitação da tese do estado de coisa inconstitucional. Bastaria que nós indicássemos a existência de uma omissão administrativa sistemática [...].

A circunstância identificada pelo Ministro Gilmar Mendes, alternativamente ao ECI, de uma "omissão administrativa sistemática" na situação carcerária brasileira, assemelha-se à que neste trabalho se constatou como ocorrente no âmbito do controle externo, uma "sistemática desconsideração dos requisitos constitucionais em investiduras", caso não se avance ao ponto de se reconhecer um ECI na matéria.

Numa e noutra das hipóteses aqui levantadas (declaração do ECI no controle externo ou reconhecimento da sistemática desconsideração dos requisitos para investidura no Tribunal de Contas), em face de o investido não materializar a função de controle, por causas subjetivas (em face de compromissos políticos ou pessoais que comprometam sua imparcialidade)[329] ou objetivas (por falta de capacidade técnica que o

---

[328] MENDES, Gilmar Ferreira. *Arguição de descumprimento de preceito fundamental*. 2. ed. São Paulo: Saraiva, 2011. p. 148.

[329] Imparcialidade que deve ser evidente para a sociedade que demanda atuação com tal atributo, na linha do exposto por Philip Pettit: "Mesmo se formos cínicos, há uma importante razão pela qual uma corporação deve mostrar-se imparcial e deve geralmente esperar-se que prove ser imparcial. Em uma sociedade onde as divisões permanecem relativamente civis, os membros de uma corporação aceitarão ganhar uma boa opinião da maioria dos seus seguidores, na medida em que se veja que eles cumpriram com a tarefa de que foram incumbidos. Podemos assumir, como estabelece a tradição, que as pessoas se importam

habilite ao exercício do cargo), resta ferido, efetiva ou potencialmente, o princípio constitucional da prestação de contas (uma vez que reduzida a seu aspecto meramente formal).

A hipótese lançada anteriormente, dizente com a possibilidade de uso do instrumento da reclamação para impugnar ato desconforme à interpretação fixada pelo STF para os requisitos constitucionais é o corolário do que aqui exposto.

Com efeito, dispondo-se de tal ferramenta, desnecessária será a continuidade da instrução das ações em curso, como as já vistas, e o ajuizamento de novas, quando advier decisão do STF na ADPF cogitada. Mais facilmente, portanto, será efetivado o controle, especialmente o social, sobre as investiduras nos tribunais de contas, bastando que, em caso de desrespeito à tese firmada naquela Corte Máxima, proponha-se, perante a mesma, reclamação instruída com prova documental da violação de sua decisão.

Assim, considera-se adequada a via da ADPF para corrigir e evitar lesões ao preceito fundamental da prestação de contas, uma vez que os demais meios (ações populares, ações civis públicas, dentre outros) não têm sido eficazes – e nada faz crer que venham a sê-lo – para solver, como referido anteriormente, "a controvérsia constitucional de forma ampla, geral e imediata".

Ao contrário, além de se verificar a ocorrência de decisões contraditórias, seja em referência ao cabimento de controle judicial sobre as escolhas, seja na interpretação, em cada caso, dos conceitos jurídicos indeterminados envolvidos (notórios conhecimentos, reputação ilibada e idoneidade moral), não se consolida qualquer tendência à prevalência de determinada linha interpretativa, o que indica a provável perenização da citada controvérsia judicial.

Frisa-se, a fim de bem demonstrar a pertinência da ADPF aventada, que não se trata de infirmar aos instrumentos processuais hoje disponíveis a capacidade de, a cada investidura irregular que seja verificada, corrigi-la pontualmente. Isso ocorre, ora com uma maior abertura no proceder à avaliação dos requisitos, ora de forma mais restrita o fazendo. Trata-se, isso sim, de reconhecer que as respostas dadas isoladamente às violações não têm solvido a controvérsia que

---

muito com a opinião que os outros têm delas [...] e podemos esperar que seja possível organizar corporações relevantes de tal forma que esse desejo de estima proporcionará uma movimentação suficiente para os seus membros agirem imparcialmente". (PETTIT, Philip. *Teoria da liberdade*. Belo Horizonte: Del Rey, 2007. p. 228).

as circunda, e que, para atingir tal solução, há que se discutir o tema também em abstrato.

É necessária, portanto, a propositura de ADPF com pedidos de interpretação do balizamento de sentido admissível para (1) reputação ilibada, (2) idoneidade moral, (3) notórios conhecimentos e (4) quanto à alternatividade ou cumulatividade dos qualificativos apostos a estes últimos (jurídicos, contábeis, econômicos e financeiros ou de administração pública), nos moldes referidos alhures.

Finda a análise encetada ao longo do desenvolvimento do presente trabalho, restam as considerações finais acerca de sua temática – e da abordagem sobre a mesma –, a serem expendidas no capítulo seguinte.

CAPÍTULO 5

CONSIDERAÇÕES FINAIS

Ao longo deste trabalho se procurou, depois de abordar a evolução do órgão de controle, suas competências e paradigmas, demonstrar de que forma a investidura no Tribunal de Contas é capaz de, quando se verifica ter ocorrido a inobservância dos requisitos constitucionais para indicação, aprovação, nomeação e posse dos Ministros do TCU e dos Conselheiros de TCE e de TCM, reduzir a função de controle a seu aspecto meramente formal.

A relevância do controle no concerto das funções estatais ficou patenteada ao serem descritas as competências do Tribunal de Contas, dizentes, ao abrangerem todas as atividades do setor público, com os direitos fundamentais dos cidadãos. Assim, não apenas genericamente considerando a relação do controle com o direito fundamental à boa administração pública, senão a ligação direta desta com a concretização da maioria dos direitos fundamentais, dependentes que são da ação estatal.

Deveras, se (1) há direitos fundamentais que dependem, para sua concretização, de medidas tomadas pelo Estado, e se (2) tais medidas – ou sua ausência – estão submetidas à função de controle, então (3) os direitos fundamentais dependem da função de controle.

No estudo dos requisitos exigidos para a ocupação de tão relevantes cargos no órgão de controle externo, verificou-se que a relativa indeterminação das respectivas normas está a exigir esforço interpretativo para que delas se extraia o correto e adequado perfil técnico e ético de Ministros e Conselheiros das cortes de contas, especialmente no que toca aos notórios conhecimentos jurídicos, contábeis, econômicos e financeiros ou de administração pública.

Anotou-se, quanto ao particular, que – ademais do alcançado mediante interpretação sistemática e teleológica da norma – já pela natureza mesma do Tribunal de Contas, não há como deixar de exigir dos postulantes a aptidão jurídica e contábil, ao menos, sendo conjuntivos os conhecimentos elencados, os quais devem ser devidamente comprovados, descabendo a presunção de sua ocorrência.

A casuística de violações aos comandos constitucionais na investidura de membros das cortes contábeis, ao lado da relativa inefetividade no desempenho da função de controle, propicia, uma vez demonstrado o nexo causal entre essas situações, ofensa ao princípio da prestação de contas, que carece, assim, de materialidade.

O princípio da prestação de contas – ou dever de prestar contas –, como visto, é princípio sensível da Constituição, apto a propiciar intervenção federal, e, como tal, enquadrável na categoria dos preceitos fundamentais, como defende a doutrina e já decidiu o STF.

Encontrou-se similitude, por analogia, guardadas as devidas proporções, entre a reiterada prática de investiduras inconstitucionais – com seus nocivos efeitos à função de controle – e o denominado estado de coisas inconstitucionais (ECI).

É que, embora o ECI seja uma ferramenta de interpretação constitucional para casos de violação massiva de direitos fundamentais cuja solução requer um conjunto de ações do Poder Público, nada impede que seu conceito seja empregado em outra circunstância. Esse é o caso da inefetividade do controle advinda das investiduras inconstitucionais nas cortes de contas, em face dos reflexos nocivos na concretização de direitos fundamentais dependentes de políticas públicas, submetidas que são ao controle externo pelo Tribunal de Contas.

De qualquer forma, seja mediante o paralelo com o ECI ou, mais ortodoxamente, através da identificação de se haver quase que institucionalizado uma prática inconstitucional, cristaliza-se o sistemático descumprimento de preceito fundamental. Caracterizada, portanto, tal lesão, impõe-se o seu saneamento.

Os mais de trinta anos passados da promulgação da Constituição, sem que o órgão de controle externo tenha logrado plena efetividade, demandam o ajuizamento, perante o STF, de ADPF visando a estabelecer a correta interpretação do art. 73 da Carta, com a consequência de desfazer os atos praticados em desacordo com a tese que venha a ser fixada (nos casos em que não se imponha a convalidação dos mesmos, em prol do interesse público e da segurança jurídica) e impedir que, doravante, frutifiquem investiduras desconformes à norma constitucional.

Em sede de ADPF, o pedido, portanto, seria no sentido de estabelecer que:

(1) Reputação ilibada é aquela em relação a qual não consta qualquer mácula. É conceito jurídico indeterminado que apresenta, contudo, considerável grau de objetividade em sua aferição, uma vez que a existência de condenações por crimes infamantes ou por atos de improbidade administrativa, por exemplo, maculam a reputação do condenado, mesmo que não em caráter definitivo.

(2) Idoneidade moral, a seu turno, comporta maior dose de subjetividade em sua avaliação, tendo característica de juízo de valor sobre determinada pessoa. Ainda assim, há circunstâncias que possuem o condão de infirmá-la, como condenações de características das anteriormente referidas, porém já transitadas em julgado. Assim, pela definitividade da situação, permite-se agregar alguma objetividade à aferição da idoneidade moral.

(3) Notórios são os conhecimentos (jurídicos, contábeis, econômicos e financeiros ou de administração pública) de domínio público, ainda que, separadamente considerados, não sejam notáveis. Notoriedade tem caráter objetivo, é relativa à publicidade de determinada circunstância; notabilidade é qualidade subjetiva, atinente à excelência de determinado atributo, como no caso de "notável saber jurídico" exigido dos ministros do STF.

(4) Os campos do conhecimento enumerados na norma são cumulativos em sua notoriedade, ao menos os jurídicos e contábeis (por não serem conectados por disjuntiva explícita e pela natureza mesma do Tribunal de Contas), admitindo-se alternatividade entre os conhecimentos de administração pública e os financeiros (ou econômico-financeiros, se entendidos estes como apresentados em unidade de sentido).

Concluiu-se, assim, que, a fim de concretizar o relevantíssimo papel que a Carta Magna reservou ao Tribunal de Contas, é imprescindível que sua composição seja capaz de desempenhá-lo, ética e tecnicamente. Para tanto, o atendimento dos requisitos constitucionais para a investidura de seus membros precisa ser assegurado. Se tal atendimento – admite-se – não garante, em termos absolutos, o cabal desempenho das funções do controle, pode-se, ao menos, presumir, *a contrario sensu*, que sua inobservância muito provavelmente o dificulta ou, mesmo, inviabiliza.

De lege ferenda, duas proposições normativas são aqui consignadas, uma no plano constitucional e a outra no escalão legal do ordenamento. A primeira – embora não se desconheça a dificuldade, material[330] e formal,[331] de seu trâmite e aprovação –, introduzindo mudanças nos requisitos para investidura no cargo de membro de Tribunal de Contas; a segunda – como alternativa de curto prazo, por suscitar, em tese, menor controvérsia quanto a seus termos –, apresentando forma de comprovação de atendimento dos requisitos hoje vigentes.

(1) Proposta de Emenda à Constituição

Altera a redação dos §§1º, III, e 3º do art. 73 da Constituição, modificando os requisitos para investidura como Ministro do Tribunal de Contas da União.

Art. 73. [...]

§1º Os Ministros do Tribunal de Contas da União serão nomeados dentre brasileiros que não estejam inelegíveis por força da lei complementar de que trata o art. 14, §9º, desta Constituição, não tenham, nos três anos anteriores à respectiva indicação, exercido mandato eletivo nem ocupado cargo, emprego ou função diretamente subordinado a autoridade envolvida no procedimento de investidura, e que satisfaçam os seguintes requisitos:

[...]

III – notórios conhecimentos jurídicos, contábeis, econômicos e financeiros;

[...]

§3º Os Ministros do Tribunal de Contas da União terão as mesmas garantias, prerrogativas, impedimentos, requisitos para investidura, vencimentos e vantagens dos Ministros do Superior Tribunal de Justiça, aplicando-se-lhes, quanto à aposentadoria e pensão, as normas constantes do art. 40.

A PEC introduz, na redação do §1º do art. 73, as expressões (1) "que não estejam inelegíveis por força da lei complementar de que trata o art. 14, §9º, desta Constituição" e (2) "não tenham, nos três anos anteriores à respectiva indicação, exercido mandato eletivo nem ocupado cargo,

---

[330] Dadas a complexidade do tema, a diversidade de interesses envolvidos e a multiplicidade de propostas similares já em discussão no Congresso Nacional.

[331] Em face do rito da Proposta de Emenda à Constituição, com discussão e votação "em cada Casa do Congresso Nacional, em dois turnos, considerando-se aprovada se obtiver, em ambos, três quintos dos votos dos respectivos membros" (CF, art. 60, §2º).

emprego ou função diretamente subordinado a autoridade envolvida no procedimento de investidura".

Com a primeira, faz incidir aos indicados ao Tribunal de Contas a exigência imposta aos postulantes a cargos eletivos, que diz com os requisitos de idoneidade moral e reputação ilibada. Através da segunda, com base nos princípios da impessoalidade e da moralidade, em analogia com as vedações impostas aos magistrados e membros do Tribunal de Contas e do Ministério Público que nestes cargos se aposentam,[332] restringe o universo de possíveis escolhidos para aquelas funções.

(2) Projeto de Lei

Regulamenta a forma de verificação do preenchimento dos requisitos para nomeação de Ministros do Tribunal de Contas da União, previstos nos incs. II, III e IV do §1º do Art. 73 da Constituição da República, e de Conselheiros dos Tribunais de Contas dos Estados, do Distrito Federal e dos Municípios, por força do art. 75 da mesma Constituição.

Art. 1º A escolha de membro de Tribunal de Contas será precedida, em pelo menos trinta dias, da publicação de edital informando acerca da existência da vaga e dos procedimentos para habilitação dos interessados em concorrer ao seu provimento, na forma definida nesta lei.

Art. 2º O preenchimento dos requisitos constitucionais para nomeação de membro de Tribunal de Contas será aferido pelos Poderes incumbidos da escolha e da aprovação para a respectiva vaga, bem como, antes da posse, pela Corte a qual se destina a investidura, em processos administrativos documentados:

I – quanto à idoneidade moral, com declarações de membros dos três Poderes, do Ministério Público e de Tribunal de Contas, bem como de representantes legais de associações cujos fins estatutários guardem relação com a preservação da probidade na Administração Pública;

II – quanto à reputação ilibada, com certidões que comprovem não estar, o interessado, inelegível por hipótese prevista na lei complementar de que trata o §9º do art. 14 desta Constituição;

III – quanto aos notórios conhecimentos (a) jurídicos, (b) contábeis, (c) econômicos e (d) financeiros ou de administração pública, com (1) diploma de graduação ou pós-graduação em ao menos uma das áreas de conhecimento referidas, e (2) atas de arguições em audiências públicas que abarquem todos os conhecimentos citados;

---

[332] CF, Art. 95 [...] Parágrafo único. Aos juízes é vedado: [...] V exercer a advocacia no juízo ou tribunal do qual se afastou, antes de decorridos três anos do afastamento do cargo por aposentadoria ou exoneração.

IV – quanto aos mais de dez anos de exercício de função ou de efetiva atividade profissional que exija os conhecimentos mencionados no inciso anterior, mediante certidões de repartições públicas ou de órgãos de classe que comprovem a relação que a função ou a atividade profissional certificada guarda com cada uma das áreas nelas referidas.

Art. 3º Esta lei entra em vigor na data de sua publicação, revogadas as disposições em contrário.

O projeto de lei, por sua vez, pressupondo a manutenção das normas constitucionais hoje aplicáveis à matéria, visa a regulamentá-las, à luz dos princípios da moralidade e da eficiência.

Em suma, espera-se ter alcançado o intento inicial de, ressaltando o caráter fundamental da instituição do Tribunal de Contas à República e à democracia, apontar o que de disfuncional em sua atuação se relaciona à forma de investidura de seus membros.

Afora essa constatação – que uma pena melhor poderia ofertar como singelo contributo à doutrina –, e mirando na superação dos entraves para que o órgão de controle externo venha a se tornar o que a Constituição de 1988 propiciou que fosse – e ainda não foi –, lançaram-se sementes na seara da jurisprudência e da legislação alvitradas, através, respectivamente, das sugestões trazidas em termos de ADPF e de proposições normativas (PEC e PL).

As sábias palavras de Diogo de Figueiredo Moreira Neto são aqui, sem licença, tomadas de empréstimo, à guisa, senão de justificativa, de explicação, e para fecho deste trabalho, que se quis de alguma utilidade e que se oferece, despretensiosamente, ao escrutínio dos doutos:

> [...] o Judiciário pode corrigir esse quadro, que esperamos não ter pintado com tintas muito carregadas, tal o nosso empenho em defender o controle (pois, no coração de todo o profissional de Direito, seja qual for o ramo de atividade a que se dedique, pulsa a paixão germinal do advogado por sua causa).[333]

---

[333] MOREIRA NETO, Diogo de Figueiredo. *Legitimidade e discricionariedade*: novas reflexões sobre os limites e controle da discricionariedade 3. ed. rev. e atual. Rio de Janeiro: Forense, 1998. p. 84.

REFERÊNCIAS

ABRAHAM, Marcus. *Curso de direito financeiro brasileiro*. 2. ed. Rio de Janeiro: Elsevier, 2013.

AGAMBEN, G. *Homo sacer – o poder soberano e a vida nua*. Belo Horizonte: Ed. UFMG, 2002.

AMAPÁ. Tribunal de Justiça. *AI n° 1613-75.2015.8.03*. Câmara única. Relatora: Des³. Stella Simonne Ramos. Decisão interlocutória de 16 out. 2015. *DJE* n° 000189/2015, 19 out. 2015.

ASSOCIAÇÃO DOS MEMBROS DOS TRIBUNAIS DE CONTAS DO BRASIL. *Resolução ATRICON n° 03/2014*. Diretrizes de controle externo. Composição, organização e funcionamento dos Tribunais de Contas do Brasil: adequação ao modelo constitucional. Disponível em: http://www.atricon.org.br/wp-content/uploads/2014/08/ANEXOUNICO_RESOLUCAOATRICON_-03-2014.pdf. Acesso em 2 nov. 2016.

ATALIBA, Geraldo. *República e Constituição*. 3. ed. São Paulo: Malheiros, 2011.

ATRICON. *Para brasileiros, Tribunais de Contas são essenciais no combate à corrupção e à ineficiência, revela pesquisa Ibope/CNI*. 2016. Disponível em: http://www.atricon.org.br/imprensa/destaque/para-brasileiros-tribunais-de-contas-sao-essenciais-no-combate-a-corrupcao-e-a-ineficiencia-revela-pesquisa-ibopecni/. Acesso em 20 out. 2016.

AZEVEDO, Hélio Faraco de. *Aspectos jurídicos na fiscalização financeiro-orçamentária*. Porto Alegre: CORAG, 1974.

BACIGALUPO, Mariano. De nuevo sobre la motivación de los nombramientos discrecionales en las carreras judicial y fiscal. *Diario La Ley*, Madrid, v. 2, Sección Doctrina, Ref. D-61, 2001.

BACIGALUPO, Mariano. *La discrecionalidad administrativa*: estructura normativa, control judicial y límites constitucionales de su atribución. Madrid: Marcial Pons, 1997.

BACIGALUPO, Mariano. En torno a la motivación de los actos discrecionales emanados de órganos colegiados: ¿Debe el Consejo General del Poder Judicial motivar los nombramientos judiciales de carácter discrecional?. *Revista Española de Derecho Administrativo*, Madrid, n. 107, 2000.

BANDEIRA DE MELLO, Celso Antônio. *Curso de direito administrativo*. 6. ed. rev., atual. e ampl. São Paulo: Malheiros, 1995.

BANDEIRA DE MELLO, Celso Antônio. *Discricionariedade e controle jurisdicional*. 2. ed. São Paulo: Malheiros, 1993.

BAPTISTA, Patrícia. *Transformações do direito administrativo*. Rio de Janeiro: Renovar, 2003.

BARROS JÚNIOR, Carlos S. de. A fiscalização ou controle da administração pública: o controle financeiro da administração descentralizada. *Revista de Direito Administrativo*, Rio de Janeiro, v. 131, p. 23-34, jan./mar. 1978. Disponível em: http://bibliotecadigital. fgv.br/ojs/index.php/rda/article/view/42647. Acesso em 29 jan. 2017.

BASTOS, Celso Ribeiro. *Curso de direito constitucional*. 19. ed. São Paulo: Saraiva, 1998.

BINENBOJM, Gustavo. *A nova jurisdição constitucional*: legitimidade democrática e instrumentos de realização. 3. ed. rev. e atual. Rio de Janeiro: Renovar, 2010.

BOBBIO, Norberto. *Il futuro della democrazia*. Torino: Einaudi, 2010.

BOBBIO, Norberto. *Teoria do ordenamento jurídico*. Brasília: UNB, 1994.

BONAVIDES, Paulo. *Ciência política*. 10. ed. rev. e atual. São Paulo: Malheiros, 1996.

BOUVIER, Michel; ESCLASSAN, Marie-Christine; LASSALE, Jean-Pierre. *Finances publiques*. 10. ed. Paris: LGDJ, 2010.

BRASIL. Decreto nº 5.687, de 31 de janeiro de 2006. Promulga a Convenção das Nações Unidas contra a Corrupção, adotada pela Assembléia-Geral das Nações Unidas em 31 de outubro de 2003 e assinada pelo Brasil em 9 de dezembro de 2003. *Diário Oficial da União*, Brasília, 01 de fev. 2006. Disponível em: https://www.planalto.gov.br/ccivil_03/_Ato2004-2006/2006/Decreto/D5687.htm. Acesso em 3 nov. 2016.

BRASIL. Lei Federal nº 9.882, de 3 de dezembro de 1999. Dispõe sobre o processo e julgamento da arguição de descumprimento de preceito fundamental, nos termos do §1º do art. 102 da Constituição Federal. *Diário Oficial da União*, Brasília, 06 dez. 1999. Disponível em: http://www.planalto.gov.br/ccivil_03/leis/l9882.htm. Acesso em 2 nov. 2016.

BRASIL. Câmara dos Deputados. *Proposta de Emenda à Constituição nº 28, de 2007*. Acrescenta o art.73-A à Constituição Federal, criando o Conselho Nacional dos Tribunais de Contas, órgão externo de controle das Cortes de Contas. Disponível em: http://www.camara.gov. br/proposicoesWeb/fichadetramitacao?idProposicao=346395. Acesso em 18 fev. 2017.

BRASIL. Câmara dos Deputados. *Proposta de Emenda à Constituição nº 329, de 2013*. Altera a forma de composição dos Tribunais de Contas; submete os membros do Ministério Público de Contas ao Conselho Nacional do Ministério Público - CNMP e os Conselheiros e Ministros dos Tribunais de Contas ao Conselho Nacional de Justiça - CNJ e dá outras providências. Disponível em: http://www.camara.gov.br/proposicoesWeb/ fichadetramitacao?idProposicao=597232. Acesso em 3 nov. 2016.

BRASIL. Câmara dos Deputados. *Proposta de Decreto Legislativo nº 1580, de 2014*. Altera o Decreto Legislativo nº 6, de 1993, que regulamenta a escolha de Ministros do Tribunal de Contas da União pelo Congresso Nacional. Disponível em: http://www.camara.gov. br/proposicoesWeb/prop_mostrarintegra?codteor=1287613&filename=PDC+1580/2014. Acesso em 28 nov. 2016.

BRASIL. Conselho Nacional do Ministério Público. *Resolução nº 22, de 20 de agosto de 2007*. Determina e estabelece prazos para o fim das atividades dos membros dos Ministérios Públicos Estaduais perante Tribunais de Contas. Disponível em: http://www.cnmp. mp.br/portal_2015/atos-e-normas/norma/490/. Acesso em 14 dez. 2016.

BRASIL. Constituição da República Federativa do Brasil de 1988. *Diário Oficial da União*, Brasília, 05 out. 1988.

BRASIL. Senado Federal. *Projeto de Resolução nº 44, de 2007*. Insere parágrafos no art. 383 do Regimento Interno do Senado Federal para prever as informações a serem colhidas pelas comissões, sobre os indicados para exercer os cargos de que trata o art. 52, III e IV, da Constituição. Disponível em: http://www25.senado.leg.br/web/atividade/materias/-/ materia/82105. Acesso em 28 nov. 2016.

REFERÊNCIAS | 173

BRASIL. Senado Federal. *Proposta de Emenda* à *Constituição nº 30, de 2007*. Acrescenta o art. 75-A à Constituição Federal, para criar o Conselho Nacional dos Tribunais de Contas e do Ministério Público junto aos Tribunais de Contas e dá outras providências. Disponível em: https://www25.senado.leg.br/web/atividade/materias/-/materia/80566. Acesso em 18 fev. 2017.

BRASIL. Superior Tribunal de Justiça. *REsp nº 1032732*. Primeira Turma. Relator Min. Benedito Gonçalves. Sessão de 25 ago. 2015. *DJe* 8 set. 2015. Disponível em: http://www.stj.jus.br/SCON/jurisprudencia/toc.jsp?livre=200800359416.REG. Acesso em 5 mar. 2017.

BRASIL. Superior Tribunal de Justiça. *RMS nº 35403*. Segunda Turma. Relator Min. Herman Benjamin. Sessão de 3 mar. 2016. *DJe* 24 maio 2016. Disponível em: https://ww2.stj.jus.br/processo/revista/inteiroteor/?num_registro=201102122260&dt_publicacao=24/05/2016. Acesso em 7 mar. 2017.

BRASIL. Supremo Tribunal Federal. *ADI nº 154/RJ*. Tribunal Pleno. Relator Min. Octavio Gallotti. Sessão de 18 abr. 1991. *DJe* 11 out. 1991. Disponível em: http://redir.stf.jus.br/paginadorpub/paginador.jsp?docTP=AC&docID=266224. Acesso em 18 dez. 2016.

BRASIL. Supremo Tribunal Federal. *ADI nº 2068/MG*. Tribunal Pleno. Relator: Min. Marco Aurélio. Sessão de 15 dez. 1999. *DJe* 25 fev. 2000. Disponível em: http://redir.stf.jus.br/paginadorpub/paginador.jsp?docTP=AC&docID=347412. Acesso em 13 dez. 2016.

BRASIL. Supremo Tribunal Federal. *ADI nº 789/DF*. Tribunal Pleno. Relator: Min. Celso de Mello. Sessão de 26 maio 1994. *DJ* 19 dez. 1994. Disponível em: http://redir.stf.jus.br/paginadorpub/paginador.jsp?docTP=AC&docID=266534. Acesso em 1 nov. 2016.

BRASIL. Supremo Tribunal Federal. *ADI nº 867/MA*. Tribunal Pleno. Relator: Min. Marco Aurélio. Sessão de 10 out. 1994. *DJe* 3 mar. 1995. Disponível em: http://redir.stf.jus.br/paginadorpub/paginador.jsp?docTP=AC&docID=266570. Acesso em 18 dez. 2016.

BRASIL. Supremo Tribunal Federal. *ADPF nº 84 AgR/DF*. Tribunal Pleno. Relator: Min. Sepúlveda Pertence. Sessão de 31 maio 2006. *DJe* 27 out. 2006. Disponível em: http://redir.stf.jus.br/paginadorpub/paginador.jsp?docTP=AC&docID=388704. Acesso em 6 fev. 2017.

BRASIL. Supremo Tribunal Federal. *ADPF nº 339/PI*. Tribunal Pleno. Relator: Min. Luiz Fux. Sessão de 18 maio 2016. *DJe* 1 ago. 2016. Disponível em: http://redir.stf.jus.br/paginadorpub/paginador.jsp?docTP=TP&docID=11402259. Acesso em 6 fev. 2017.

BRASIL. Supremo Tribunal Federal. *ADPF nº 347 MC/DF*. Tribunal Pleno. Relator: Min. Marco Aurélio. Sessão de 9 set. 2015. *DJe* 19 fev. 2016. Disponível em: http://redir.stf.jus.br/paginadorpub/paginador.jsp?docTP=TP&docID=10300665. Acesso em 2 dez. 2016.

BRASIL. Supremo Tribunal Federal. *ADPF nº 388*. Tribunal Pleno. Relator Min. Gilmar Mendes. Sessão de 9 mar. 2016. *DJe* 1 ago. 2016. Disponível em: http://redir.stf.jus.br/paginadorpub/paginador.jsp?docTP=TP&docID=1133851. Acesso em 2 dez. 2016.

BRASIL. Supremo Tribunal Federal. *ADPF nº 402*. Plenário. Relator: Min. Marco Aurélio. J. em 01 fev. 2017. *DJ* em 06 fev. 2017. Disponível em: http://www.stf.jus.br/portal/processo/verProcessoAndamento.asp. Acesso em 25 fev. 2017.

BRASIL. Supremo Tribunal Federal. *AI nº 696.375*. Primeira Turma. Relator: Min. Dias Toffoli. Sessão de 17 set. 2013. *DJe* 20 nov. 2013. Disponível em: http://www.stf.jus.br/portal/processo/verProcessoAndamento.asp?numero=696375&classe=AI-AgR&cod igoClasse=0&origem=JUR&recurso=0&tipoJulgamento=M. Acesso em 29 nov. 2016.

BRASIL. Supremo Tribunal Federal. *AO n° 476/RR*. Tribunal Pleno. Relator: Min. Marco Aurélio. Redator para acórdão: Min. Nelson Jobim. Sessão de 16 out. 1997. *DJ* 5 nov. 1999 - Disponível em: http://redir.stf.jus.br/paginadorpub/paginador. jsp?docTP=AC&docID=324092. Acesso em 16 nov. 2016.

BRASIL. Supremo Tribunal Federal. *MS n° 21310*. Plenário. Relator: Min. Marco Aurélio. J. em: 25 nov. 1993. *DJ* 11 mar. 1994. Disponível em: http://redir.stf.jus.br/paginadorpub/ paginador.jsp?docTP=AC&docID=85489. Acesso em 5 fev. 2017.

BRASIL. Supremo Tribunal Federal. *MS n° 24510*. Plenário. Relatora Min. Ellen Gracie. Plenário. Sessão de 19 nov. 2003. *DJ* 19 mar. 2004. Disponível em: http://redir.stf.jus.br/ paginadorpub/paginador.jsp?docTP=AC&docID=86146. Acesso em 6 dez. 2016.

BRASIL. Supremo Tribunal Federal. *MS n° 25624*. Plenário. Relator: Min. Sepúlveda Pertence. Sessão de 6 set. 2006. *DJ* 19 dez. 2006. Disponível em: http://redir.stf.jus.br/ paginadorpub/paginador.jsp?docTP=AC&docID=395734. Acesso em 2 fev. 2017.

BRASIL. Supremo Tribunal Federal. *MS n° 25888 MC*. Plenário. Relator Ministro Gilmar Mendes. J. em: 22 mar. 2006. *DJ* 29 mar. 2006.

BRASIL. Supremo Tribunal Federal. *MS n° 28074/DF*. Primeira Turma. Relatora: Min. Cármen Lúcia. J. 22 maio 2012. *DJe* 14 jun. 2012.

BRASIL. Supremo Tribunal Federal. *MS n° 31439 MC*. Relator Min. Marco Aurélio. Decisão Monocrática. J. em: 19 jul. 2012. *DJe* 7 ago. 2012. Disponível em: http://www.stf.jus.br/portal/ jurisprudencia/listarJurisprudencia.asp?s1=%28MS%24%2ESCLA%2E+E+31439%2ENU-ME%2E%29+NAO+S%2EPRES%2E&base=baseMonocraticas&url=http://tinyurl.com/ dx9uz2f. Acesso em 6 dez. 2016.

BRASIL. Supremo Tribunal Federal. *MS n° 33008*. Primeira Turma. Relator Min. Roberto Barroso. J. 3 maio 2016. *DJe* 13 set. 2016. Disponível em: http://redir.stf.jus.br/ paginadorpub/paginador.jsp?docTP=TP&docID=11650872. Acesso em 10 mar. 2017.

BRASIL. Supremo Tribunal Federal. *RE n° 167137/TO*. Segunda Turma. Relator Min. Paulo Brossard. Sessão de 18 out. 1994. *DJ* 25 nov. 1994. Disponível em: http://redir.stf. jus.br/paginadorpub/paginador.jsp?docTP=AC&docID=216383. Acesso em 16 nov. 2016.

BRASIL. Supremo Tribunal Federal. *RE n° 568030/CE*. Plenário. Relator Min. Ricardo Lewandowski. Sessão de 17 ago. 2016. *DJe* 24 ago. 2017. Disponível em: http://portal. stf.jus.br/processos/detalhe.asp?incidente=4662945. Acesso em 24 ago. 2017.

BRASIL. Supremo Tribunal Federal. *RE n° 568030/RN*. Relator Min. Menezes Direito. Primeira Turma. Sessão de 2 set. 2008. *DJE* 24 out. 2008. Disponível em: http://redir.stf. jus.br/paginadorpub/paginador.jsp?docTP=AC&docID=557565. Acesso em 6 fev. 2017.

BRASIL. Supremo Tribunal Federal. *RE n° 848826/RN*. Primeira Turma. Relator Min. Menezes Direito. Sessão de 2 set. 2008. DJe 24 out. 2008. Disponível em: http://redir.stf. jus.br/paginadorpub/paginador.jsp?docTP=AC&docID=557565. Acesso em 6 fev. 2017.

BRASIL. Supremo Tribunal Federal. *RMS n° 24699*. Primeira Turma. Relator: Min. Eros Grau. J. em: 30 nov. 2004. *DJ* 1 jul. 2005. Disponível em: http://redir.stf.jus.br/paginadorpub/ paginador.jsp?docTP=AC&docID=370238. Acesso em 5 fev. 2017.

BRASIL. Supremo Tribunal Federal. *SL n° 936*. Presidência. Prolator: Min. Ricardo Lewandowski. Decisão 12 maio 2016. *DJ* 16 maio 2016. Disponível em: http://www.stf.jus.br/portal/ jurisprudencia/listarJurisprudencia.asp?s1=%28SL%24%2ESCLA%2E+E+936%2ENU-

ME%2E%29+E+S%2EPRES%2E&base=basePresidencia&url=http://tinyurl.com/ns6bn2s. Acesso em 4 dez. 2016.

BRASIL. Supremo Tribunal Federal. *Súmula nº 347*. Aprovada em sessão plenária de 13.12.1963. Súmulas. Disponível em: http://www.stf.jus.br/portal/jurisprudencia/listarJurisprudencia.asp?s1=347.NUME.%20NAO%20S.FLSV.&base=baseSumulas. Acesso em 1 nov. 2016.

BRASIL. Tribunal Regional Federal da 5ª Região. Segunda Turma. *AC nº 465759/CE*. Relator: Desembargador Federal Francisco Barros Dias. Sessão de 18 ago. 2009. *DJe 8 set*. 2009. Disponível em: http://www.trf5.gov.br/archive/2009/09/200781000055672_20090909.pdf. Acesso em 29 jan. 2017.

BRASIL. Tribunal Regional Federal da 5ª Região. *Apelação nº 0802175-39.2013.4.05.8200*. Quarta Turma. Relator: Desembargador Federal José Lázaro Alfredo Guimarães. Sessão de 12 abr. 2016. Disponível em: http://www.trf5.jus.br/data/2016/04/PJE/080217539 20134058200_20160414_72206_40500004052558.pdf. Acesso em 9 mar. 2017.

BRASIL. Tribunal Superior Eleitoral. *Agravo Regimental em Recurso Especial Eleitoral nº 10911*. Relator Min. Antonio Herman de Vasconcellos e Benjamin. Acórdão de 3 nov. 2016.

BRITO, Anselmo. *Um conselheiro técnico num Tribunal de Contas político*: as vicissitudes e as agruras no TCE de Alagoas. Disponível em: http://jota.info/carreira/um-conselheiro-tecnico-num-tribunal-de-contas-politico-13012017?utm_source=JOTA+Full+List&utm_campaign=38fde9ae01-EMAIL_CAMPAIGN_2017_01_13&utm_medium=email&utm_term=0_5e71fd639b-38fde9ae01-380150729. Acesso em 19 fev. 2017.

BRITTO, Carlos Ayres. O regime constitucional dos tribunais de contas. *In*: SOUSA, Alfredo José de *et al*. *O novo Tribunal de Contas*: órgão protetor dos direitos fundamentais. Belo Horizonte: Fórum, 2010.

BUARQUE DE HOLANDA, Sérgio. *Raízes do Brasil*. 2. ed. Rio de Janeiro: José Olympio, 1955. *In*: SANTIAGO, Silviano (Org.). *Intérpretes do Brasil*. Rio de Janeiro: Nova Aguillar, 2002. v. III.

BUGARIN, Paulo Soares. *O princípio constitucional da economicidade na jurisprudência do Tribunal de Contas da União*. Belo Horizonte: Fórum, 2004.

CAMPOS, Carlos Alexandre de Azevedo. *Estado de coisas inconstitucional*. Salvador: JusPodivm, 2016.

CANHA, Cláudio Augusto. *A inadequabilidade da atual sistemática para escolha de membros dos tribunais de contas do Brasil*. Disponível em: http://www.audicon.org.br/v1/wp-content/uploads/2014/09/A-INADEQUABILIDADE-DA-SISTEM+%C3%BCCTICA-PARA-ESCOLHA-DOS-MEMBROS-DOS-TRIBUNAIS-DE-CONTAS.pdf. Acesso em 15 dez. 2016.

CANOTILHO, J. J. Gomes. *Direito constitucional e teoria da constituição*. 7. ed. Coimbra: Almedina, 2003.

CÁRDENAS, Blanca Raquel. *Del estado de cosas inconstitucional (ECI) a la formulación de uma garantía transubjetiva*. Bogotá: Universidad Externado de Colombia, 2016.

CARNEIRO, Athos Gusmão. *Jurisdição e competência*: exposição didática. 5. ed. revista e ampliada de conformidade com a jurisprudência do Superior tribunal de Justiça. São Paulo: Saraiva, 1993.

CARRIÓ, Genaro R. *Notas sobre derecho y lenguaje*. 4. ed. Buenos Aires: Abeledo-Perrot, 1990.

CHEKER, Monique. *Ministério Público junto ao Tribunal de Contas*. Belo Horizonte: Fórum, 2009.

CLÈVE, Clèmerson Merlin. *A fiscalização abstrata da constitucionalidade no direito brasileiro*. São Paulo: Revista dos Tribunais, 2000.

COMPARATO, Fábio Konder. *O poder de controle da sociedade anônima*. 6. ed. Rio de Janeiro: Forense, 2014.

CONTI, José Maurício. *Direito financeiro na Constituição de 1988*. São Paulo: Oliveira Mendes, 1998.

CORREIO DO POVO. *PDT espera indicação de Loureiro ao TCE*. 15 jun. 2011. Disponível em: http://www.correiodopovo.com.br/Noticias/?Noticia=305338. Acesso em 13 fev. 2017.

COSTA, Regina Helena. Conceitos jurídicos indeterminados e discricionariedade administrativa. *Justitia*, São Paulo, v. 145, p. 53, 1989. Disponível em: http://bdjur.stj.jus. br/jspui/bitstream/2011/25672/conceitos_juridicos_indeterminados_discricionariedade. pdf. Acesso em 28 jan 2017.

COUTO E SILVA, Almiro Régis Matos do. Poder discricionário no direito administrativo brasileiro. *In*: COUTO E SILVA, Almiro Régis Matos do. *Conceitos fundamentais do direito no Estado Constitucional*. São Paulo: Malheiros, 2015.

CRETELLA JÚNIOR, José. *Comentários à Constituição*. 3. ed. Rio de Janeiro: Forense, 1992. v. 5.

CRUZ, Gabriel Dias Marques da. *Arguição de descumprimento de preceito fundamental*: lineamentos básicos e revisão crítica no direito constitucional brasileiro. São Paulo: Malheiros, 2011.

CUNHA, Milene Dias da. A natureza judicante do cargo de auditor (ministro e conselheiro substituto) e seu pleno exercício: uma perspectiva evolutiva para o alcance da norma constitucional. *Revista do TCE-MG*, Belo Horizonte, 2016, v. 34 n. 2, p. 40-65, abr./jun. 2016. Disponível em: http://www.audicon.org.br/v1/ wp-content/uploads/2014/09/A-NATUREZA-JUDICANTE-DO-CARGO-DE-AUDITOR-MINISTRO-E-CONSELHEIRO-SUBSTITUTO-E-SEU-PLENO-EXERC%C3%8DCIO-UMA-PERSPECTIVA-EVOLUTIVA-PARA-O-ALCANCE-DA-NORMA-CONSTITUCIONAL. pdf. Acesso em 15 dez. 2016.

CUNHA, Paulo Ferreira da. Princípios-tópicos de hermenêutica constitucional. *Revista Brasileira de Estudos Constitucionais*, Belo Horizonte, v. 1, n. 4, p. 13, out. 2007.

DA CAMINO, Geraldo Costa da; MIRON, Rafael Brum; ATHAYDE, José Gustavo. *Representação ao Procurador Geral da República*: investidura em cargo de membro de Tribunal de Contas. Procedimento. Indicação, Nomeação e Posse. Não comprovação de atendimento de requisitos constitucionais. Lesão a preceitos fundamentais. Princípio Republicano. Prestação de contas. Separação dos poderes. Representação. Solicitação de propositura de Arguição de Descumprimento de Preceito Fundamental. 2010. Disponível em: http://portal.mpc.rs.gov.br/portal/page/portal/MPC/informativos/Repres.ADPF. pdf. Acesso em 2 nov. 2016

DA CAMINO, Geraldo Costa. *Representação MPC nº 33/2009*. Dirigida ao TCE-RS, com pedido de medida cautelar para suspender posse de deputado estadual sem os requisitos constitucionais à assunção do cargo de conselheiro do Tribunal de Contas do Estado, 2009.

REFERÊNCIAS | 177

DA CAMINO, Geraldo Costa; MIRON, Rafael Brum; ATHAYDE, José Gustavo. *Representação ao Procurador Geral da República*: Investidura em cargo de membro de Tribunal de Contas. Procedimento. Indicação, nomeação e posse. Não comprovação de atendimento de requisitos constitucionais. Lesão a preceitos fundamentais. Princípio Republicano. Prestação de contas. Separação dos poderes. Representação. Solicitação de propositura de arguição de descumprimento de preceito fundamental. 2010. Disponível em: http://portal.mpc.rs.gov.br/portal/page/portal/MPC/informativos/Repres.ADPF. pdf. Acesso em 2 nov. 2016.

DAL POZZO, Gabriela Tomaselli Bresser Pereira. *As funções do Tribunal de Contas e o estado de direito*. Belo Horizonte: Fórum, 2010.

DI PIETRO, Maria Sílvia Zanella. *Discricionariedade administrativa na Constituição de 1988*. 3. ed. São Paulo: Atlas, 2012.

DISTRITO FEDERAL. Segunda Vara da Fazenda Pública. *Ação Popular nº 14911-0/2014*. Juiz de Direito Alvaro Ciarlini. Julgada em: 18 dez. 2014. Disponível em: http://www. tjdft.jus.br/institucional/imprensa/noticias/arquivos/sentenca-domingos-lamoglia. Acesso em 29 nov. 2016.

DOEHRING, Karl. *Teoria do estado*. Belo Horizonte: Del Rey, 2008.

DROMI, Roberto. *Modernización del control público*. Madrid: Hispania Libros, 2005.

ENGISCH, Karl. *Introdução ao pensamento jurídico*. 6. ed. Lisboa: Calouste Gulbenkian, 1988.

ESPÍRITO SANTO. Ministério Público de Contas. 2ª Procuradoria Especial de Contas. *Parecer MPC nº 1515/2014*. Manifestação no Processo TC nº 9098/2013. Admissão de Conselheiro no TCE. Emissores Procuradores Luis Henrique Anastácio da Silva, Luciano Vieira e Heron Carlos de Oliveira. 2014. Disponível em: http://www.mpc.es.gov.br/ wp-content/uploads/2014/07/Parecer-MPC-1515-2014-no-processo-TC-9098-2013-Admiss%C3%A3o-S%C3%A9rgio-Borges.pdf. Acesso em 4 dez. 2016.

FAGUNDES, Miguel Seabra. *O controle dos atos administrativos pelo Poder Judiciário*. 6. ed. Rio de Janeiro: Forense, 1967.

FAORO, Raymundo. *Os donos do poder*: formação do patronato político brasileiro. 3. ed. São Paulo: Globo, 2001.

FERNANDES, Jorge Ulysses Jacoby. *Tribunais de Contas do Brasil*: jurisdição e competência. 2. ed. Belo Horizonte: Fórum, 2005.

FERRAJOLI, Luigi. *Poteri selvaggi*: la crisi della democrazia italiana. Bari: Laterza, 2011.

FERREIRA JÚNIOR, Adircélio de Moraes Ferreira Júnior. *O bom controle público e as cortes de contas como tribunais da boa governança*. Dissertação (Mestrado em Direito) - Faculdade de Direito, Universidade Federal de Santa Catarina, Florianópolis, 2015.

FIGUEIREDO, Argelina Cheibub. The role of Congress as an agency of horizontal accountability: lessons from the Brazilian experience. *In*: MAINWARING, Scott; WELNA, Christopher. *Democratic accountability in Latin America*. New York: Oxford University Press, 2003.

FIGUEIREDO, Lúcia Valle. *Controle da administração pública*. São Paulo: Revista dos Tribunais, 1991.

FIGUEIREDO, Marcelo. *O controle da moralidade na Constituição*. São Paulo: Malheiros, 1999.

178 GERALDO COSTA DA CAMINO
A INVESTIDURA NO TRIBUNAL DE CONTAS

FREITAS, Juarez. *O controle dos atos administrativos e os princípios fundamentais*. 5. ed. rev. e ampl. São Paulo: Malheiros, 2013.

FREITAS, Juarez. *Direito fundamental à boa administração pública*. 3. ed. ref. e aum. São Paulo: Malheiros, 2014.

FURTADO, J. R. Caldas. *Direito financeiro*. 4. ed. rev., ampl. e atual. Belo Horizonte: Fórum, 2013.

GALLIGAN, D. J. *Discretionary powers*: a legal study of official discretion. Oxford: Clarendon, 1986.

GARCÍA DE ENTERRÍA, Eduardo. *Democracia, jueces y control de la administración*. 5. ed. Madrid: Thomson Civitas, 2000.

GUALAZZI, Eduardo Lobo Botelho. *Regime jurídico dos Tribunais de Contas*. São Paulo: Revista dos Tribunais, 1992.

GUASTINI, Riccardo. *Interpretare e argomentare*. Milano: Giuffrè, 2011.

GUERRA, Sérgio. *Discricionariedade, regulação e reflexividade*: uma nova teoria sobre as escolhas administrativas. 3. ed. rev. e atual. Belo Horizonte: Fórum, 2015.

HÄBERLE, Peter. *Hermenêutica constitucional*: a sociedade aberta dos intérpretes da constituição: contribuição para a interpretação pluralista e "procedimental" da constituição. Porto Alegre: Fabris, 1997.

HABERMAS, Jürgen. *Direito e democracia*: entre facticidade e validade. 2. ed. rev. Rio de Janeiro: Tempo Brasileiro, 2012. v. 1.

HARADA, Kyoshi. *Direito financeiro e tributário*. 25. ed. rev., atual. e ampl. São Paulo: Atlas, 2016.

HARGER, Marcelo. A discricionariedade e os conceitos jurídicos indeterminados. *Revista dos Tribunais*, São Paulo, v. 756, p. 11-36, out. 1998.

HENRICHS, Joanni Aparecida; BLANSKI, Márcia Beatriz Scheiner; OLIVEIRA, Antônio Gonçalves de. A evolução do controle e avaliação do plano plurianual no governo do estado do Paraná no período de 2007 a 2012: determinações e recomendações do controle externo. *Perspectivas em Gestão & Conhecimento*, João Pessoa, v. 6, n. 2, p. 153-187, jul./dez. 2016. Disponível em: periodicos.ufpb.br/index.php/pgc/article/download/17935/16525. Acesso em 19 fev. 2017.

KANTOROWICZ, Ernst. H. *Os dois corpos do rei*: um estudo sobre teologia política medieval. (Trad. Cid K. Moreira). São Paulo: Companhia das Letras, 1998.

KELSEN, Hans. *Teoria geral do direito e do estado*. 5. ed. São Paulo: Martins Fontes, 2016.

KRELL, Andreas J. *Discricionariedade administrativa e conceitos legais indeterminados*: limites do controle judicial no âmbito dos interesses difusos. 2. ed. rev., atual. e ampl. Porto Alegre: Livraria do Advogado, 2013.

LEAL, Victor Nunes. *Problemas de direito público e outros problemas*. Rio de Janeiro: Forense, 1960.

LEMES, Selma. *Árbitro – Princípios da Independência e da imparcialidade*. São Paulo: LTr, 2001.

REFERÊNCIAS | 179

LENZ, Carlos Eduardo Thompson Flores. O Tribunal de Contas e o Poder Judiciário. *Revista de Direito Administrativo*, Rio de Janeiro, n. 238, p. 265-281, out./dez. 2004. Disponível em: http://bibliotecadigital.fgv.br/ojs/index.php/rda/article/viewFile/44082/44755. Acesso em 31 jan. 2017.

LIMA, Luiz Henrique. *Controle externo*: teoria e jurisprudência para os Tribunais de Contas. 6. ed. rev. e atual. São Paulo: Método, 2015.

LOPES, Maurício Antonio Ribeiro. *Ética e administração pública*. São Paulo: Revista dos Tribunais, 1993.

MAFFINI, Rafael. Discricionariedade administrativa: controle de exercício e controle de atribuição. *Revista Síntese Direito Administrativo*, São Paulo, v. 76, p. 12, 2012.

MAFFINI, Rafael. *Elementos de direito administrativo*: atualizado até a Lei nº 13.303/2016 – Estatuto das Estatais. Porto Alegre: Livraria do Advogado, 2016.

MARTINS JÚNIOR, Wallace Paiva. *Controle da administração pública pelo Ministério Público*: Ministério Público defensor do povo. São Paulo: Juarez de Oliveira, 2002.

MARTINS-COSTA, Judith. Autoridade e utilidade da doutrina: a construção dos modelos doutrinários. *In*: MARTINS-COSTA, Judith (Org.) *Modelos de Direito Privado*. São Paulo: Marcial Pons, 2014.

MARTINS-COSTA, Judith. Sobre o princípio da insolidariedade: os cumes das montanhas e os universos submersos. *Revista do Programa de Pós-Graduação em Letras*, n. 32, p. 155, jun. 2006.

MAUS, Ingeborg. *O direito e a política*: teoria da democracia. Belo Horizonte: Del Rey, 2009.

MEDAUAR, Odete. *Controle da administração pública*. 3. ed. rev., atual. e ampl. São Paulo: Revista dos Tribunais, 2014.

MEDAUAR, Odete. *Direito administrativo moderno*. 12. ed. rev. e atual. São Paulo: Revista dos Tribunais, 2008.

MENDES, Gilmar Ferreira. *Arguição de descumprimento de preceito fundamental*. 2. ed. São Paulo: Saraiva, 2011.

MILESKI, Helio Saul. *O controle da gestão pública*. 2. ed. rev., atual. e aum. Belo Horizonte: Fórum, 2011.

MINISTÉRIO PÚBLICO DO ESTADO DE GOIÁS. *Promotor requer afastamento de conselheiro do TCE por atos de improbidade*. 4 mai. 2016. Disponível em: http://www.mpgo.mp.br/portal/noticia/promotor-requer-afastamento-de-conselheiro-do-tce-por-atos-de-improbidade#.WKk4628rLx4. Acesso em 19 fev. 2017.

MINISTÉRIO PÚBLICO DO ESTADO DE GOIÁS. 57ª Promotoria de Justiça de Defesa do Patrimônio Público e Combate à Corrupção. *Petição inicial na Ação Civil de improbidade administrativa*, 2 mai. 2016. Disponível em: http://www.mpgo.mp.br/portal/arquivos/2016/05/04/17_55_03_147_AIA_FERRARI_2.pdf. Acesso em 19 fev. 2017.

MIRAGEM, Bruno. *A nova administração pública e o direito administrativo*. São Paulo: Revista dos Tribunais, 2011.

MIRANDA, Jorge. *Teoria do estado e da constituição*. 4. ed. Rio de Janeiro: Forense, 2015.

MONTESQUIEU. *De l'esprit des lois*. Paris: Gallimard, 2015. v. 1.

MOREIRA NETO, Diogo de Figueiredo. *Legitimidade e discricionariedade*: novas reflexões sobre os limites e controle da discricionariedade 3. ed. rev. e atual. Rio de Janeiro: Forense, 1998.

MOREIRA NETO, Diogo de Figueiredo. O Parlamento e a sociedade como destinatários do trabalho dos tribunais de contas. *In*: SOUSA, Alfredo José de *et al*. *O novo Tribunal de Contas*: órgão protetor dos direitos fundamentais. Belo Horizonte: Fórum, 2010.

MOTTA, Adilson. *Presidente do TCU critica apressada reforma política 27 maio 2005*. Disponível em: http://www.clicrbs.com.br/especiais/jsp/default.jsp?newsID=a886150. htm&template=3847.dwt&section=Not%EDcias&espid=23. Acesso em 21 fev. 2017.

NOBRE JÚNIOR, Edilson Pereira. *Direitos fundamentais e argüição de descumprimento de preceito fundamental*. Porto Alegre: Fabris, 2004.

OLIVEIRA VIANNA, F. J. *Populações meridionais do Brasil*. 5. ed. Rio de Janeiro: José Olympio, 1952. v. I.

OLIVEIRA, Vítor Costa. *O estado de coisas inconstitucional no direito fundamental* à comunicação: análise do regime jurídico da radiodifusão audiovisual no Brasil. Dissertação (Mestrado em Direito) – Faculdade de Direito, Universidade Federal de Sergipe, Aracaju, 2016. p. 109. Disponível em: https://bdtd.ufs.br/bitstream/tede/3028/2/VITOR_OLIVEIRA_COSTA. pdf. Acesso em 22 fev. 2017.

OLIVEIRA JÚNIOR, José Alcebíades; SOUZA, Leonardo Rocha de. *Sociologia do direito*: desafios contemporâneos. Porto Alegre: Livraria do Advogado, 2016.

PAREYSON, Luigi. *Verdade e interpretação*. São Paulo: Martins Fontes, 2005.

PASCOAL, Valdecir. *Direito financeiro e controle externo*. 9. ed. rev. e atual. São Paulo: Método, 2015.

PASCOAL, Valdecir. O poder cautelar dos Tribunais de Contas. *Revista do TCU*, Brasília, v. 115, 2009. Disponível em: http://revista.tcu.gov.br/ojs/index.php/RTCU/article/ viewFile/320/365. Acesso em 6 dez. 2016.

PASCUAL GARCÍA, José. *Régimen jurídico del gasto público*: presupuestación, ejecución y control. 5. ed. Madrid: Boletín Oficial del Estado, 2010.

PEREIRA JUNIOR, Jessé Torres. *Controle judicial da administração pública*: da legalidade estrita à lógica do razoável. 2. ed. Belo Horizonte: Fórum, 2006.

PERELMAN, Chaïm. *Lógica jurídica*. São Paulo: Martins Fontes, 1998.

PERELMAN, Chaïm. As noções com conteúdo variável em direito. *In*: PERELMAN, Chaïm. *Ética e direito*. São Paulo: Martins Fontes, 2005.

PETTIT, Philip. *Teoria da liberdade*. Belo Horizonte: Del Rey, 2007.

PONTES DE MIRANDA, Francisco Cavalcanti. *Comentários* à *Constituição de 1967*: com a Emenda nº 1, de 1969. 2. ed. rev. São Paulo: Revista dos Tribunais, 1970. v. 3: Arts. 32-117.

REALE JR., Miguel. O Estamento burocrático. *O Estado de São Paulo*, mar. 2019. Disponível em: https://opiniao.estadao.com.br/noticias/espaco-aberto,o-estamento-burocratico,70002741221. Acesso em 06 jan. 2020.

RÊGO, Bruno Noura de Moraes. *Argüição de descumprimento de preceito fundamental*. Porto Alegre: Fabris, 2003.

REFERÊNCIAS | 181

RIO GRANDE DO NORTE. Ministério Público. *Ação Civil Pública*. Disponível em: http://www.mp.rn.gov.br/controle/file/a%C3%A7%C3%A3otcedoc.pdf. Acesso em 4 fev. 2017.

RIO GRANDE DO SUL. Tribunal de Contas. *Resolução nº 874, de 2009*. Publicada em 8 out. 2010. Regulamenta os procedimentos relativos à comprovação dos requisitos de posse no cargo de Conselheiro do Tribunal de Contas e o procedimento de elaboração das listas tríplices de que trata o artigo 73, §2º, inciso I, da Constituição Federal. Disponível em: http://www1.tce.rs.gov.br/aplicprod/f?p=50202:4NOP4_CD_LEGISLACAO:304327. Acesso em 2 nov. 2016.

RIO GRANDE DO SUL. Tribunal de Justiça. *AC nº 70062265616*. Vigésima Câmara Cível. Relator: Des. Almir Porto da Rocha Filho. Sessão de 28 fev. 2011. *DJ* 14 mar. 2011. Disponível em: http://www.tjrs.jus.br/site_php/consulta/download/exibe_documento. php?numero_processo=70062265616&ano=2015&codigo=149472. Acesso em 18 dez. 2016.

ROSE-ACKERMAN, Susan; PALIFKA, Bonnie J. *Corruption and government*: causes, consequences, and reform. 2. ed. New York: Cambridge University Press, 2016.

ROXO, Sérgio. *TCEs aprovaram contas de estados em calamidade financeira*: desequilíbrio fiscal de Rio, Minas, Goiás e Rio Grande do Sul foi ignorado. 26 dez. 2016. Disponível em: http://m.oglobo.globo.com/brasil/tces-aprovaram-contas-de-estados-em-calamidade-financeira-20691753. Acesso em 18 fev. 2017.

SAKAI, Juliana; PAIVA, Natália. *Quem são os conselheiros dos Tribunais de Contas?* Disponível em: http://www.transparencia.org.br/downloads/publicacoes/TBrasil%20-%20 Tribunais%20de%20Contas%202016.pdf. Acesso em 4 dez. 2016.

SALGADO, Buenã Porto; MASCARENHAS JUNIOR, Helmar Tavares. A necessidade de reforma constitucional do Tribunal de Contas como aprimoramento ao sistema de combate à corrupção. *Revista Controle*, Fortaleza, v. 14, n. 1, p. 160-180, 2016.

SANTOLIM, Cesar. Corrupção: o papel dos controles externos - transparência e controle social. uma análise de direito e economia. *Cadernos do Programa de Pós-Graduação em Direito*, Porto Alegre, v. 8, p. 10, 2012. Disponível em: http://seer.ufrgs.br/index.php/ppgdir/article/viewFile/36835/23819. Acesso em 3 nov. 2016.

SARMENTO, Daniel *et al*. *Petição inicial na ADPF nº 402, 3 maio 2016*. Disponível em: http://redir.stf.jus.br/estfvisualizadorpub/jsp/consultarprocessoeletronico/ConsultarProcessoEletronico.jsf?seqobjetoincidente=4975492. Acesso em 25 fev. 2017.

SARTORI, Giovanni. *Democrazia*: cosa è. Milano: BUR Saggi, 2007.

SCAPIN, Romano. *A expedição de provimentos provisórios pelos Tribunais de Contas*: das "medidas cautelares" à técnica antecipatória no controle externo brasileiro. Dissertação (Mestrado em Direito) – Faculdade de Direito, Universidade Federal do Rio Grande do Sul, Porto Alegre, 2016.

SCHAPIRO, Mario G. Developmental discretion and Democratic Accountability: a typology of mismatches. *Revista de Direito GV*, São Paulo, v. 12, n. 2, p. 311-344, ago. 2016. Disponível em: http://www.scielo.br/scielo.php?script=sci_arttext&pid=S1808-24322016000200311&lng=pt&nrm=iso. Acesso em 14 fev. 2017.

SCHLEIERMACHER, Friedrich D. E. *Hermenêutica*: arte e técnica da interpretação. 5. ed. Bragança Paulista: São Francisco, 2006.

SCHMITT, Rosane Heineck. *Tribunais de Contas no Brasil e controle de constitucionalidade.* Tese (Doutorado em Direito) – Faculdade de Direito, Universidade Federal do Rio Grande do Sul, Porto Alegre, 2006. Disponível em: http://www.lume.ufrgs.br/bitstream/handle/10183/8051/000566210.pdf. Acesso em 3 nov. 2016.

SCHOPENHAUER, Arthur. *O mundo como vontade e como representação.* São Paulo: UNESP, 2005. v. 1.

SCLIAR, Wremyr. *Democracia e controle externo da administração pública.* Dissertação (Mestrado em Direito) – Faculdade de Direito, Pontifícia Universidade Católica do Rio Grande do Sul, Porto Alegre, 2007.

SICCA, Gerson dos Santos. *Discricionariedade administrativa:* conceitos indeterminados e aplicação. Curitiba: Juruá, 2011.

SILVA, De Plácido e. *Vocabulário jurídico.* 12. ed. Rio de Janeiro: Forense, 1993. v. 2.

SILVA, José Afonso da. *Curso de direito constitucional positivo.* 9. ed. São Paulo: Malheiros, 1994.

SOARES, Denise. *Juiz afasta conselheiro acusado de pagar R$4 milhões por vaga no TCE.* 11 jan. 2017. Disponível em: http://g1.globo.com/mato-grosso/noticia/2017/01/juiz-afasta-conselheiro-acusado-de-pagar-r-4-milhoes-por-vaga-no-tce.html. Acesso em 19 fev. 2017.

TARELLO, Giovanni. *L'interpretazione della legge.* Milano: Giuffrè, 1980.

TAVARES, André Ramos. *Tratado da argüição de preceito fundamental.* São Paulo: Saraiva, 2001.

TCE-TRIBUNAL DE CONTAS DO ESTADO DO RIO GRANDE DO SUL. *Relatório e parecer prévio sobre as contas do Governador do Estado.* Disponível em: http://www1.tce.rs.gov.br/portal/page/portal/tcers/consultas/contas_estaduais/contas_governador. Acesso em 3 mar. 2017.

TORRES, Ricardo Lobo. *Tratado de direito constitucional financeiro e tributário.* 3. ed. Rio de Janeiro: Renovar, 2008. v. 5: O orçamento na Constituição.

VALLE, Vanice Regina Lírio do. *Direito fundamental à boa administração e governança:* democratizando a função administrativa. Tese (Pós-doutorado) - Escola Brasileira de Administração Pública e de Empresas, Fundação Getúlio Vargas, Rio de Janeiro, 2010. Disponível em: http://bibliotecadigital.fgv.br/dspace/bitstream/handle/10438/6977/VANICE%20VALLE.pdf?sequence=1. Acesso em 15 dez. 2016.

VILANOVA, Lourival. *As estruturas lógicas e o sistema do direito positivo.* São Paulo: Max Limonad, 1997.

WILLEMAN, Marianna Montebello. Desconfiança institucionalizada, democracia monitorada e Instituições Superiores de Controle no Brasil. *Revista de Direito Administrativo,* Rio de Janeiro, v. 263, p. 221-250, mai./ago. 2013.

Obras Consultadas

ACKERMAN, Bruce. *A nova separação dos poderes.* Rio de Janeiro: Lumen Juris, 2009.

APEL, Karl-Otto. Ética e responsabilidade: o problema da passagem para a moral pós-convencional. Lisboa: Instituto Piaget, 2007.

REFERÊNCIAS | 183

ARENDT, Hannah. *Responsabilidade e julgamento*. São Paulo: Companhia das Letras, 2004.

AULIS, Aarnio; ATIENZA, Manuel; LAPORTA, Francisco J. *Bases teóricas de la interpretación jurídica*. Madrid: Fundación Coloquio Jurídico Europeo, 2010.

ÁVILA, Humberto. *Teoria da segurança jurídica*. 3. ed. rev., atual. e ampl. São Paulo: Malheiros, 2014.

ÁVILA, Humberto. *Teoria dos princípios*: da definição à aplicação dos princípios jurídicos. São Paulo: Malheiros, 2006.

AZEVEDO, Plauto Faraco de. *Limites e justificação do poder de Estado*. 2. ed. rev., atual. e ampl. São Paulo: Revista dos Tribunais, 2014.

BALEEIRO, Aliomar. *Uma introdução à ciência das finanças*. 16. ed. rev. e atual. por Dejalma Campos. Rio de Janeiro: Forense, 2004.

BARBOSA, Raïssa Maria Rezende de Deus. *Os Tribunais de Contas e a moralidade administrativa*. Belo Horizonte: Fórum, 2010.

BARZOTTO, Luis Fernando. *A democracia na Constituição*. São Leopoldo: UNISINOS, 2005.

BASTOS, Celso Ribeiro; MARTINS, Ives Gandra. *Comentários à Constituição do Brasil* (promulgada em 5 de outubro de 1988). 3. ed. atual. São Paulo: Saraiva, 2002. v. 4, t. 2.

BÉLGICA. *La Constitution belge du 17 février 1994*. Art. 180. Cour des comptes. Disponível em: //www.ejustice.just.fgov.be/cgi_loi/change_lg.pl?language=fr&la=F&c n=1994021730&table_name=loi. Acesso em 2 nov. 2016.

BÉLGICA. *Loi du 29 octobre 1846 relative à l'organisation de la Cour des comptes*. Disponível em: http://www.ejustice.just.fgov.be/cgi_loi/loi_a1.pl?language=fr&la=F&c n=1846102930&table_name=loi&&caller=list&F&fromtab=loi&tri=dd%20AS%20 RANK&rech=1&numero=1&sql=(text%20contains%20(%27%27)). Acesso em 2 nov. 2016. NR 151.

BIGNOTTO, Newton (Org.). *Matrizes do republicanismo*. Belo Horizonte: UFMG, 2013.

BIGONHA, Antônio Carlos Alpino. *Limites do controle de constitucionalidade*. Rio de Janeiro: Lumen Juris, 2009.

BIGONHA, Antônio Carlos Alpino; MOREIRA, Luiz. *Legitimidade da jurisdição constitucional*. Rio de Janeiro: Lumen Juris, 2010.

BINENBOJM, Gustavo. *Uma teoria do direito administrativo*: direitos fundamentais, democracia e constitucionalização. 3. ed. rev. e atual. Rio de Janeiro: Renovar, 2014.

BONAVIDES, Paulo. *Curso de direito constitucional*. 4. ed. ref. São Paulo: Malheiros, 1993.

BRASIL. Senado Federal. *Anais da Assembleia Constituinte*. Disponível em: http://www.senado.gov.br/publicacoes/anais/asp/CT_Abertura.asp. Acesso em 15 dez. 2016.

BRASIL. Senado Federal. *Projeto de Lei do Senado nº 736, de 2015*. Altera as Leis nº 9.882, de 3 de dezembro de 1999, e 13.105, de 16 de março de 2015, para estabelecer termos e limites ao exercício do controle concentrado e difuso de constitucionalidade pelo Supremo Tribunal Federal, dispor sobre o estado de coisas inconstitucional e o compromisso significativo. Disponível em: http://www25.senado.leg.br/web/atividade/materias/-/materia/124010. Acesso em 2 nov. 2016. NR161.

BRASIL. Senado Federal. *Proposta de Emenda à Constituição nº 3, de 2013*. Acrescenta o art. 75-A à Constituição Federal, para criar o Conselho Nacional dos Tribunais de Contas. Disponível em: https://www25.senado.leg.br/web/atividade/materias/-/materia/111250. Acesso em 18 fev. 2017.

BRASIL. Supremo Tribunal Federal. *ADI nº 328/SC*. Tribunal Pleno. Relator: Min. Ricardo Lewandowski. Sessão de 2 fev. 2009. *DJe* 5 mar. 2009. Disponível em: http://www.stf.jus.br/portal/jurisprudencia/listarJurisprudencia.asp?s1=%28ADI%24%2ES-CLA%2E+E+328%2ENUME%2E%29+OU+%28ADI%2EACMS%2E+ADJ2+328%2EA-CMS%2E%29&base=baseAcordaos&url=http://tinyurl.com/arlaob4. Acesso em 1 nov. 2016.

BRASIL. Supremo Tribunal Federal. *ADI nº 4190 MC/RJ*. Tribunal Pleno. Relator: Min. Celso de Mello. Sessão de 10 mar. 2010. *DJe* 10 jun. 2010. Disponível em: http://redir.stf.jus.br/paginadorpub/paginador.jsp?docTP=AC&docID=612217. Acesso em 1 nov. 2016.

BRASIL. Supremo Tribunal Federal. *Rcl nº 6702 MC-AgR/PR*. Plenário. Relator: Min. Ricardo Lewandowski. Sessão de 4 mar. 2009. *DJ* 30 abr. 2009. Disponível em: http://redir.stf.jus.br/paginadorpub/paginador.jsp?docTP=AC&docID=590425. Acesso em 17 nov. 2016.

BRASIL. Supremo Tribunal Federal. *Rp nº 467/RN*. Plenário. Relator: Min. Victor Nunes. Sessão de 12 maio 1961. *DJ* 7 ago. 1961. Disponível em: http://redir.stf.jus.br/paginadorpub/paginador.jsp?docTP=AC&docID=263434. Acesso em 16 nov. 2016.

BRITTO, Carlos Ayres. O regime jurídico do Ministério Público de Contas (palestra). *In*: ASSOCIAÇÃO NACIONAL DO MINISTÉRIO PÚBLICO DE CONTAS. *Ministério Público de Contas*: perspectivas doutrinárias de seu estatuto jurídico. Belo Horizonte: Fórum, 2017.

BULOS, Uadi Lammêgo. Autonomia institucional do Ministério Público de Contas (parecer). *In*: ASSOCIAÇÃO NACIONAL DO MINISTÉRIO PÚBLICO DE CONTAS. *Ministério Público de Contas*: perspectivas doutrinárias de seu estatuto jurídico. Belo Horizonte: Fórum, 2017.

BURDEAU, Georges. *O Estado*. São Paulo: Martins Fontes, 2005.

CAMPO, Hélio Márcio. *Arguição de descumprimento de preceito fundamental*. São Paulo: Juarez de Oliveira, 2001.

CAMPOS, Carlos Alexandre de Azevedo. *O Estado de Coisas Inconstitucional e o litígio estrutural*. Disponível em: http://www.conjur.com.br/2015-set-01/carlos-campos-estado-coisas-inconstitucional-litigio-estrutural. Acesso em 29 out. 2016.

CANARIS, Claus-Wilhelm. *Pensamento sistemático e conceito de sistema na Ciência do Direito*. 2. ed. Lisboa: Calouste Gulbenkian, 1996.

CANOTILHO, J. J. *et al. Comentários à Constituição do Brasil*. São Paulo: Saraiva, 2013.

CAPPELLETTI, Mauro. *O controle judicial de constitucionalidade das leis no direito comparado*. 2. ed. Porto Alegre: Fabris, 1999.

CARVALHO, José Murilo de. Mandonismo, coronelismo, clientelismo: uma discussão conceitual. *In*: CARVALHO, José Murilo de. *Pontos e bordados*: escritos de história e política. Belo Horizonte: UFMG, 1999.

CHEVALIER, Jean-Jacques. *Histoire de la pensée politique*. Paris: Payot, 2006.

CHIASSONI, Pierluigi. *Tecnica dell'interpretazione giuridica*. Bologna: Il Mulino, 2007.

REFERÊNCIAS | 185

CIRNE LIMA, Ruy. A justiça administrativa. *In: Princípios de direito administrativo. 7.* ed. rev. e reel. por Paulo Alberto Pasqualini. São Paulo: Malheiros, 2007. Parte especial, §25.

CONCEIÇÃO, Tiago de Menezes. *Direitos políticos Fundamentais e sua suspensão por condenações criminais e por improbidade administrativa.* Curitiba: Juruá, 2010.

CONCHE, Marcel. *O fundamento da moral.* São Paulo: Martins Fontes, 2006.

COSCIANI, Cesare. *Scienza delle finanze.* Torino: UTET Libreria, 2009.

DA CAMINO, Geraldo Costa. *Parecer MPC n° 711/2008.* Exarado nos autos da Representação MPC n° 24/2008, dirigida à Corregedoria do TCE-RS. Requerimento de afastamento cautelar, indiciamento e instauração de PAD contra conselheiro citado em investigação de força-tarefa. (Operação *Rodin*: Ministério Público Federal, Polícia Federal, Receita Federal e Ministério Público de Contas), 2008.

DA CAMINO, Geraldo Costa. *Representação ao Procurador Geral da República.* Solicitação de requerimento de medida cautelar, em ação penal no STJ, restritiva de direito de conselheiro na condição de réu presidir o Tribunal de Contas do Estado, 2015.

DAHL, Robert A. *A democracia e seus críticos.* São Paulo: WMF Martins Fontes, 2012.

DOGANIS, Carine. *Aux origines de la corruption*: démocratie et délation em Grèce ancienne. Paris: PUF, 2007.

DUQUE, Marcelo Schenk. *Curso de direitos fundamentais*: teoria e prática. São Paulo: Revista dos Tribunais, 2014.

ELY, John Hart. *Democracia e desconfiança*: uma teoria do controle judicial de constitucionalidade. São Paulo: WMF Martins Fontes, 2010.

ESPANHA. *Constitución Española*: 1978. Artículo 136 - El Tribunal de Cuentas. Disponível em: http://www.congreso.es/consti/constitucion/indice/titulos/articulos. jsp?ini=136&tipo=2. Acesso em 2 nov. 2016. NR 146.

ESPANHA. *Ley Orgánica n° 2/1982, de 12 de mayo, del Tribunal de Cuentas.* Disponível em: https://boe.es/buscar/act.php?id=BOE-A-1982-11584. Acesso em 2 nov. 2016.

FAORO, Raymundo. *Os donos do poder*: formação do patronato político brasileiro. 4. ed. São Paulo: Globo, 2008.

FEDERAÇÃO NACIONAL DOS SERVIDORES DOS TRIBUNAIS DE CONTAS DO BRASIL. *Campanhas institucionais.* FENASTC revigora sua campanha. Roteiro: campanha Ministro/Conselheiro Cidadão. Disponível em: http://www.fenastc.org.br/notcia-09. Acesso em 3 nov. 2016.

FEDERAÇÃO NACIONAL DOS SERVIDORES DOS TRIBUNAIS DE CONTAS DO BRASIL. Campanhas Republicanas Ministro/Conselheiro Cidadão chegaram a todo o Brasil. *Controle Externo brasileiro em revista,* Brasília, n. 1, 2016. Disponível em: http://media. wix.com/ugd/12a935_358e4c20c2f64033b6f2ceadb39d6e08.pdf. Acesso em 3 nov. 2016.

FERRAZ JÚNIOR, Tercio Sampaio. *Teoria da norma jurídica*: ensaio de pragmática da comunicação normativa. 4. ed. Rio de Janeiro: Forense, 2009.

FISCHER, John Martin; RAVIZZA, Mark. *Responsibility and control*: a theory of moral responsibility. New York: Cambridge University Press, 2000.

FRANÇA. *Code des juridictions financières.* Livre Ier: La Cour des comptes. Disponível em: https://www.legifrance.gouv.fr/affichCode.do?cidTexte=LEGITEXT000006070249. Acesso em 2 nov. 2016. NR 147.

FRANÇA. *Constitution du 4 octobre 1958.* Article 47-2. Cour des comptes. Disponível em: https://www.legifrance.gouv.fr/affichTexteArticle.do;jsessionid=A42AC 056B715EC7ECD8BCBE345A7B7DC.tpdila22v_3?idArticle=LEGIARTI000019241048& cidTexte=LEGITEXT000006071194&dateTexte=20161102. Acesso em 2 nov. 2016.

GADAMER, Hans-Georg. *Verdade e método I*: traços fundamentais de uma hermenêutica filosófica. 5. ed. rev. Petrópolis, RJ: Vozes, 1997.

GARCIA, Emerson. *Abuso de poder nas eleições*: meios de coibição. 3. ed. rev., ampl. e atual. de acordo com a Lei nº 11.300, de 10.5.2006. Rio de Janeiro: Lumen Juris, 2006.

GIACOMUZZI, José Guilherme. *A moralidade administrativa e a boa-fé da administração pública*: o conteúdo dogmático da moralidade administrativa. 2. ed. rev. e ampl. São Paulo: Malheiros, 2013.

GOMES, Emerson Cesar da Silva. *Responsabilidade financeira*: uma teoria sobre a responsabilidade no âmbito dos tribunais de contas. Dissertação (Mestrado em Direito Econômico e Financeiro) - Faculdade de Direito, Universidade de São Paulo, São Paulo, 2009. Disponível em: http://www.teses.usp.br/teses/disponiveis/2/2133/tde-26092011-093734/pt-br.php. Acesso em 3 nov. 2016.

GUASTINI, Riccardo. *Otras distinciones.* Bogotá: Universidad Externado de Colombia, 2014.

HARE, R. M. *Ética*: problemas e propostas. São Paulo: UNESP, 1998.

HEIDEGGER, Martin. *Ser e tempo*: parte I. 12. ed. Petrópolis: Vozes, 2012.

HÖFFE, Otto. *Justiça política*: fundamentação de uma teoria crítica do direito e do Estado. 3. ed. São Paulo: Martins Fontes, 2006.

HOLANDA, Sérgio Buarque de. *Raízes do Brasil.* ed. rev. São Paulo: Companhia das Letras, 2006.

ITÁLIA. *Costituzione della Repubblica Italiana.* Art. 100. Disponível em: http://www.governo.it/costituzione-italiana/parte-seconda-ordinamento-della-repubblica/titolo-iv-la-magistratura/2855. Acesso em 2 nov. 2016.

ITÁLIA. *Legge 20 dicembre 1961, nº 1345.* Istituzione di una quarta e una quinta Sezione speciale per i giudizi su ricorsi in materia di pensioni di guerra ed altre disposizioni relative alla Corte dei conti. Disponível em: http://presidenza.governo.it/USRI/magistrature/norme/L_1345_1961_n.pdf. Acesso em 2 nov. 2016. NR 149.

JELLINEK, Georg. *Teoría general del estado.* México: FCE, 2000.

JONAS, Hans. *O princípio responsabilidade.* Rio de Janeiro: Puc Rio, 2006.

JUCÁ, Francisco Pedro. *Finanças públicas e democracia.* São Paulo: Atlas, 2013.

LEAL, Victor Nunes. *Coronelismo, enxada e voto*: o município e o regime representativo no Brasil. 7. ed. São Paulo: Companhia das Letras, 2012.

LOPARIC, Zeljko. *Sobre a responsabilidade.* Porto Alegre: EDIPUCRS, 2003.

REFERÊNCIAS | 187

LOPES, Othon de Azevedo. *Responsabilidade jurídica*: horizontes, teoria e linguagem. São Paulo: Quartier Latin, 2006.

LOPES JUNIOR, Eduardo Monteiro. *A judicialização da política no Brasil e o TCU*. Rio de Janeiro: FGV, 2007.

LUCON, Paulo Henrique dos Santos; VIGLIAR, José Marcelo Menezes. *Código Eleitoral Interpretado*. 3. ed. São Paulo: Atlas, 2013.

LUISI, Luiz. A possível presença da concepção da autoria como domínio do fato. *In: O tipo penal, a teoria finalista e a nova legislação penal*. Porto Alegre: Fabris, 1987. cap. 6, tipo e participação, seção 3.

MACHADO, Serafim. *Por que acredito em lobisomem*. 3. ed. Porto Alegre: Livraria do Globo, 1976.

MACINTYRE, Alasdair. *Depois da virtude*: um estudo em teoria moral. São Paulo: EDUSC, 2001.

MACKAAY, Ejan; ROUSSEAU, Stéphane. Ordem política e poder. *In: Análise econômica do direito*. 2. ed. São Paulo: Atlas, 2013. Parte I, cap. 5.

MAFFESOLI, Michel. *A transfiguração do político*: a tribalização do mundo. 4. ed. Porto Alegre: Sulina, 2011.

MARTINS-COSTA, Judith. *A boa-fé no direito privado*: sistema e tópica no processo obrigacional. São Paulo: Revista dos Tribunais, 2000.

MAURER, Hartmut. Eleição e posição jurídica dos juízes constitucionais federais. *In: Contributos para o direito do estado*. Porto Alegre: Livraria do Advogado, 2007. cap. 6, II-2.

MEIRELLES, Hely Lopes. *Direito administrativo brasileiro*. 18. ed. São Paulo: Malheiros, 1993.

MENDES, Gilmar Ferreira. *Direitos fundamentais e controle de constitucionalidade*: estudos de direito constitucional. 2 ed. rev. e ampl. São Paulo: Celso Bastos, 1999.

MILESKI, Helio Saul. *O estado contemporâneo e a corrupção*. Belo Horizonte: Fórum, 2015.

MITIDIERO, Daniel. *Cortes superiores e cortes supremas*: do controle à interpretação, da jurisprudência ao precedente, 2. ed. rev., atual. e ampl. São Paulo: Revista dos Tribunais, 2014.

MOORE, Michael S. *Causation and Responsibility*: an essay in law, morals, and metaphysics. New York: Oxford University Press, 2009.

MOREIRA NETO, Diogo de Figueiredo. *Teoria do poder*: sistema de direito político: estudo juspolítico do poder. São Paulo: Revista dos Tribunais, 1992.

MÜLLER, Friedrich. *Quem é o povo?*: a questão fundamental da democracia. 7. ed. rev., ampl. e atual. São Paulo: Revista dos Tribunais, 2013.

OLIVEIRA, Fabiana Luci de. *Supremo Tribunal Federal*: do autoritarismo à democracia. Rio de Janeiro: FGV, 2012.

OLIVEIRA, Régis Fernandes de; HORVATH, Estevão. *Manual de direito financeiro*. 6. ed. rev. São Paulo: Revista dos Tribunais, 2003.

OLIVEIRA, Régis Fernandes de. *Responsabilidade Fiscal*. São Paulo: Revista dos Tribunais, 2001.

OLIVEIRA JUNIOR, José Alcebíades de. *Teoria jurídica e novos direitos*. Rio de Janeiro: Lumen Juris, 2000.

PAZZAGLINI FILHO, Marino. *Lei de inelegibilidade comentada*. São Paulo: Atlas, 2014.

PEREIRA, Flávio Henrique Unes. Conceitos jurídicos indeterminados e discricionariedade administrativa à luz da teoria da adequabilidade normativa. *Revista CEJ*, Brasília, n. 36, p. 30-38, jan./mar. 2007. Disponível em: bdjur.stj.jus.br/jspui/handle/2011/29310. Acesso em 31 jan. 2017.

PIOVESAN, Flávia. *Direitos humanos e o direito constitucional internacional*. 13. ed. rev. e atual. São Paulo: Saraiva, 2012.

PORTUGAL. *Constituição da República Portuguesa*: 1976. Art. 214. Tribunal de Contas. Disponível em: https://www.parlamento.pt/Legislacao/Paginas/Constituicao RepublicaPortuguesa.aspx#art214. Acesso em 2 nov. 2016.

PORTUGAL. *Lei nº 98/97, de 26 de agosto*. Lei de Organização e Processo do Tribunal de Contas. Disponível em: http://www.tcontas.pt/pt/apresenta/legislacao/LOPTC.pdf. Acesso em 2 nov. 2016. NR 144.

PÜSCHEL, Flávia Portela; MACHADO, Marta Rodriguez de Assis. *Teoria da responsabilidade no estado democrático de direito*: textos de Klaus Günther. São Paulo: Saraiva, 2009.

RIO GRANDE DO SUL. *Resolução nº 874, de 2009*. Publicada em: 8 out. 2010. Regulamenta os procedimentos relativos à comprovação dos requisitos de posse no cargo de Conselheiro do Tribunal de Contas e o procedimento de elaboração das listas tríplices de que trata o artigo 73, §2º, inciso I, da Constituição Federal. Disponível em: http://www1.tce.rs.gov. br/aplicprod/f?p=50202:4:::NO::P4_CD_LEGISLACAO:304327. Acesso em 2 nov. 2016.

RIO GRANDE DO SUL. *MS nº 70033930199*. Órgão Especial. Relator: Des. Carlos Rafael dos Santos Júnior. Sessão de 28 fev. 2011. DJ 14 mar. 2011. Disponível em: http://www.tjrs.jus.br/busca/search?q=cache:www1.tjrs.jus.br/site_php/consulta/ consulta_processo.php%3Fnome_comarca%3DTribunal%2Bde%2BJusti%25E7a% 26versao%3D%26versao_fonetica%3D1%26tipo%3D1%26id_comarca%3D700% 26num_processo_mask%3D70033930199%26num_processo%3D70033930199%- 26codEmenta%3D4017170+conselheiro+tribunal+contas+posse++++&proxys tylesheet=tjrs_index&ie=UTF-8&lr=lang_pt&access=p&client=tjrs_index&site= ementario&oe=UTF-8&numProcesso=70033930199&comarca=Porto%20Alegre& dtJulg=28/02/2011&relator=Carlos%20Rafael%20dos%20Santos%20J%C3%BAnior&aba= juris. Acesso em 3 nov. 2016.

RIVERO, Jean. *Direito administrativo*. Coimbra: Almedina, 1981.

ROSS, Alf. *Direito e justiça*. 2. ed. Bauru, SP: Edipro, 2007.

ROULAND, Norbert. *Roma, democracia impossível?*: os agentes do poder na urbe romana. Brasília: Universidade de Brasília, 1997.

RUTKUS, Denis Steven; RYBIECKI, Elizabeth. *Supreme Court Nominations*: presidential nomination, the Judiciary Committee, proper scope of questioning of nominees, Senate consideration, cloture, and the use of filibuster. Alexandria, VA, USA: TheCapitol.Net, 2010.

SAINT-JUST, Louis Antoine Léon. *O espírito da revolução e da constituição na França*. São Paulo: UNESP, 1989.

SALGADO, Eneida Desiree. *Princípios constitucionais eleitorais*. Belo Horizonte: Fórum, 2015.

SCLIAR, Wremyr. *Tribunal de Contas*: do controle na antiguidade à instituição independente do Estado Democrático de Direito. Tese (Doutorado em Direito). Faculdade de Direito, Pontifícia Universidade Católica do Rio Grande do Sul, Porto Alegre, 2014.

SILVA, André Garcia Xerez. *Tribunais de Contas e inelegibilidade*: limites da jurisdição eleitoral. Rio de Janeiro: Lumen Juris, 2015.

SILVEIRA, José Néri da. Conselho Nacional do Ministério Público e Ministério Público junto aos Tribunais de Contas (parecer). *In*: ASSOCIAÇÃO NACIONAL DO MINISTÉRIO PÚBLICO DE CONTAS. *Ministério Público de Contas*: perspectivas doutrinárias de seu estatuto jurídico. Belo Horizonte: Fórum, 2017.

SOUSA, Patrícia Brito e. *Inelegibilidade decorrente de contas públicas*. Rio de Janeiro: Forense, 2010.

SOUZA, Hilda Regina Silveira Albandes de. Controle externo da administração pública estadual e municipal: possibilidades e limites da fiscalização das casas parlamentares e do Tribunal de Contas. *Revista do TCE-RS*, Porto Alegre, v. 14, n. 24, p. 111-119, 1996.

SOUZA, Hilda Regina Silveira Albandes de. Poder legislativo e tribunal de contas: natureza de suas relações. *Revista do TCE-RS*, Porto Alegre, v. 13, n. 21, p. 115-121, 1994.

SOUZA JUNIOR, Cezar Saldanha; REVERBEL, Carlos Eduardo Didier. *O tribunal constitucional como poder*: uma nova visão dos poderes políticos. 2. ed. rev., atual. e ampl. São Paulo: Revista dos Tribunais, 2016.

TRANSPARÊNCIA BRASIL. *Quem são os conselheiros dos Tribunais de Contas?* Disponível em: http://www.transparencia.org.br/downloads/publicacoes/TBrasil%20-%20 Tribunais%20de%20Contas%202016.pdf. Acesso em 4 dez. 2016.

VALDÉS, Roberto L. Blanco. *O valor da Constituição*: separação dos poderes, supremacia da lei e controle de constitucionalidade nas origens do Estado liberal. Rio de Janeiro: Lumen Juris, 2011.

VELLOSO, Carlos Mário da Silva. Ministério Público junto ao Tribunal de Contas: autonomia administrativa e financeira indispensável ao exercício independente de suas atribuições (parecer). *In*: *Ministério Público de Contas*: perspectivas doutrinárias de seu estatuto jurídico. Associação Nacional do Ministério Público de Contas. Belo Horizonte: Fórum, 2017.

VIEIRA JUNIOR, R. J. A. *Separação de poderes, estado de coisas inconstitucional e compromisso significativo*: novas balizas à atuação do Supremo Tribunal Federal. Brasília: Senado, 2015. (Texto para Discussão n° 186). Disponível em: www.senado.leg.br/estudos. Acesso em 29 out. 2016.

VITTA, Heraldo Garcia. *A sanção no direito administrativo*. São Paulo: Malheiros, 2003.

ZAGREBELSKY, Gustavo; MARCENÒ, Valeria. *Giustizia costituzionale*. Bologna: Mulino, 2011.

ZILIO, Rodrigo López. *Direito eleitoral*: noções preliminares, elegibilidade e inelegibilidade, ações eleitorais, processo eleitoral (da convenção à prestação de contas). 2. ed. rev. e atual. Porto Alegre: Verbo Jurídico, 2012.

Esta obra foi composta em fonte Palatino Linotype, corpo 10
e impressa em papel Offset 75g (miolo) e Supremo 250g (capa)
pela Paulinelli Serviços Gráficos Ltda.